L'ILE BOURBON

PENDANT LA PÉRIODE RÉVOLUTIONNAIRE

DE 1789 A 1803

L'ILE BOURBON

PENDANT LA PÉRIODE RÉVOLUTIONNAIRE

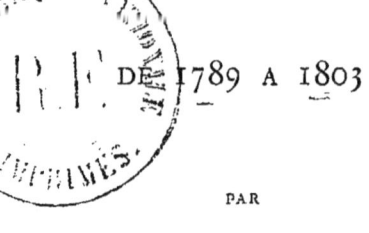

DE 1789 A 1803

PAR

ÉMILE TROUETTE

PROFESSEUR EN RETRAITE

CHEVALIER DE LA LÉGION D'HONNEUR — OFFICIER DE L'INSTRUCTION PUBLIQUE

CONSEILLER PRIVÉ

PRIX : 10 FRANCS

TOME PREMIER

PARIS

CHALLAMEL & Cie, ÉDITEURS

Librairie Coloniale

5, RUE JACOB ET RUE FURSTENBERG, 2

1888

Saint-Denis, Ile de la Réunion, le 23 juin 1886.

PRÉFACE

J'entreprends d'écrire l'histoire de mon pays natal, de mon île Bourbon, mais sans quitter l'espace compris entre 1789 et 1803. Sortir de ces limites, serait d'abord oublier les soixante-dix ans qui m'avertissent aujourd'hui même, et m'exposer ensuite soit à conduire des recherches dans certaines époques habilement explorées déjà, si je remontais plus haut, soit à rencontrer, en descendant plus bas, les susceptibilités d'acteurs encore vivants, ou de la postérité qui les représente. La période à laquelle je me restreins n'est pas trop vaste pour que je ne puisse espérer de la parcourir. J'y trouverai, grâce à la Révolution, plus de mouvement que dans aucune autre; elle me laissera néanmoins, grâce à la distance, assez de calme pour l'exposé sincère des événements, et, ce qui devait fixer mon choix, on y verra la colonie vivre de sa vie propre, loin de toute influence extérieure, de tout secours étranger, dans un isolement presque absolu de la métropole et même du monde.

Plusieurs ont traité ce sujet. Je n'ai pas la prétention de faire mieux; je veux faire autrement. Il me semble que les résumés, très bons pour ceux qui savent déjà, ne disent rien, ou disent trop peu à qui ne sait pas encore. Je n'ai appris l'histoire que lorsqu'il m'a été possible de la lire dans des récits développés, qui me permettaient de voir, pour ainsi dire, en chair et en os, les personnages que j'étudiais, de les suivre dans les détails de leur vie publique, quelquefois de leur vie privée. Je pouvais alors les saisir, les juger par moi-même, au lieu que, dans mes abrégés du collège, ils paraissaient et disparaissaient au gré de l'historien, passant devant mes yeux comme des étoiles filantes, sans que je puisse les retenir un instant.

Un intérêt puissant doit s'attacher, pour chacun de nous, aux parties de notre histoire placées à la distance d'un siècle environ. Revenir à ce temps, c'est satisfaire un besoin du cœur; c'est franchir l'intervalle qui nous sépare de nos pères, les revoir, vivre en quelque sorte avec eux. Il y a là, au milieu du plaisir d'apprendre des choses que nous ne savions pas, une certaine tristesse, je le sais, mais douce et affectueuse, qui ajoute au charme de ces souvenirs. Aussi, parmi les papiers qui me passent entre les mains aux archives, ceux de l'âge moyen m'offrent-ils un attrait particulier. Les événements auxquels j'ai assisté me laissent parfois indifférent; je les connais, ils n'ont rien à me dire; mais ceux dont le récit occupait confusément mon enfance, qui me sont restés avec la demi-obscurité qui les enveloppait alors, quelle agréable surprise, en secouant la poussière d'un registre à moitié détruit, de les voir apparaître en pleine lumière, attestés par les contemporains qui les ont vus, qui les ont produits! Les documents originaux procurent seuls une pareille jouissance. Les extraits qu'on en donne, quelle qu'en soit la valeur, ne peuvent y suppléer. Un résumé serre si bien les faits qu'il y étouffe la vie; les chairs ont disparu; il ne reste plus qu'un squelette.

On me pardonnera d'avoir cédé à un autre motif. Je remonte, par ma naissance, assez loin dans le passé, pour que j'aie pu connaître quelques-uns des principaux acteurs de la période révolutionnaire, écouter curieusement ce qu'on me disait d'eux; et quand, longtemps après, j'ai trouvé, dans nos archives, des pages écrites de leurs mains, signées de leurs noms, ç'a été pour moi un si vif plaisir, que je me suis promis de le faire partager à mes contemporains, s'il m'était donné un jour de tirer ces documents de l'obscurité qui me les avait dérobés jusque-là.

Nous avons beaucoup de ces pièces à peu près perdues, inaccessibles qu'elles sont à la grande majorité des lecteurs. Tout le monde n'a pas des loisirs qui permettent de les aller chercher. Les faire imprimer, pour les mettre à la portée des hommes studieux, pour les sauver du feu, des insectes, de l'humidité, peut-être des indiscrets, s'imposerait à un pays moins éprouvé par la fortune; aujourd'hui peut-on espérer que cette mesure se réalise jamais? J'essaierai donc de les donner assez complètes pour en conserver, autant que possible, le cachet primitif. Je destine ce recueil à mes enfants et à mes amis de Bourbon; l'intérêt se trouvera pour eux là où d'autres ne verraient que des longueurs et de l'ennui. Souvent il arrive qu'un arrêté, un procès-verbal ou une pétition raconte avec une vérité saisissante, avec une vivacité de détails qu'on est heureux d'y remarquer; car c'est l'acteur lui-même, ou un témoin qui prend la parole en présence du fait qu'il reproduit, tout chaud de l'émotion qu'il a ressentie. Faut-il que l'historien, refroidi par la distance et incomplètement renseigné, substitue ses laborieux efforts à une photographie instantanée? Son devoir est bien plutôt de s'effacer, en évitant l'abus par un choix judicieux.

Quelque soin que j'aie mis à ce travail, je ne me figure pas avoir tiré l'échelle après moi. J'avoue, au contraire, que, effrayé par mon âge, je me suis décidé un peu vite à publier ce que j'avais recueilli. Je laisse bien certainement des lacunes à combler, peut-être des erreurs à rectifier.

E. TROUETTE.

Sources auxquelles j'ai puisé :

1° ARCHIVES COLONIALES.

2° ÉLIE PAJOT, *Simples renseignements sur l'île Bourbon*, la valeur d'environ cinq pages de mon avant-propos, pour les paragraphes *Justice, Clergé, Églises, Finances, Cultures, Quartiers*. J'indiquerai ces emprunts par la lettre P.

3° DE CHATEAUVIEUX, *Histoire de Saint-Leu*, pour la fondation de l'église de Saint-Leu, et un fait concernant l'abbé Joffard. Lettre C.

4° GUET, *les Origines de l'île Bourbon*, pour la première église de Saint-Paul. Lettre G.

5° JULES HERMANN, *Colonisation de l'île Bourbon*, pour les premiers lazaristes arrivés à Bourbon. Lettre H.

6° DUFOUR BRUNET, *l'Instruction publique à l'île de la Réunion*. Lettres D. B.

AVANT-PROPOS

L'Ile Bourbon avant 1789

Administration supérieure.

A l'époque où cette histoire commence, l'administration particulière de l'île Bourbon relevait d'une administration générale siégeant à l'île de France et confiée à deux hommes placés presque au même niveau, revêtus cependant d'attributions différentes. L'un, en fonctions depuis le 5 novembre 1785 et chargé de la partie militaire, était Joseph-Antoine Bruny, *chevalier* d'Entrecasteaux, celui qui s'est rendu si célèbre par ses voyages dans l'Océanie à la recherche de l'infortuné La Peyrouse. Son collègue, André-Julien Dupuy, conseiller honoraire au Châtelet, tirait ses pouvoirs d'un brevet du 5 février 1789 qui lui donnait le titre d'*Intendant de justice, police et finance de la guerre et de la marine aux îles de France et de Bourbon*. Il signait tantôt *Intendant général des établissements français à l'est du cap de Bonne-Espérance*, tantôt *Administrateur des finances de l'île de France et de la Réunion*, ou enfin *Ordonnateur général des îles de France et de la Réunion*.

Sous le titre officiel de *Commandant pour le Roi*, qui n'excluait pas celui de *Gouverneur* dans l'usage habituel, le maréchal de camp David Charpentier de Cossigny de Palma, né à l'île de France en 1730, mort en 1809, « membre de l'Institut, dont il fit partie dès l'origine, » (P.) gouvernait Bourbon depuis le mois de juillet 1788. La partie administrative appartenait à son collègue Pierre Rathier Duvergé, commissaire de marine, arrivé le 11 juillet 1789, promu la même année au grade de commissaire général pour ses trente-cinq ans de services, dont vingt-neuf aux colonies.

A la fin de septembre 1789, Cossigny étant allé faire un voyage à l'île de France, laissa l'intérim de ses fonctions au chevalier de Galaup, capitaine au régiment de Pondichéry, qui lui-même fut remplacé pendant quelques jours par La Reinaudie, capitaine au même régiment, dont un détachement était en garnison à Bourbon.

Ces administrateurs étaient armés d'un pouvoir absolu ; s'ils n'en abusaient pas, il faut en savoir gré à leur bienveillance intelligente et non pas à une tutelle organisée au profit d'intérêts tout autres, sur plus d'un point, que ceux des colons établis dans les deux îles, intérêts de lucre commercial de la part de la Compagnie des Indes et d'un ordre supérieur de la part de l'État.

« Les îles de France et de Bourbon, dit Louis XVI dans un *Mémoire* du 9 mars 1789, *pour servir d'instructions au sieur Bruny d'Entrecasteaux et au sieur Dupuy*, ont été établies pour servir de relâche aux vaisseaux français qui vont en Asie. Les vaisseaux peuvent y être réparés, les équipages rétablis et les approvisionnements renouvelés. La position de ces îles ne se borne pas à l'utilité de la relâche; des vues plus étendues ont fait sentir que l'île de France, placée à l'entrée de la mer des Indes et à l'ouvert de tous les détroits de cette partie du monde, pouvait être un entrepôt de forces capable d'opposer, en temps de guerre, à des armements affaiblis par une longue navigation, des troupes fraîches et des vaisseaux bien équipés, et de disposer, avec autant de promptitude que de secret, des expéditions qui pussent porter des forces dans tous les points de l'Asie où l'on aurait à attaquer ou à se défendre. »

A cette forteresse de l'île de France il fallait des approvisionnements; l'île Bourbon était chargée de lui en fournir. Cette destination, dit le même mémoire, parut tellement essentielle, que le gouvernement disposa des récoltes, tantôt les recevant dans ses magasins, tantôt les refusant, d'après les besoins de son service, qui ne s'accordaient pas toujours avec les calculs des cultivateurs.

Il ne faut donc pas s'étonner de ce que Duvergé écrivait le 9 août 1789 au ministre de la marine et des colonies, et le 4 septembre de la même année aux administrateurs en chef à l'île de France.

Duvergé au ministre :

« La culture des grains, que cette île a toujours produits avec abondance pour sa propre consommation et pour celle de l'île de France, est négligée depuis quelque temps par un grand nombre d'habitants, parce que l'administration ne leur a pas assuré le placement de tous ceux qu'ils pourraient fournir, et les a laissés dans l'incertitude sur la quantité qu'elle pourrait recevoir. Ils ont tourné leurs vues vers le café et principalement le coton, auquel ils tiennent beaucoup actuellement. La culture du café est assurée et il y a apparence que, si celle du coton, supérieur en qualité à celui de toutes les autres colonies, même à celui de l'Inde, continuait à faire des progrès, cette île serait, en fort peu d'années, très importante pour ces deux objets d'exportation également recherchés en Europe; mais il n'y aurait que fort peu de terres plantées en vivres, en sorte que les administrateurs des deux îles se trouveraient fort embarrassés pour la subsistance des rationnaires du roi, s'ils ne prenaient des mesures pour que tous les habitants possesseurs de terres à grains en employassent une certaine quantité en vivres, au-delà de ce qu'il leur en faut pour leur consommation. »

Duvergé aux administrateurs en chef à l'île de France :

« Je ne vois guère d'autre parti à prendre pour que le roi puisse s'approvisionner de grains et de légumes, que de souffrir la concurrence des particuliers et de payer au moins aux mêmes prix qu'eux. On pourrait bien encore *en défendre sur-le-champ l'exportation*, jusqu'à ce que les magasins du roi en fussent suffisamment pourvus; mais y aurait-il en cela de la justice, après avoir promis aux habitants que le roi prendrait tous les grains qu'ils pourraient récolter, leur avoir notifié, quelques années après, que Sa Majesté n'en recevrait dorénavant que ce qu'il en faudrait, et qu'ils pouvaient disposer de leur excédant en faveur des particuliers à qui on en accorda la concurrence, avoir enfin répondu à leurs représentations sur ce qu'ils s'étaient livrés entièrement à ce genre de culture, qu'ils pouvaient s'occuper de celle du café et du coton, qui leur offraient de grandes ressources ? »

Mais, s'il importe de ne pas confondre les procédés essentiellement égoïstes d'une Compagnie de marchands avec les vues autrement larges et désintéressées d'un gouvernement qui essaya plus d'une fois de concilier les intérêts généraux de l'État et les intérêts privés des colons, il arriva souvent que des erreurs et des fautes provoquèrent de justes plaintes contre l'administration royale, héritière du reste des traditions de la Compagnie, qu'elle ne sut pas toujours répudier.

Une *Pétition de la colonie de Bourbon à l'Assemblée nationale*, du 21 avril 1791, est instructive à cet égard. Elle dit :

« La colonie avait longtemps langui sous le gouvernement despotique de la Compagnie des Indes. Lors de la suspension du privilège de cette Compagnie et de la rétrocession des îles de France et de Bourbon au roi, en 1767, la liberté du commerce vint réveiller le cultivateur de la stupeur avilissante où il avait été si longtemps plongé, et lui donna quelque activité. Cependant l'administration ministérielle, par la versatilité de ses principes, par le despotisme de ses agents, opposait encore bien des obstacles à l'accroissement et à la prospérité de cette colonie. Il n'était guère possible qu'elle pût parvenir à un état bien florissant, sous un régime aussi vicieux que celui qui plaçait dans les mêmes mains les différents genres de pouvoirs. En effet, les agents du pouvoir exécutif poursuivaient l'exécution de règlements qu'ils avaient faits comme législateurs, et jugeaient ensuite, à la tête du conseil supérieur, sur l'inobservance de ces règlements. Comme administrateurs, ils concédaient des terres dont ils venaient d'ordonner la réunion au domaine comme juges au tribunal terrier, et redevenaient juges, au conseil supérieur, des contestations qui pouvaient naître sur les mêmes concessions.

« Pendant longtemps il a été défendu aux habitants de fournir leurs grains et leurs légumes secs ailleurs que dans les magasins du roi; les administrateurs en taxaient arbitrairement les prix, qui nécessairement étaient toujours modiques, et souvent il arrivait que, dans le même temps, ils payaient très cher des blés du cap de Bonne-Espérance ou du Bengale. Ce n'est que depuis quelques années qu'il a été permis aux cultivateurs de vendre leurs grains à qui bon leur semblait.

« Observons que le prix des grains et la manière de les payer ont continuellement varié. Pendant un temps, les paiements se faisaient en papier-monnaie; dans d'autres, moitié en piastres et moitié en papier, le plus souvent en lettres de change sur le trésor royal; pendant quelques années, en simples promesses de lettres de change. Une telle instabilité donnait carrière aux abus et à l'agiotage, et c'était toujours au détriment du cultivateur.

« En vertu d'un édit du roi de novembre 1771, les colons supportaient un droit de dix livres par balle de café sortant de la colonie, lorsque, en 1775, les vicissitudes du commerce ayant d'ailleurs fait tomber à bas prix cette denrée, et les administrateurs invitant à la culture des grains nourriciers par le prix auquel ils s'engageaient à les recevoir pour le roi, beaucoup de cultivateurs détruisirent leurs cafeteries pour semer du blé. Mais qu'arriva-t-il? Au moment de la récolte, l'intendant, sans autre motif que sa volonté, donna ordre de réduire le prix du blé à un tiers au-dessous de celui promis, et beaucoup plus bas qu'il ne l'avait jamais été. »

Faut-il maintenant s'étonner de cette exclamation de l'assemblée coloniale de 1790 : « Heureuse la Révolution qui nous rend à la liberté ! » et de son empressement à s'emparer de tous les pouvoirs, pour essayer de mettre un terme à des abus intolérables ?

Ainsi aux deux colonies, dans la pensée de la métropole, une destination toute différente : à Bourbon, l'agriculture et particulièrement la production des grains nourriciers ; à l'île de France la partie militaire, les armements, les courses, les prises, les deux sœurs se protégeant mutuellement, l'une par ses ressources alimentaires, l'autre par ses vaisseaux. Ce qu'était devenu Bourbon sous le régime qu'on lui avait imposé en vue de ce plan, il est de l'essence même de mon sujet de le dire avec de nombreux détails ; mais ne faut-il pas que je m'arrête un instant sur la situation de l'île de France, dont le sort fut si intimement lié au nôtre ? Je le ferai d'autant plus volontiers que j'ai encore sous la main le *Mémoire du roi*, du 9 mars 1789, le plus précieux document qu'il soit possible de consulter à cet égard.

« Il s'en faut de beaucoup que l'île de France ait le nombre d'habitants dont sa culture est susceptible, parce qu'on a laissé la ville de Port-Louis se remplir de gens inutiles, d'accapareurs de marchandises, ou de brocanteurs des effets qui ont cours sur la place. Cette île n'ayant pu jusqu'à présent se suffire à elle-même, ni avoir aucun objet d'échange, faute peut-être d'un encouragement bien dirigé, et surtout d'une liberté raisonnable, les moments de besoins toujours renaissants y ont multiplié les spéculations et les intrigues ; tout y a été calculé sur les dépenses du roi assez considérables pour y exciter la cupidité, et il paraît que c'est toujours vers ce but unique que se sont tournés tous les regards, et qu'on a dirigé toutes les prétentions.

« Ce défaut de liberté avait pris naissance sous le régime de la Compagnie des Indes, et il a été maintenu sous l'administration royale. On a mis partout des entraves et des embarras, dont on a aujourd'hui beaucoup de peine à démêler le principe. Les dépenses du roi n'ont reflué que dans les mains de gens qui en étaient les moins dignes, et il n'est resté d'autres ressources aux propriétaires de terrains que de vendre leurs bois, en payant des pots-de-vin aux gens en faveur, qui en avaient obtenu les fournitures, quelque inutiles qu'elles pussent être, et d'autres spéculations à faire, pour les habitants de Port-Louis, que la pacotille de l'Inde, qui maintient l'agio des piastres et l'accaparement des comestibles et autres marchandises d'Europe.

« Il est résulté de tous ces commerces illicites, qui ont fait tant de tort à la culture, et du surhaussement donné à la valeur de la piastre, que tous les objets les plus essentiels et les plus communs y ont été portés, ainsi que la main-d'œuvre, à des prix excessifs ; que, par une suite de ce système, on n'a pu faire le radoub d'un vaisseau de guerre sans y mettre le prix d'un vaisseau neuf, et qu'enfin le mal est aujourd'hui à son comble, à côté de toutes les ressources nécessaires à la vie. Terrains, vivres, bois, bestiaux, papier-monnaie, piastres, marchandises d'Europe, tout a été accaparé, et c'est le germe de tous les désordres qu'il faut absolument détruire. »

Justice.

« Un édit du 7 mars 1711 établit à Bourbon, pour la justice civile et criminelle, un conseil provincial, dont les décisions allaient en appel au conseil supérieur de Pondichéry. Par suite de la présidence du gouverneur, ce conseil exerça le pouvoir administratif et même le pouvoir législatif. » (P.)

La France ayant pris possession de l'île Maurice, le 23 septembre 1721, y créa, en novembre 1723, un conseil provincial ressortissant à celui de Bourbon, devenu conseil supérieur « installé à Saint-Paul le 19 novembre 1724 ». (P.) Une fois conseil supérieur il voulut que cette supériorité fût pleine et entière, et le demanda en termes assez vifs, à ce qu'il paraît, pour que la Compagnie lui fît, le 31 décembre 1727, la réponse que voici :

« Si la Compagnie n'eût écouté que son autorité blessée dans les termes dont vous vous servez pour lui marquer que vous ne voulez pas être subordonnés au conseil supérieur de Pondichéry, elle eût mis, sans hésiter, hors de son service ceux qui ont signé la lettre du 15 novembre 1726. C'est ainsi qu'elle aurait agi avec des gens qui veulent se croire indépendants et se soustraire à la subordination établie ; mais la Compagnie, inclinant plus à la douceur qu'à la sévérité, veut bien, pour cette fois, laisser tomber des termes peu mesurés, et qu'elle attribue plutôt à la vivacité qu'à un esprit d'indépendance. Comme cependant il est important de faire connaître quelles sont ses intentions au sujet de la subordination dont on prétend se soustraire, il est juste qu'elle s'explique en termes qui ne souffrent point d'interprétation.

« Le conseil supérieur, en cette qualité, administrera la justice tant civile que criminelle aux habitants des îles de Bourbon et de France, conformément à l'édit de son établissement, et n'est subordonné qu'à Sa Majesté. Ce même conseil, en qualité d'administrateur des affaires de la Compagnie, sera subordonné et exécutera les ordres qui lui seront donnés par le conseil supérieur de Pondichéry, même par M. Lenoir seul ; mais la Compagnie, considérant que les ordres émanés de Pondichéry pourraient souffrir quelquefois des difficultés trop grandes dans leur exécution, qui intervertiraient l'ordre de la colonie, ou occasionneraient des choses contraires au bien du service dans la pratique, quoique spéculés avec justesse et prudence, alors elle vous permet de suspendre simplement l'exécution de ces ordres, et de lui envoyer les motifs bien circonstanciés qui vous auront empêchés d'y acquiescer. Elle exige même que ces motifs soient rédigés en délibération, à laquelle ceux qui auront assisté seront obligés de signer au pied de leur avis. »

En 1734, la subordination de l'île de France disparut, par l'établissement d'un conseil supérieur à l'île de France, pour faire place à une supériorité sinon de droit, du moins de fait, qui passait à la résidence habituelle de La Bourdonnais. L'année suivante, le gouvernement de Bourbon ayant été transféré de Saint-Paul à Saint-Denis, le conseil supérieur suivit ce mouvement.

Par ce changement de capitale, il faut entendre que les bureaux de la Compagnie et le magasin général furent transportés à Saint-Denis avec le personnel. Le conseil supérieur se déplaça également, mais après avoir décidé qu'il siégerait dans l'une ou l'autre de ces villes, selon que le commandant de la colonie habiterait au Vent ou Sous-le-Vent. Du reste, sur les 148 décisions qui appartiennent à la période décennale de 1714 à 1724, 3 ont été rendues à Saint-Paul, et les 145 autres à Saint-Denis, dans la *Chambre du Conseil*, le procès-verbal disait même deux ou trois fois *au gouvernement*.

« L'édit du 20 juin 1766 supprima le conseil supérieur de 1724 et en établit un autre, qui n'eut plus que des attributions judiciaires. Une ordonnance du 25 septembre de la même année chargea un tribunal terrier des contestations relatives aux concessions. » (P.)

« En 1771, deux édits, des mois d'octobre et de novembre, refondirent notre organisation judiciaire. Le conseil supérieur, qui connaissait souverainement, en première et en seconde instance, de tous les procès civils et criminels, fut supprimé. Il y eut, en première instance, une *juridiction royale*, composée d'un juge, d'un lieutenant de juge remplaçant celui-ci, mais ne siégeant jamais avec lui, un procureur du roi et un greffier. Pour l'appel, ce fut un nouveau conseil supérieur, composé du gouverneur, de l'intendant, de six conseillers titulaires et de quatre assesseurs, d'un procureur général avec un substitut et d'un greffier. » (P.) Le tribunal terrier était formé des deux administrateurs, auxquels s'adjoignaient quatre conseillers du conseil supérieur, dont un faisait fonction de procureur du roi.

Une pétition de l'assemblée coloniale à l'Assemblée nationale constituante, du 2 juillet 1791, nous dira ce que la colonie pensait de cette organisation judiciaire :

« Les administrateurs du roi, législateurs dans la colonie, présidaient et président encore le conseil supérieur, où ils ont voix délibérative. Ainsi ils faisaient les lois, les faisaient exécuter et jugeaient encore les contraventions à ces lois. Le tribunal entier rendait aussi quelquefois des arrêts de règlement ayant force de loi. De plus, il administrait, avec l'ordonnateur, les deniers communs des colons, qui, pour subvenir aux frais de capture des noirs fugitifs et d'entretien des chemins, payaient une taxe annuelle imposée par le conseil.

« La juridiction royale, par les vexations de certains juges, et surtout des procureurs et des huissiers, était devenue en horreur à la colonie.

« La composition du tribunal terrier était encore plus monstrueuse que celle du conseil. Ce tribunal prononçait la réunion au domaine des terrains non mis en valeur. Les administrateurs, après avoir décidé cette réunion, souvent avec un seul autre juge, concédaient de nouveau les terrains à leurs favoris. S'il y avait des réclamations, elles étaient jugées au tribunal terrier même, ou au conseil supérieur, dans lequel se retrouvaient les premiers juges. »

Guillaume Desjardins, commandant de Saint-Paul, ancien membre du conseil supérieur, écrivant le 8 mars 1788 à Cossigny, lui donne les détails suivants :

« Depuis l'arrivée de la juridiction à Bourbon, il n'y a point d'ouragan ; il semble que la divine Providence ait senti que c'était assez de ce fléau pour la ruine du pays, qu'il fallait le préserver de l'autre.

« A leur arrivée, MM. de la juridiction royale ont voulu étendre leurs pouvoirs partout et se sont attaqués aux commandants de quartier. Ceux-ci ayant une grande influence sur la masse des habitants, c'est à eux que leurs administrés s'adressent de préférence pour leurs affaires, pour les démêlés de famille qu'ils veulent avec raison tenir secrets. Après de vaines tentatives pour soumettre ces officiers militaires à leur juridiction, tentatives qui ont contraint le gouvernement de les brider en bien des occasions, ils ont pris un autre moyen, ç'a été de recevoir les plaintes de tous les mauvais sujets qui s'adressaient au tribunal, de telle sorte que réprimer le désordre dans un quartier, c'était s'exposer à un procès criminel.

« Le choix que l'on a fait des deux premiers juges et des deux procureurs du roi pour le début, a forcé le gouvernement de fixer son attention sur ces gens-là, et de prendre un parti pour le salut des habitants confiés à sa protection.

« On avait envoyé à l'île de France un M... pour juge royal, lequel ne s'étant pas contenté de piller, de voler la colonie dans tous les procès qu'il attirait à lui, a fait un coup de maître en volant 56,000 livres d'un seul coup en argent à son greffier, pour quoi il a essuyé un procès criminel, a été décrété, et puis, par humanité, M. de Ternay l'a renvoyé en France. Pris par les Anglais sur nos côtes, il a encore volé plusieurs malles à des passagers qui les lui avaient confiées.

« Le procureur du roi qu'on lui avait donné avait fait, à l'île de France même, une banqueroute de près de 30,000 livres ; il avait acheté cette place à Paris 60,000 livres pour se dédommager de ses pertes ; mais sa mort, survenue trop tôt, ne lui a pas donné le temps d'exécuter ses projets.

« L'île Bourbon n'a pas été mieux traitée.

« Nous avons ici un M... qui avait eu quelque célébrité comme avocat à Paris, pour avoir défendu une mauvaise cause contre Dupleix. Ce bon juge, ivrogne de profession, commettant ici injustice sur injustice, le gouvernement et le conseil se sont joints ensemble pour l'interdire à plusieurs reprises et enfin pour l'interdire tout à fait et lui ôter sa place. De mauvais juge qu'il était, il s'est fait méchant avocat, plaidant sans cesse ivre. Il est mort dans la misère, méprisé de tous.

« Le procureur du roi était un M... à qui le conseil de cette île a prouvé plus d'une fois qu'il faisait, dans bien des affaires, lui-même les requêtes pour et contre, là où il y avait de l'argent à gagner, soustrayait des pièces dans des affaires criminelles, et donnait par-dessus tout cela ses conclusions. Pour l'honneur de la magistrature et celui de son nom, on s'est contenté de le renvoyer en France, et M. Desmazières, aujourd'hui conseiller, mais alors greffier, a été interdit pendant six mois pour avoir laissé, dans les mains de cet honnête homme, des papiers de son greffe, dont l'autre avait fait bon usage à son profit.

« L'île Bourbon a été pourvue des deux hommes que vous voyez.

« Le premier, tiré des montagnes du Béarn, a porté avec lui l'orgueil de son pays avec la vindicte espagnole. Son début a été d'attaquer le baron de Souville et de brouiller toute la colonie, en voulant la soumettre à sa juridiction. Le feu de la discorde aurait gagné de tous les côtés, si le gouvernement ne fût venu à notre secours, en exilant ce juge pour dix-huit mois au Grand-Port; la cour a confirmé cet exil et l'a interdit pour deux ans. Pour le malheur de la colonie, on l'a renvoyé reprendre ses fonctions et se venger de ses ennemis.

« Quant au procureur du roi, une affaire qu'il a sur le tapis, et que vous jugerez peut-être vous-même, vous le fera mieux connaître que tout ce que je pourrais vous en dire.

« Il a été calculé que la juridiction de l'île Bourbon coûte à la colonie environ 400,000 livres par an. »

L'édit d'octobre 1771 créant la juridiction fut enregistré à Bourbon le 12 février 1774. Les épices étaient perçues d'après un règlement de Steinaver et Crémont du 23 juin 1774, enregistré le 18 juillet, fixant les droits, vacations et salaires des officiers de ce tribunal.

Nous avons vu, page 8, comment la Compagnie réprima, en 1727, la prétention du conseil supérieur ; voici maintenant les limites que lui trace Louis XVI, et qu'il est bon de connaître :

« Les sieurs d'Entrecasteaux et Dupuy doivent se rappeler que c'est à eux qu'appartient la connaissance de toutes les matières de haute police et le droit de faire des règlements sur la police particulière. Sa Majesté a vu avec satisfaction que le conseil supérieur a reconnu à cet égard les droits des administrateurs, en enregistrant sans difficultés une ordonnance du 18 décembre 1786, par laquelle les sieurs vicomte de Souillac et Motais de Narbonne avaient statué qu'à l'avenir les règlements de police n'émaneraient que d'eux ou de leurs représentants.

« Les édits et les règlements ont toujours observé de renfermer les conseils supérieurs dans des limites qui ne leur permettent pas de se mêler en rien des matières du gouvernement ; cependant il est arrivé plusieurs fois que le conseil supérieur de l'île Bourbon a cherché à opposer une sorte d'autorité à celle des administrateurs, et à empêcher, par des difficultés toujours dangereuses, l'exécution de leurs règlements et de leurs décisions. Ce motif, joint au peu d'utilité de ce conseil, qui serait peut-être suppléé sans inconvénient par celui de l'île de France, pourra déterminer Sa Majesté à ne laisser subsister qu'un seul tribunal supérieur, qui, toujours sous les yeux des chefs, serait plus facilement maintenu dans les bornes qui le circonscrivent, et ferait cesser surtout une diversité de jurisprudence qui donne lieu à beaucoup d'abus. Sa Majesté donnerait alors à la juridiction le pouvoir de juger en dernier ressort jusqu'à concurrence de 6,000 livres. Les sieurs d'Entrecasteaux et Dupuy examineront le pour et le contre de cette opération. »

Une requête du 30 octobre 1774, signée Fréon, de La Nux, La Flocherie, Roze, Dusauzey et Lefebvre de Chantraine, et adressée au ministre de la marine, révèle ce fait curieux que, à un certain moment, l'État cessa de payer la justice à Bourbon. Elle est ainsi conçue :

« Les conseillers au conseil supérieur de l'île Bourbon, pénétrés de la plus vive et de la plus respectueuse reconnaissance du choix que Sa Majesté a bien voulu faire d'eux pour rendre la justice aux habitants de cette colonie, se sont empressés de faire enregistrer les provisions qui leur ont été remises à cet effet. Ils n'ignoraient pas que le roi n'était plus dans l'intention d'accorder des appointements aux magistrats qui composeraient ce conseil; ils ne se sont occupés que de satisfaire aux obligations de leur place; cependant ils se croient fondés à représenter que les appointements attachés à leur place leur seraient aussi nécessaires qu'ils l'étaient à leurs prédécesseurs, etc. »

Une requête du conseil supérieur, adressée au roi le 11 novembre 1776, confirme ce que dit Desjardins du soin jaloux, ajoutons cupide, avec lequel la juridiction veillait sur les droits qui lui rapportaient de l'argent :

« Avant l'établissement d'une juridiction royale, le conseil supérieur rendait sans épices la justice en première et dernière instance; ne pouvant détacher ses membres dans les quartiers pour apposer et lever les scellés, recevoir les plaintes, constater les délits, il créa des commis-greffiers dans chacun des quartiers et des substituts du procureur général.

« L'installation d'une juridiction royale laissa les commis-greffiers sans fonctions, le juge ayant le droit d'apposer lui-même et de lever les scellés. Le conseil supérieur le laissa jouir de ces droits jusqu'au 5 janvier 1775. Mais les opérations relatives aux successions se faisaient avec lenteur; les scellés étaient apposés cinq et jusqu'à douze jours trop tard, des cadavres étaient privés de sépulture pendant plusieurs jours, le juge n'ayant pu se transporter sur les lieux.

Le conseil supérieur rétablit les commis-greffiers dans leurs fonctions, en ordonnant toutefois qu'ils ne pourraient lever les scellés par eux apposés que sur la permission du juge. »

Le roi qui, probablement, vit dans le règlement du conseil supérieur une lutte de rivalité, une atteinte à l'institution qu'il venait d'établir, cassa l'arrêt de règlement Le conseil supérieur demandait, par sa requête, le retrait de l'arrêt de cassation.

« L'enregistrement des édits et ordonnances, qui valait promulgation, se faisait d'abord au conseil supérieur de l'île de France; copie était envoyée au conseil supérieur de Bourbon. » (P.)

Au 1er janvier 1790, le personnel judiciaire était ainsi composé :

Conseil supérieur.

Cossigny, commandant.
Duvergé, ordonnateur, président.
Laurent-Lambert Fréon, second conseiller.
Jean-Baptiste-François de Lanux, conseiller.
Pierre-Jean Greslan, conseiller.
Des Mazières, conseiller.

Deux places de conseillers étaient vacantes, un arrêt du conseil, en date du 13 décembre 1789, ayant déclaré Périchon de Vandeuil démis de son office de conseiller.

François-Jean Azéma, procureur général.
Jean-Joseph Pajot, substitut du procureur général.
Augustin de Launay de la Perrière, assesseur.
Boulley-Duparc, assesseur.

Deux places d'assesseurs étaient vacantes.
Joseph Grinne, greffier.

Juridiction royale.

Jean-Baptiste d'Etchéverry, juge royal.

Francois Michault de Beaumont, lieutenant de juge (1).

Charles-Borromée-Thomas de Périndorge, adjoint au lieutenant.

Amable-Ange Lefébure de Marcy, procureur du roi.

Henri-Nicolas-Marie Demars, greffier.

Le commandant, bien qu'ayant son fauteuil au conseil supérieur, n'y venait plus que pour certaines solennités, dans certaines circonstances exceptionnelles ; l'ordonnateur, au contraire, présidait chaque séance et se plaignait du temps que ces fonctions judiciaires enlevaient à son administration.

Par décision royale du 26 février 1781, les conseillers titulaires des conseils supérieurs des îles de France et de Bourbon furent appelés à jouir d'un traitement de 3,000 livres ; les assesseurs durent recevoir 2,000 livres.

Le Palais de Justice occupait autrefois le terrain qui longe la *rue du Conseil* (on voit tout de suite d'où vient le nom de cette rue). De nos jours, la geôle et la librairie Vally, auparavant pharmacie Toulorge, se partagent ce terrain situé entre les rues de l'Église et de La Bourdonnais. En 1785, le bâtiment principal, construit en bois, tombait de vétusté ; on le démolit, avec l'intention de le rebâtir ; les événements ne permirent pas cette reconstruction. Le conseil supérieur et la juridiction allèrent donner leurs audiences dans un bâtiment en pierre, élevé par Crémont pour servir de greffe à la juridiction, et que nous voyons maintenant, au milieu d'autres constructions moins anciennes, à gauche en entrant dans la geôle, reconnaissable à cinq fenêtres grillées qu'on y a laissées sur la rue. La partie sud-ouest de l'ancien emplacement ne tarda pas à être vendue ; il ne resta plus à l'État que le terrain des prisons.

---

(1) Michault de Beaumont fut assassiné à Saint-Denis dans la nuit du 22 au 23 février 1831, dans la maison située à l'angle sud-ouest des rues de l'Église et de Saint-Joseph, où Mme Bret fut assassinée en 1880. C'étaient deux vieillards riches à dépouiller.

En 1790, on loua une maison qui servit de palais de justice. Cette maison, située rue de l'Église, avec une issue sur la rue de la Compagnie, appartenait alors à M. Jean-Joseph Pajot, substitut du procureur général; elle a passé entre les mains de M. Richeville Lauratet, qui l'a embellie et agrandie. (Note de M. Élie Pajot, petit-fils de Jean-Joseph.)

Forces militaires.

Quelles étaient les forces militaires chargées de défendre le pays en 1789? L'effectif en était bien variable. Je vois, d'une part, que, même en temps de guerre, on ne laissait quelquefois que soixante à quatre-vingts hommes pour la garde de la colonie; d'autre part une lettre de Duvergé, du 31 août 1789, contenait ce passage : « Nous avons, M. de Cossigny et moi, fait commencer des dispositions aux Étuves pour y loger des troupes. On peut y recevoir 250 hommes; il y en a 149 actuellement. Les autres sont dans la caserne avec les premiers. Ce bâtiment, où il y en a 232, peut en contenir 300. » Dans ce chiffre de 381 fantassins ne sont pas compris les artilleurs logés au parc d'artillerie, ce qu'il pouvait y avoir de détachements dans les quartiers, la milice, toujours capricieuse, indisciplinable, brave à l'occasion, et enfin ce qui restait du corps des *Volontaires de Bourbon*, créé le 1er avril 1779, licencié le 19 novembre 1789.

Il faut bien ici quelques détails sur les *Vétérans*, les *Invalides* et les *Incurables*, non pas que nous devions les compter parmi les forces actives, mais parce qu'ils s'y rattachent par leur origine, et qu'il importe de connaître des rationnaires dont l'entretien préoccupera les administrateurs du pays à des époques de détresse financière ou alimentaire.

Vétérans.

C'étaient des sous-officiers et des soldats de la garnison, qui avaient obtenu, avec leur pension de récompense militaire, la permission de se fixer à Bourbon. On ne leur faisait aucune retenue lorsqu'ils étaient à l'hôpital ; aussi quelques-uns ne manquaient-ils pas de demander à sortir, pour aller consommer leur pension de quelques mois, et rentraient lorsqu'il ne leur restait plus rien. Malheureusement on ne savait s'y refuser, les troupes méconnaissant toute subordination, et les malades faisant la loi dans les hôpitaux.

Invalides.

Lors de la paix de Versailles (3 septembre 1783), des batteries au nombre de seize autour de l'île ayant été désarmées, on en confia la garde à des invalides, réunis sous le commandement du capitaine Délie. Il était fourni à chacun une demi-livre de viande, deux livres de pain par jour, huit livres de graisse, trois quarts de livre de savon par mois, du sel et du bois à brûler. Un d'entre eux recevait sept rations, ayant une femme et cinq enfants.

Incurables.

En 1775, époque où l'on forma une compagnie des invalides de Pondichéry et de l'île de France, le gouverneur général Ternay en détacha plusieurs impotents qu'il fit traiter aux hôpitaux. Ils étaient trente et un, ayant avec eux dix-sept femmes ou enfants. On les mit à Saint-Paul, d'abord aux casernes, puis dans une grande maison située à une lieue du centre du quartier. Un règlement leur donnait la ration des malades à portion entière. Les femmes et les enfants n'avaient du vin qu'en cas de maladie.

Les administrateurs qui formèrent cet établissement ne le destinaient qu'aux anciens serviteurs de l'État, militaires ou marins ; mais ensuite, cédant à des sollicitations, ils y admirent des particuliers, ouvriers et autres, plusieurs en état de gagner leur vie, et, dès 1785, le nombre des incurables, ou censés tels, excédait cent, y compris les femmes et les enfants ; il a successivement monté à plus de cent quarante hommes. Il n'avait pas été fait de règlement pour l'habillement, les administrateurs entendant ne donner que le strict nécessaire. En septembre 1788, Motais de Narbonne, ordonnateur à l'île de France, décida qu'ils auraient chacun 50 livres en effets des magasins, ou en argent.

Dans un voyage à Saint-Paul, Cossigny et Duvergé virent que la maison des incurables était en mauvais état, sans entourage, environnée de baraques d'un voisinage pernicieux; ils décidèrent qu'on les logerait dans un bâtiment de l'hôpital et que leur maison serait vendue. La dépense annuelle s'élevait alors à 40,000 livres et le nombre des rationnaires à quatre-vingt-un. Accorder des vivres aux femmes et aux enfants de ceux qui s'étaient mariés au service, c'était justice; mais que des négresses qu'ils avaient prises, après avoir obtenu les Incurables, jouissent de la même faveur, c'était un abus.

Clergé, Églises.

Par suite d'un traité conclu avec la Compagnie des Indes, le 22 septembre 1712, les lazaristes desservaient les cures de la colonie, sous la direction locale d'un préfet apostolique, qu'un bref de Benoît XIV, du 6 octobre 1740, plaça sous l'autorité supérieure de l'archevêque de Paris. Il arriva cinq de ces missionnaires en décembre 1714 : « Un vicaire apostolique, M. Daniel Renou; trois curés, les pères Criais, Abot, Houbert; un aide-servant, le frère Montarlier. » On comptait dix cures en 1789, celles de Saint-Denis, Sainte-Marie, Sainte-Suzanne, Saint-André, Saint-Benoît, Saint-Joseph, Saint-Pierre, Saint-Louis, Saint-Leu et Saint-Paul. La paroisse de Sainte-Rose fut fondée en 1790.

Des terres et des noirs, très inégalement répartis, largement ici, parcimonieusement là-bas, étaient affectés aux besoins du clergé, qui en avait l'usufruit. Une somme de 12,500 livres se partageait entre les membres du personnel ecclésiastique.

Comme préfet apostolique, le chef du clergé de la colonie tenait du pape le pouvoir de donner des dispenses de mariage dans les cas où il aurait fallu recourir à la cour de Rome, et de conférer le sacrement de confirmation. La qualité de vicaire général de l'archevêque de Paris était proprement celle qui constituait la juridiction ecclésiastique qu'il exerçait. Ses pouvoirs étaient remis par l'archevêque entre les mains du secrétaire d'État de la marine, qui les adressait aux administrateurs, et il les recevait de ces derniers. A l'égard du titre de supérieur de la mission, il le tenait directement du supérieur général de l'ordre de Saint-Lazare, qui lui déléguait, en cette qualité, l'autorité qu'il avait sur tous les membres composant la mission dans les deux îles. En vertu de ces pouvoirs, il nommait les ecclésiastiques de son ordre aux différentes cures, les changeait ou les destituait, tous les sujets de cet ordre étant amovibles, en observant cependant que le roi étant patron et fondateur des cures, le supérieur ne devait faire aucun changement sans en rendre compte par écrit aux administrateurs.

La première église élevée dans la colonie devait appartenir à Saint-Paul ; Regnault la construisit, et le père Louis de Matos la bénit le 1er mai 1667, sous le vocable des apôtres saint Jacques et saint Philippe. Ce n'était qu'une grande case. (G.) Le curé Marquis en bâtit une autre et la bénit le 24 mars 1709. La première pierre d'une troisième église fut posée le mardi 10 août 1790, dans l'angle situé au nord-ouest de la nef.

A Saint-Denis, une sorte de paillotte, édifiée, vers 1670, sur une partie du terrain occupé aujourd'hui par le jardin sud de l'hôtel du gouvernement, donna probablement son nom à la rue Saint-Louis, maintenant rue Rontaunay. Tout autour se trouvait un cimetière, qu'une épidémie de variole fit abandonner en 1729. On alla chercher un autre asile pour les morts dans la vallée de la rivière, le long du rempart ouest, au-dessus de l'abattoir ; le préfet apostolique Louis Criais le bénit le 10 juin 1729.

La paillotte s'étant écroulée, on construisit, en 1700, une église là où est aujourd'hui la cathédrale, au bout supérieur de la rue de l'Intendance. J'ai vu, jusqu'en 1829, un cimetière établi derrière le chœur ; mais il avait cessé de servir en 1785, époque à partir de laquelle les inhumations se firent au pied du cap Bernard.

« L'église ayant été renversée, une autre s'éleva au même endroit le 12 août 1743, et fut bénite, le 24 mai 1746, par le préfet Louis Criais. » (P.) En 1747, Dupleix, que nous voyons siéger au conseil provincial de Bourbon les 15, 16 et 18 mai 1722, en qualité de premier conseiller au conseil supérieur de Pondichéry, envoya une cloche du poids de 1,500 livres, prise à Madras, en 1746, sur les Anglais. Huit ans après, il se trouvait de passage à Saint-Denis. L'abbé Teste, préfet apostolique, profita de la circonstance pour bénir la cloche, le 25 janvier 1755, sous les noms de François-Joseph-Élisabeth, le parrain étant Joseph Dupleix, et la marraine Mme Élisabeth Guénebaud, épouse de Brenier, commandant de Bourbon. Cette cloche portait des branches d'olivier disposées en couronne, avec cette inscription :

Debellatæ ac subjugatæ Madraspatam trophœum Deo dicatum et dono datum à D.D. marchione Dupleix Gallorum in Indis duce generali et regiorum ordinum commendatore 25 januarii 1755.

Le 12 mai 1794, une délibération du directoire de l'île de la Réunion dit : « Que l'ancienne cloche qui servait à l'église de Saint-Denis est entièrement cassée et hors d'état de servir ; que celle destinée depuis longtemps pour cette église est restée dans les magasins, étant d'un poids trop considérable pour être suspendue dans le petit clocher de l'autre ; que la bâtisse d'un clocher serait dispendieuse ; qu'il paraît à propos de s'en tenir à un clocher provisoire ; que le citoyen Décolard Deshommes a offert dix ou douze ouvriers pour cette charpente. » Laquelle des deux cloches est celle de Dupleix ?

« Mgr Edme de Bennetat, évêque d'Eucarpie et coadjuteur dans le vicariat apostolique de Cochinchine, consacra l'église de Saint-Denis le 25 août 1756. » (P.)

En 1732, la paroisse de Sainte-Suzanne comptait, avec Saint-Paul et Saint-Denis, parmi les trois plus importantes de l'île ; elle partait de la rivière de Sainte-Marie et s'en allait ainsi d'une seule pièce jusqu'au Grand-Pays-Brûlé. Le 24 octobre de cette année, Pierre-Joseph Teste, prêtre missionnaire, chargé de ces cinquante kilomètres sans routes, traversés par des rivières souvent impraticables, représenta au conseil provincial l'impuissance où il était d'exercer son ministère sur cette immense étendue. Une assemblée d'habitants, tenue le 8 septembre 1733, sous la présidence de Pierre-Benoît Dumas, gouverneur de l'île, décida que le pays compris entre la ravine Sèche (1) et la rivière de l'Est formerait une nouvelle paroisse sous le nom de Saint-Benoît. On acheta trente gaulettes de terre de la dame Dominique de Royer, veuve de Samson Lebeau, sur la rive droite de la rivière des Roches ; Jacques Ettève, dit La Violette, maître maçon, s'engagea à y bâtir une église et un presbytère. En 1789, cette église tombait en ruine. Les habitants décidèrent que, au lieu de la réparer, on en ferait une autre dans une situation plus convenable, moyennant une taxe qu'ils s'imposèrent de quarante sous par tête d'esclave. La caisse du roi fit une avance remboursable de 12,000 livres ; La Boucherie, commandant du quartier, donna 10,000 livres pour sa part personnelle, et Hubert Montfleury, 1,000 livres.

« Le 21 septembre 1733, les héritiers Tessier donnaient un terrain pour l'église, la cure et le cimetière de Sainte-Marie. » (P.) Le père Criais y bâtit une chapelle sous le vocable de Sainte-Anne, le 23 février 1739.

« Les habitants de Saint-André achetèrent, de Palmaroux et de François Ango, un terrain pour l'édification d'une église dans leur localité érigée en paroisse le 26 septembre 1740. » (P.)

---

(1) Ravine Sèche de Saint-André.

L'église de Sainte-Rose date de 1790.

A Saint-Louis, une chapelle fut érigée en 1729, sur le bord de la rivière Saint-Étienne, par la veuve d'Étienne Hoarau, née Payet, à l'occasion d'une épidémie de variole. Elle ne tarda pas à paraître insuffisante. En 1737, Léon étant curé de la paroisse, le conseil d'administration décida qu'une église commencée à l'Étang-Salé par les habitants serait agrandie, et qu'il serait construit en bois un presbytère qui servirait d'église jusqu'à l'achèvement des travaux. Le curé se chargea de cette construction moyennant deux noirs et deux négresses pièces d'Inde (1). A cette époque, les habitants du Repos-Laleu et des Avirons faisaient partie de la paroisse de Saint-Louis, et se seraient trouvés trop éloignés de l'église, si elle avait été bâtie près de la rivière Saint-Étienne.

« En 1777, une paroisse, établie au Repos-Laleu, n'était pas encore assez importante pour qu'on y attachât un desservant ; un prêtre venait de Saint-Paul plus ou moins souvent, d'après les besoins de la localité. Les déclarations de naissance et de décès se faisaient à Saint-Paul et à Saint-Louis. L'année 1788 vit réunir les premiers matériaux destinés à la construction d'une église. Le 10 août, Gilles Dennemont, le premier maire élu, en posa la première pierre. Vivenot, premier curé de Saint-Leu, prit possession de sa paroisse la veille de Noël 1791, passa, en 1808, à la cure de Saint-Pierre, et revint mourir à Saint-Leu en 1834. » (C.)

Le procès-verbal d'une assemblée tenue lors de l'installation du curé de Saint-Leu me paraît assez intéressant pour que je le reproduise ici :

« Le 10 septembre 1789, les habitants de Saint-Leu s'assemblent à la convocation de M. Darthé, préfet apostolique, à l'effet de délibérer sur la subsistance d'un curé et autres objets y appartenant, et avec l'autorisation de MM. de Cossigny et Duvergé. Il a été décidé que le curé aura une pension annuelle de 5,400 livres, plus 4 esclaves domesti-

---

(1) Esclave de 15 à 30 ans, fort et bien fait.

ques, plus 24 chaises rotinées, 2 tables, 4 matelas, 4 bois de lit, 12 oreillers, 24 toiles d'oreillers, 1 table, 12 draps de lit, 4 couvertures, 1 grande table d'office, 5 douzaines d'assiettes creuses et plates, 2 soupières, 12 plats, le tout en porcelaine, 4 salières, 12 tasses à café, 12 bols communs, 4 chandeliers de composition, 1 huilier de verre, 12 couverts d'argent, 1 cuiller à soupe et 2 cuillers à ragoût d'argent, 12 marmites assorties, 1 poêle à frire, 1 gril, 24 verres, 12 à liqueur. Pour garantie de cette pension, les habitants s'engagent solidairement sans division, discussion, fidéjussion, à quoi ils renoncent, et sous l'hypothèque générale de tous leurs biens meubles et immeubles, présents et à venir, les habitants se réservant le droit de proposer une habitation convenable pour amortir ladite pension, cinq ans après l'installation du curé. Le marguillier est chargé de la perception de la taxe pour la subsistance du curé, *ad perpetuam Dei memoriam*.

L'érection de la paroisse de Saint-Pierre est de 1735, date qui coïncide avec la création du quartier de la Rivière-d'Abord par la nomination d'un commandant le 8 septembre 1736.

L'église de Saint-Joseph était en construction à la fin de 1789 et au commencement de 1790.

Le 16 juin 1776, Le Roy, horloger, s'engagea envers Crémont à faire venir une horloge de France et à la poser dans un clocher qu'il ferait construire sur le pignon de l'église, le tout, horloge, clocher et pose, pour le prix de 8,272 livres 10 sous.

Écoles.

Le 24 juillet 1759, Françoise Jehanneau de Trévalou, fille de la communauté de Saint-Thomas et du tiers ordre séculier de Saint-François, remit à Teste, curé de Saint-Denis et préfet apostolique, un testament en date du 8 novembre 1756, par lequel elle léguait un emplacement, ses meubles et ses esclaves pour la fondation d'une école de filles. Elle mourut le 17 août 1759, laissant à sa place une demoiselle Lefebvre. Le 17 mai 1769, Jeanne Wilman, épouse de Philippe Soibinet, prit la direction de l'école. Le 8 février 1774, la maison passait entre les mains de Mlle Chevalier avec cinq esclaves, dont une enfant de deux ans. Le 5 avril 1790, une dame Letort entra en possession du logs et tint son école jusqu'au 11 septembre 1793. A la dame Letort succéda la dame Lepère, la dernière connue des usufruitières Trévalou.

Un bâtiment considérable en pierre, de 78 pieds de long sur 29 de large, accosté de deux pavillons, avait été construit à Saint-Denis pour un collège. C'est celui qu'occupe aujourd'hui le commissariat de la marine, au bout de la rue de l'Église, en face de l'Hôtel de Ville, dont il est séparé par le square de l'Hôpital. Le 7 avril 1751, le conseil supérieur de Bourbon écrivait à David, gouverneur général à l'île de France : « La Compagnie, dans le traité qu'elle a fait avec MM. de Saint-Lazare, en 1736, consent à l'établissement d'un collège en cette île, et veut bien contribuer à l'entretien des régents. On en a senti enfin la nécessité, après l'avoir négligé jusqu'à ce jour. Un projet a été envoyé dans toutes les paroisses où les habitants s'étant assemblés ont mis à la suite leurs requêtes, par lesquelles ils supplient unanimement le conseil de leur accorder son agrément et de leur procurer le vôtre et celui de la Compagnie. Ils s'obligent à faire toutes les dépenses et la Compagnie ne sera tenue que de payer cent écus par chaque régent. M. Teste, supérieur de MM. de Saint-Lazare, curés en cette île, a joint une requête à celles des habitants qu'il nous a présentées. »

David répondit, le 23 mai 1751 : « Je ne puis que consentir au collège que vous voulez établir. »

D'après la lettre ci-dessus, les habitants auraient fait seuls tous les frais de la construction, car ils ne demandaient que les émoluments des maîtres à la Compagnie. Celle-ci se serait-elle montrée plus généreuse que de coutume, en prenant spontanément à sa charge une partie de la dépense ? Je ne vois pas non plus en quoi les prêtres qui se plaignaient de leur détresse, y auraient contribué, si ce n'est par « l'échange d'une partie du terrain curial contre un autre situé au bois de Nèfles » (D.B.) enclavé plus tard dans la propriété Legras. Quoi qu'il en soit, une pétition de l'assemblée coloniale à l'Assemblée nationale constituante, du 21 avril 1791, dit que la Compagnie des Indes avait fait construire le bâtiment qui nous occupe, et que le pays y avait contribué pour un tiers. Au moment de la rétrocession de l'île au Roi en 1767, la Compagnie porta le collège sur la liste de ce qu'elle cédait à la couronne, sans aucune mention des droits que pouvaient avoir les prêtres et les habitants. Les soldats de la garnison étant mal logés, à peine abrités dans des maisons louées, un beau matin, pendant que maîtres et élèves entendaient la messe à l'église voisine, la légion serait entrée au collège et s'y serait installée. Je ne rapporte cette tradition que pour la repousser. Entre les mains de Bellecombe et de Crémont, l'autorité était assez forte pour n'avoir pas recours à une violence propre à la discréditer, propre surtout à la brouiller avec le clergé qu'elle ménageait. Un collège, d'ailleurs, ne devient pas instantanément une caserne : quelque caserne qu'il soit déjà, il y faut certains aménagements.

Voici du reste comment le transfert est raconté dans une pièce sans date et sans signature que je trouve aux Archives, F. 3 : « Les fonds accordés par l'État du Roi pour les dépenses de 1769 et pour la construction des casernes, ne pouvant trouver leur emploi pour le présent, n'y ayant pas d'ouvriers pour bâtir ces dernières, et d'un autre côté les soldats de la légion ne pouvant rester plus longtemps dans les deux mauvais bâtiments en bois où ils logent actuellement, et qui appartiennent, l'un aux habitants, l'autre à la Compagnie, on est obligé de les mettre en possession d'un bâtiment en pierre appelé le Collège, parce qu'il en devait servir et qu'il avait été construit à cet effet. On doit travailler à le réparer au commencement d'avril prochain, après que le corps de garde militaire sera fini. » Il me semble, d'après ce récit, que l'on n'a pas enlevé le collège par surprise, que la livraison aux soldats a été annoncée avant qu'elle s'effectuât, que néanmoins on a exercé une assez vive pression sur ceux qui l'occupaient; de là peut-être cette tradition que j'ai rapportée et qui ne serait que l'exagération de la vérité par des gens incomplètement informés.

Dans un article de la *Revue maritime et coloniale* (1884) sur l'*instruction publique à l'île de la Réunion*, M. Dufour-Brunet démontre, par la correspondance de Crémont avec les préposés de la Compagnie, qu'il n'y eut ni violence, ni surprise, le 10 avril 1770, pour l'installation des troupes dans le bâtiment scolaire de Saint-Denis, que c'était chose convenue depuis 1767.

Hôpitaux.

Le conseil supérieur de Bourbon aux directeurs de la Compagnie, 3 avril 1734 :

« Quand nous sommes arrivés en cette île, il y a sept ans, tous les bâtiments appartenant à la Compagnie consistaient en deux ou trois petites cases en planches, dont la plus grande, de vingt-huit ou trente pieds, servait de magasin général, de bureau des livres et de logement du garde-magasin. Tout y était pêle-mêle, fer, cuivre, herbes, citrouilles, quincaillerie, armes, etc. Il n'y avait pas un seul logement pour le gouverneur, ni pour les employés, point d'hôpital. Six ouvriers de diverses professions, souvent ivres, n'étaient pas capables de remédier à cette situation et suffisaient à peine au journalier. Dans ce temps-là, et les années suivantes, il relâchait par an un ou deux vaisseaux. Nous nous sommes cependant petit à petit élargis et mis un peu plus à l'aise. Nous avons trouvé, en 1731, à acheter une maison assez grande, qui nous coûte avec l'emplacement 1,236 livres. Nous la destinâmes pour un hôpital. Lorsqu'il s'est trouvé en rade qu'un ou deux vaisseaux n'ayant qu'un petit nombre de malades, cette maison a suffi. Il s'est rencontré ensuite, comme nous l'avons actuellement, cinq ou six vaisseaux, mettant à terre des quarante et cinquante malades chacun; il a fallu pour lors faire des tentes aux environs, sous lesquelles les malades étaient aussitôt rétablis qu'ailleurs.

« Signé : Dumas. »

Du 18 décembre 1734.

« Nous voyons tous les jours avec plaisir avec quelle promptitude les équipages scorbutiques se rétablissent en cette île, dont l'air paraît avoir une vertu particulière contre cette maladie. Les plus exténués échappent presque toujours, s'ils peuvent vivre seulement vingt-quatre heures après avoir été mis à terre. Il est bien fâcheux que ce ne soit pas de même à l'île de France, pour une raison qui nous est inconnue. Si tous les capitaines qui viennent de cette île ne nous assuraient que les malades ont bien de la peine à s'y rétablir et qu'il en meurt beaucoup, nous aurions de la peine à nous persuader qu'il y a une différence si considérable dans des climats si peu distants.

« Signé : Dumas. »

Dans un « *État général des bâtiments civils et militaires que possède la République à l'île de la Réunion, à l'époque du sixième jour complémentaire de l'an II (21 septembre 1794)*, il est fait mention comme suit de l'hôpital :

« Cet établissement n'a autre chose de solide et de bon que son entourage. Sa position, au centre de la ville, n'est pas avantageuse; mais enfin il est là, il faut bien s'en servir. Il a bien d'autres défauts : 1° Il est rempli d'une infinité de grands et petits bâtiments en bois, qui tous cependant ont leur destination et leur utilité, mais qui sont en si mauvais état que, en vérité, ils ne valent pas les frais de réparation que l'on est sans cesse obligé d'y faire; 2° il n'y a aucun ensemble dans leur position; tout y est dans la plus grande confusion.

« Signé : Bourdier,
Ingénieur de la République. »

De 1822 à 1825, un incendie que je me rappelle, sans en retrouver précisément la date, fit justice des masures dont se plaignait Bourdier.

L'intendant Crémont avait acheté de La Flocherie, le 20 avril 1777, un vaste terrain (1) près du jardin de l'État, pour y transporter les malades de l'hôpital; mais le projet en resta là, et le commissaire civil Tirol vendit cette propriété en 1793.

Saint-Paul avait un hôpital.

Plans de Saint-Denis.

On peut voir, à l'hôtel de ville de Saint-Denis, neuf plans du chef-lieu de la colonie :

1° Plan de Guyomar Preaudet, homologué le 2 mai 1742 par le conseil supérieur. Au beau milieu se trouve, en grosse écriture, une annotation que je reproduis exactement :

« Vû le dit plan que je désaprouve dans Son Entier je deffend qu'on y batisse jusqu'aux ordres de la Compagnie.

« Fait et arrete a Saint Denis Ce 15 aoust 1744.

« Mahé delabourdonnais. »

2° Plan de Legentil daté de 1762.

3° Plan du chevalier Bancks, homologué en 1777.

Viennent ensuite les plans de Ribet (1807), de Selhausen (1818), de Schneider (1827), de Balzac et Pénanros (1845-1854), de Camille-Jacob de Cordemoy (1880), plan en relief de Filoz (1879).

Règlement pour l'établissement, la disposition et l'embellissement du quartier Saint-Denis, chef-lieu de l'île Bourbon. (Texte abrégé.)

Le chef-lieu de la colonie avait été, dans le principe, établi dans le quartier Saint-Paul, à cause de la commodité

---

(1) Ne pas confondre ce terrain avec le Jardin de l'Intendance, aujourd'hui Jardin Floris.

surtout et de la bonté de sa rade, où les vaisseaux trouvaient un mouillage sûr et à l'abri des vents qui règnent avec le plus de violence dans cette île; mais l'établissement du quartier principal ayant paru à M. de La Bourdonnais réunir plusieurs avantages, s'il était transféré dans la partie la plus nord de l'île, et, parmi ces avantages, celui, pour les vaisseaux, d'atteindre beaucoup plus promptement la tête de l'île et d'abréger leur traversée pour l'île de France, étant sans contredit le plus décisif, M. de La Bourdonnais se détermina, en 1735, à transférer le chef-lieu du quartier Saint-Paul à celui de Saint-Denis. On ne s'occupa d'abord qu'à jeter les fondements d'un premier établissement. Il fut donc divisé en un certain nombre d'emplacements si spacieux, que c'étaient autant de petites habitations placées dans le chef-lieu. Les emplacements et les bâtiments qu'on y élevait venant à se multiplier au bout de quelques années, on en fit lever un plan général; il fut dressé par le sieur Guyomar Preaudet, et homologué au conseil le 2 mai 1742. On y détermina seulement la grandeur et la quantité des rues d'après les bornes de chaque emplacement; mais les entourages et les bâtiments n'ayant point été construits sur l'alignement des rues fixé dans le plan, et étant nécessaire non seulement de tenir la main à son exécution, mais de dresser un règlement qui détermine invariablement l'établissement du chef-lieu, ses bornes, ses places publiques et même tout ce qui a rapport à l'embellissement dont il peut être susceptible, nous avons, en conséquence, ordonné ce qui suit :

« Le quartier Saint-Denis sera borné, au nord, par les pas géométriques, de la rivière à la place de Justice; au nord-est, par la rue des Sables, qui longe les pas géométriques de ce côté; à l'est, par la rue du Vent; au sud, par la rue des Sorlingues (1); enfin, dans l'ouest, par le rempart de la rivière, ce qui donnera 500 toises de l'est à l'ouest et

---

(1) C'était le nom d'une famille.

1,000 toises du nord au sud. Toutes les rues auront de 30 à 36 pieds de largeur et porteront les noms ci-après :

« *Rues du nord au sud* : Chemin du *Boulevard*, prolongeant tout le contour du rempart, sur 50 pieds de largeur, pour y planter des arbres, excepté le long de l'hôpital; première rue, dite la *Grande Rue*, ayant 40 pieds de largeur; seconde rue, dite rue du *Bazar*; troisième rue, dite rue du *Conseil*; quatrième, dite rue *Sainte-Anne*; cinquième, dite rue *Saint-Guillaume*; sixième, dite rue *Saint-Honoré*; septième, dite rue du *Vent*; huitième et dernière rue du nord au sud, dite rue des *Sables*, de la rue de l'Embarcadère à la rue du Vent.

« *Rues de l'est à l'ouest* : Première rue, dite rue de l'*Embarcadère*; seconde, dite rue *Saint-Thomas*; troisième, dite rue de l'*Auberge*; quatrième, dite rue de l'*Hôpital*; cinquième, dite rue de l'*École*; sixième, dite rue *Sainte-Catherine*; septième, dite rue de l'*Arsenal*; huitième, dite rue de l'*Assomption*; neuvième, dite rue *Saint-Louis*; dixième, dite rue *Pradeau* (1); onzième, dite rue des *Malabars*; douzième et dernière rue de l'est à l'ouest, dite rue des *Sorlingues*.

« *Petites rues ne traversant pas la ville en entier* : Rue de l'*Église*, de la rue de l'Embarcadère à la rue de l'Auberge; rue *Traverse*, de la rue du Bazar à la rue du Conseil; rue des *Pavillons* (2), de la rue des Sables à la rue du Conseil; rue du *Moulin*, de la rue des Pavillons à la rue de l'Embarcadère.

(Ceux qui connaissent le Saint-Denis actuel voient que vingt-deux de ces noms de rues ont disparu ou bien ont été déplacés.)

« Exhortons ceux qui ne bâtiront pas sur la rue à élever leurs maisons de l'est à l'ouest, au moyen de quoi elles présenteront le côté au vent et au soleil.

« Étant nécessaire qu'il y ait au moins une place publique,

---

(1) Nom d'homme.
(2) C'étaient de petits logements en bois.

nous affectons à cet effet le terrain borné de deux côtés par le gouvernement et les magasins du roi et par la Grande-Rue, et de deux autres côtés par le mur d'entourage du presbytère et le bord du rempart ; il y sera planté des allées d'arbres en quinconce. Outre la place que nous venons de déterminer, la portion d'emplacement comprise entre le gouvernement et le magasin du roi, qui fait face au corps de garde militaire, formera une seconde place publique, laquelle sera également bordée d'arbres. Cette dernière sera séparée de l'autre par un mur commençant à trente pieds du gouvernement et aboutissant à pareille distance du magasin du roi, ces trente pieds de part et d'autre étant réservés pour faire deux rampes dont la pente allant vers la mer sera aussi douce que le terrain le permettra (1).

« Nous avons fait réparer la rampe de l'hôpital (2) qui abrège le chemin conduisant au jardin du roi (3) et à la boulangerie. Sur le bras de la rivière qui baigne le pied du rempart, nous avons élevé un ponceau et une chaussée, et, pour ceux qui viennent de Saint-Paul à Saint-Denis, il sera pratiqué, entre les rampes de la redoute et celle de l'hôpital, un chemin de trente pieds de largeur, et il sera jeté sur la rivière un pont de dix-huit pieds de largeur, lequel sera construit en pierres de taille.

« Nous proposant par la suite de réunir dans un même endroit tous les Malabars qui sont répandus dans les différents quartiers de cette île, et qui sont, pour la plupart, autant d'usuriers et de monopoleurs, il sera assigné, dans le sud-est et au vent de la ville, où ils sont surtout établis, une étendue de terrain suffisante pour qu'ils y soient tous renfermés.

« Nous allons, au plus tard l'année prochaine, faire venir, par un aqueduc, l'eau du ruisseau des Noirs et construire

---

(1) Les choses ont si bien changé sur le terrain que je ne réussis pas à comprendre ce qui concerne ces deux places.
(2) La partie seulement qui aboutit à la rue de la Compagnie.
(3) Jardin Telfair, aujourd'hui Aubinais.

quatre fontaines. L'eau distribuée dans la ville mettra chaque propriétaire en état d'exécuter notre règlement rendu le 15 janvier 1770 pour la plantation des arbres dans les rues. »

A Saint-Denis, le 1er juillet 1772.

(Cette pièce des Archives, B, 38, n'est pas signée ; elle ne peut être que de Bellecombe et Crémont.)

Règlement de police pour l'établissement du chef-lieu Saint-Denis.

Du 14 mai 1777.

« Le plan de l'arpenteur Guyomar n'a pas été exécuté tel qu'il avait été homologué, en sorte qu'il n'est pas possible de rendre aux rues leur direction sans préjudice pour les propriétaires. Nous avons fait dresser un nouveau plan par le chevalier Bancks, arpenteur du roi. En conséquence, les limites du chef-lieu seront : au nord, la rue de l'Embarcadère ; au sud, la rue Dauphine ; à l'est, les terrains des héritiers Pitou ; à l'ouest, le rempart. Tous les emplacements situés hors de ces limites ne feront plus partie de la ville, mais seront du ressort de la banlieue. Il y aura six rues du nord au sud, douze de l'est à l'ouest, et six rues de traverse. « Signé : Vte DE SOUILLAC ET CRÉMONT. »

Ce plan de Bancks nous permet de reconnaître notre Saint-Denis, sauf quelques modifications.

La carte de Guyomar place l'arsenal dans l'îlot compris entre les rues de l'Arsenal, Saint-Joseph, Sainte-Anne et du Conseil. La légende écrite sur le bord de la carte dit *Magasin des cafés* pour cet établissement, quand sur le plan même il y a Arsenal.

Le presbytère descendait jusqu'à 20 mètres environ au-dessous de notre rue La Bourdonnais, qui s'arrêtait sur la Grande-Rue, en face de la clôture des prêtres, et ne fut ouverte jusqu'au rempart que dans l'année 1777.

L'église avait tout l'îlot où elle est bâtie, ce qui explique les redevances qui lui sont payées encore aujourd'hui pour les constructions qu'elle a autorisées au nord et à l'est.

La rue de la Compagnie s'appelle ainsi parce que la Compagnie s'était réservé l'îlot compris entre les rues de Paris, de la Réunion, du Barachois et de la Compagnie, pour y loger ses conseillers et ses employés.

La place de *Justice*, où se faisaient les exécutions, se trouvait sur les pas géométriques, très près de la plage, tout au bout de notre rue Saint-Joseph, à égale distance de la batterie Rouillé et du parc d'artillerie de nos jours. Cette place a disparu.

En 1789, il existait trois fontaines publiques à Saint-Denis; on les appelait *pompes*, du moins dans ma jeunesse, et peut-être encore aujourd'hui : 1° *Grande Pompe*, à la porte du Jardin, sous le grand Ficus, celle que Joseph Hubert regrettait de ne pas entendre nommer *Fontaine Crémont*; 2° *Petite Pompe*, au carrefour des rues de Paris et de la Compagnie; elle gênait au beau milieu d'une très petite place; on l'a portée sur l'extrémité du square de l'hôpital, mais en la défigurant. Qu'a-t-on fait de ces pierres si bien taillées ? 3° *Pompe de la Geôle*, contre le mur de la geôle, un peu plus bas qu'actuellement. Une quatrième est restée à l'état de projet; on devait l'établir dans le voisinage de la rue Saint-Joseph, sur la rue de la Fontaine, ouverte en 1777, et qui en a pris son nom. Le gouvernement, l'intendance, le contrôle et la caserne étaient les seuls établissements publics servis par des conduites.

J'ai vu des bois noirs, très anciens, plantés rue Rontaunay, alors rue Saint-Louis, de la rue de Paris au rempart, et encore sur la rue de Paris, le long des boutiques qui font face à l'hôpital, des manguiers, sur le bord de la place de l'Église, le long de la rue de Paris, comme il en existe encore sur le square de l'Hôpital et sur la place de l'Intendance ou du Trésor; enfin, plus haut, toujours des manguiers, de la rue Sainte-Marie à la place du Jardin, pour laquelle on avait préféré des tamariniers. Il reste bien peu de ces contemporains de Crémont.

Jardins publics.

La Compagnie des Indes, songeant à un jardin de naturalisation, l'établit dans la vallée de la rivière, créant ainsi celui que nous avons connu sous les noms de ses différents propriétaires, Telfair, Dupró, Des Molières, Bédier, Jules Deheaulme, Aubinais; on l'abandonna peu à peu si complètement que, au commencement de ce siècle, ce n'était qu'une sorte de marécage.

A quelle époque remonte le *Jardin colonial*, celui de la ville haute? Je n'ai pu le découvrir. Il ne se trouve pas sur le plan de Bancks, qui est de 1777. Crémont, ordonnateur de 1767 à 1778, amena sur les lieux les eaux du ruisseau des Noirs et de la Belle-Fontaine (1). Si la création d'un jardin et une conduite d'eau ont entre elles des rapports étroits, faut-il s'arrêter à l'une des dates qui ont précédé 1778?

Ce ne fut d'abord qu'une promenade publique assez mal entretenue. L'état général du 6 complémentaire an II (21 septembre 1794) porte :

« *Jardin public*. La culture et l'entretien de ce jardin, qui forme la promenade publique de la ville de Saint-Denis, sont abandonnés depuis longues années, faute de noirs à y affecter; il est en partie sans entourage, et conséquemment ouvert à tout le monde. Il mérite cependant d'être conservé, et, pour ce, d'y établir quelques noirs, qui, avec le jardinier qu'on devrait y placer, travailleraient à son entretien et à son embellissement. Les bâtiments de ce jardin suffisent pour le logement du jardinier et des quatre noirs qui y seraient affectés. »

Ces bâtiments n'étaient que des cases. Celui qu'on a donné depuis à M. Bréon et à M. Richard, en y ajoutant une varangue en bois sur la cour intérieure, et qui fait saillie sur la place, était un corps de garde destiné à la milice et couvert en argamasse. Quant à l'entourage du jardin, il se composait de murs sur deux côtés, d'un fossé et d'une haie de

---

(1) L'aqueduc était très avancé en 1775.

pignons d'Inde sur les deux autres. Les murs étaient au nord et au sud ; on les reconnaît bien encore, épais, solides, bâtis pour l'éternité. La porte d'entrée est de ce temps, avec ses deux pilastres surmontés de vases à fleurs.

Le 10 décembre 1792, le commissaire civil Tirol écrivait à Duvergé :

« En attendant que le jardin de l'Intendance serve à l'établissement d'un collège national, j'ai l'honneur de requérir de vous qu'il en soit fait un jardin de *toutes* les plantes que l'île Bourbon peut offrir à l'histoire naturelle, et que M. Rivière, médecin en cette colonie, si recommandable par ses vertus et ses talents, soit chargé, sous vos ordres, de ce dépôt précieux. »

C'était une idée à la Tirol de grouper toutes ces plantes en un même lieu, sans se préoccuper des températures, ni des altitudes qui leur convenaient ; aussi fallut-il bientôt y renoncer. Le 1er avril 1793, il écrivait :

« Vu que le changement de circonstances ne permet plus de destiner le jardin de l'Intendance à un collège national (1) ; vu qu'il *vient* d'être reconnu que le climat et la nature du terrain offrent des difficultés insurmontables pour y faire un jardin des plantes, je vous requiers de me remettre tous les titres et papiers du jardin dit de l'Intendance, afin qu'il soit vendu. »

Ce jardin de l'Intendance, acheté par Crémont de Béraud le 3 août 1775, vendu à Leguidec par Tirol le 28 juillet an II (1793), était destiné à une pépinière. C'est aujourd'hui le jardin Floris, sur le boulevard sud, au pied de la montagne du Brûlé. L'eau du ruisseau des Noirs y avait été conduite avant l'acquisition de Crémont.

Constructions diverses.

Un inventaire du 30 juin 1754 (Archives, D, 34), indique les constructions de Saint-Denis qui appartenaient à la Com-

---

(1) Voir plus loin collège Bellon.

pagnie des Indes. Je n'en citerai que les plus intéressantes :

1° Un grand bâtiment de 24 toises un tiers de face, sur 10 toises 1 pied 6 pouces de profondeur, y compris les ailes, construit en pierres de taille, moellons et briques, à chaux et à sable, monté à deux étages et couvert en argamasse, formé d'une cour du côté de la mer, fermé aussi par trois corps de bâtiments construits à chaux et à sable et couverts en argamasse, servant de magasins pour les marchandises de la Compagnie, tous lesquels bâtiments sont compris sous le nom de *La Loge*.

On ne voit pas clairement si les marchandises occupaient tous les bâtiments ci-dessus désignés, ou seulement les trois corps placés en avant et qui ont disparu ; j'aime mieux cependant la seconde hypothèse. On ne construit pas des étages pour faire monter et descendre des fardeaux quand on dispose d'assez d'espace au niveau du sol. Cette *Loge* est notre hôtel actuel du gouvernement, mais avec un seul étage, avec une couverture en bardeaux. Une pierre placée à l'extrémité nord de l'aile occidentale porte le chiffre 1769. Les travaux avaient été commencés longtemps auparavant par Grainville et continués par Thosnier ; en 1735, on projetait de les reprendre.

2° Un bâtiment en bonne maçonnerie, comprenant quatre fours, couverts en bardeaux et servant de boulangerie.

3° Un magasin à poudre, bâti en pierres de taille et voûté en briques, situé sur la plate-forme (plaine de la Redoute), et entouré d'un mur d'enceinte.

4° Batterie Dauphine, devant la Loge, à chaux et à sable, ayant 18 toises de face sur la mer et 17 vers la montagne.

Le plan de Legentil (1762) fait voir cette batterie divisée en deux parties : la partie droite (en regardant la mer), là où est le Bancassal, et la partie gauche, dont la base existe encore dans cette maçonnerie ornée d'un cordon, sur laquelle MM. Crémazy aîné, Amédée Fraigneau, Adélard de Saint-Perne et Dufaÿ, entrepreneurs de batelage, ont fait construire, en 1833, un magasin pour le service de leur établissement de marine. On arrivait au pont La Bourdonnais par un espace laissé libre entre les deux parties de la batterie.

5° Batterie royale, de 21 pièces de canon, sur la pointe du Grand-Jardin, aujourd'hui pointe des Jardins. Le cavalier gazonné qui protège cette batterie est tout moderne, et a remplacé une haie d'agaves.

6° Batterie de la Reine, de 15 pièces, sur la plate-forme, au pied de la montagne de Saint-Denis (cap Bernard), aujourd'hui devant la grande caserne. Cette batterie de la Reine, plus tard des Sans-Culottes, fut démolie en mai 1795.

7° Petite batterie de 4 pièces, devant la Loge, au lieu destiné pour la construction de l'aile droite de la batterie Dauphine. La mer a rongé la plage sur ce point.

8° Plate-forme de 13 pièces pour les saluts, entre les batteries Royale et Dauphine.

9° Batterie Michault, de 11 pièces, à l'embouchure de la rivière du Butor.

Voilà quant aux batteries indiquées par l'inventaire de 1754.

10° Au bout oriental de la rue de l'Embarcadère, et à la naissance du boulevard Lancastel, se trouve la batterie..... Comment faut-il écrire? Est-ce *Rouillé* ou *Rouillée?* *Rouillé* pourrait être une flatterie à l'adresse d'un ministre de la marine en 1749, ministre des affaires étrangères en 1754, ou un souvenir gardé d'un officier de marine venu à Bourbon vers cette époque, et qui peut-être a travaillé à l'établissement de cette batterie. *Rouillée*, pourquoi? Pas plus rouillée que les autres.

Le 4 juillet 1794, le conseil de défense, pour faire disparaître toutes traces de royauté, de féodalité, de distinction quelconque (je copie), arrête que de nouvelles dénominations seront substituées aux noms des anciennes batteries qui seront susceptibles de ce changement; qu'ainsi les batteries de Saint-Denis s'appelleront :

La batterie du Butor		du Butor.
—	Rouillé	des Sables.
—	Royale	Nationale.
—	Montaran	de Marat.
—	de la Reine	des Sans-Culottes.
—	du Fer à cheval	du Fer-à-cheval.
—	de la Redoute	de la Redoute.

Il est vraisemblable que, si le nom de Rouillé a été frappé d'un arrêt de proscription, c'est qu'il se rattachait à quelque personnage de l'ancienne monarchie ; on n'eût pas fait cet honneur à un adjectif. C'est donc Rouillé qu'il faut écrire, à moins que ce ne soit Roulier, comme je le vois sur une note d'un ingénieur.

Le 5 octobre 1795, l'assemblée coloniale arrête que la batterie *Marat* s'appellera batterie *Féraud* (1).

Bientôt après, c'est autre chose. Le directeur de l'artillerie se plaint des inconvénients qui résultent pour son service de ces changements de noms, et, le 21 décembre 1795, le conseil de défense arrête que, pour désigner les batteries d'une manière invariable, on ne se servira plus que de numéros. *Invariable*, quelle illusion ! Un nom dit quelque chose, un chiffre est froid, et il est si agréable de s'abandonner à sa passion du moment !

11° Batterie Montaran, sur l'angle de la plate-forme qui regarde l'abattoir.

12° Batterie d'Orléans, sur la plage orientale de la ville, un peu en deçà du cimetière de l'Est.

13° Moulin à vent, construit en 1735 par Jean Grain, dit le Quinçon, dit encore Kimper, maître charpentier, et Jacques Ettève, dit La Violette, maître maçon, sur une butte de sable, entre les rues du Conseil et Saint-Joseph, à la hauteur de la rue du Moulin-à-Vent.

14° Quatre magasins en bois, le long de la Grande-Rue

---

(1) Le frère du député Féraud, assassiné le 1er prairial, dont la tête fut présentée à Boissy d'Anglas, vint se réfugier à Bourbon.

(rue de Paris), sur la place du Gouvernement, là où sont aujourd'hui les bureaux du directeur de l'enregistrement et des domaines, du directeur de la douane et le magasin général. Celui-ci n'existait pas; il ne date que de 1769.

15° Le plan de Legentil dit *Redoute Bourbon*, et en indique une autre à construire sur le bord oriental du rempart, vers le bout de la rue Rontaunay. La construction de la redoute Bourbon sur la plate-forme qui lui doit son nom de plaine de la Redoute, fut projetée par Bouvet, approuvée le 21 juillet 1750, exécutée en 1759, avec les dimensions suivantes : 45 pieds de dehors en dehors par en bas et 37 pieds par le haut, les murs ayant 8 pieds d'épaisseur à la première retraite, et se réduisant à 4 par le haut. Il reste pour le vide 29 pieds. Paraît, dit le commandant d'artillerie Laprade (4 brumaire an XII, 27 octobre 1803), avoir été construite pour se rendre maître du plateau qu'elle domine, étant elle-même sur une petite éminence, pour déloger l'ennemi de la ville, dans le cas où il s'en serait emparé, enfin pour protéger la retraite des troupes par la montagne de Saint-Denis. Retraite! et pour aller où, Saint-Denis une fois pris, toutes ses ressources perdues? J'aime mieux le chef de bataillon du génie Soleille, qui dit (27 prairial an XII, 16 juin 1804) : « Construite par la Compagnie pour servir de prison d'État; n'est propre qu'à cela. »

16° Une batterie, dite du Fer-à-cheval, existait au-dessous et au nord-est de la redoute, là où s'élève maintenant une pyramide commémorative du combat de la Redoute de 1810.

17° Le pont La Bourdonnais, construit en 1735, détruit par l'ouragan des 26 et 27 mars 1751, détruit plusieurs autres fois depuis, et toujours rétabli au même endroit, sous la protection de la pointe des Jardins.

A propos de ce nom de La Bourdonnais, je dirai que l'on trouve, aux Archives, des signatures portant Mahé delabourdonnais, de la Bourdonnais, de la Bourdonnaye, Bourdonnay, de la Bourdonnays, de Labourdonnay, la première plus fréquemment que les autres.

18° Les Étuves avaient 136 pieds de long sur 30 de large avec mansarde. C'était un bâtiment en bois, construit là où est maintenant notre marché, par Crémont, sous l'intendant Maillart-Dumesle, en 1772, pour recevoir et étuver les blés à exporter. Les grains qui servaient à la consommation locale descendaient, par un canal, jusqu'à la minoterie ou boulangerie du roi, située au pied du rempart. Il paraît que ce bâtiment n'a guère servi à l'usage auquel on le destinait ; on en a fait, selon le besoin du moment, une caserne, un hôtel de ville, un palais législatif, une salle de spectacle, et on a fini par le démolir.

19° Il y avait, à Saint-Denis, sur un vaste emplacement, une maison en pierre appelée la Comédie, qui fut vendue par-devant Pierre-Antoine Thuault de la Flocherie, conseiller, en la chambre du greffe du conseil supérieur, le 9 avril 1775, à un sieur Martin, pour la somme de 5,400 livres. Mais où était cette maison ? Le chevalier Jean-Baptiste Bancks, arpenteur du roi, commis pour le mesurage, semble se plaire à dérouter les recherches. Il dit, le 2 janvier 1755, dans son procès-verbal : Emplacement faisant partie d'un plus grand numéroté... (et il laisse le numéro en blanc), dans l'ancien plan homologué au conseil supérieur le 2 mai 1742 ; 33 toises sur 38 de large, borné de deux rues (qu'il ne nomme pas) au sud et à l'ouest, et, à l'est et au nord, par des portions du grand emplacement concédées à divers. Et il signe : Le Ch^r Bancks. Nous voilà bien renseignés.

Le Bancassal, vaste hangar en pierre, couvert en bardeaux, destiné aux subsistances de la marine, est de l'année 1781, d'après une pierre gravée. Personne ne peut dire ce que signifie ce nom.

Le corps de garde de la place du Gouvernement était en construction en 1769.

Tous les bâtiments actuels du parc d'artillerie sont très modernes.

A une certaine époque on mettait des batteries sur un

grand nombre de points du rivage, et même assez loin de la mer ; elles ont été supprimées en partie, quand on a reconnu qu'elles défendaient des positions que l'ennemi n'attaquerait jamais, et qu'il y en avait plus que d'artilleurs pour les servir.

Tous les quartiers, excepté Sainte-Marie, Saint-André, Saint-Louis et Saint-Joseph avaient des magasins du roi, où l'administration recevait les produits qu'elle achetait. Celui de Saint-Pierre, transformé aujourd'hui en hôtel de ville, n'a pas moins de 155 pieds sur 32 1/2.

Trois magasins à Saint-Benoît, dont un en bois et deux en pierre, étaient considérés comme inutiles par Duvergé en 1789, les habitants ne voulant pas donner leur riz en paille à moins de 15 livres en lettres de change, et ne récoltant pas assez de maïs pour en vendre. En 1789, ils ne fournirent que quatre milliers de blé et trente milliers de haricots. Duvergé fondait l'inutilité des magasins surtout sur la difficulté qu'il éprouvait à extraire les deux derniers articles. Les remises ne se faisaient pas avant novembre et décembre, époque où la crainte des mauvais temps obligeait à mettre les bateaux en sûreté, de sorte que l'on courait risque de perdre ce que l'on avait reçu ; car, au bout de quelques mois, le blé se piquait, et les haricots étaient si durs qu'ils ne cuisaient plus. Cependant, supprimer ces magasins, c'était contrarier le principe nécessaire de l'encouragement dû à l'agriculture dans toutes les paroisses. Duvergé hésita ; l'assemblée coloniale n'hésita pas, dans un moment de détresse, le 7 mai 1796, et ordonna que les magasins de Saint-Benoît, de Sainte-Rose et de Saint-Leu seraient vendus. On n'en fit rien, et ils sont encore la propriété de l'État, sauf les constructions en bois que le temps a fait disparaître.

N'oublions pas, avant de quitter ce chapitre, le mât de pavillon de Saint-Denis, dressé au bout oriental de la petite rue du Mât-de-Pavillon, sur un pâté de rochers couvert aujourd'hui de constructions, mais qui se reconnaît encore par une saillie du sol, devant la porte nord de l'ancien contrôle, de l'emplacement où sont maintenant les Archives coloniales. Si jamais on écrit l'histoire de Saint-Denis, ce mât de pavillon y aura sa place.

La rivière de Saint-Denis se divisait, à 100 toises au-dessus de la grande route, en deux bras, chacun de 86 pieds de largeur, séparés par un intervalle de 83 pieds. On y avait construit deux ponts, que l'on démolit en 1787, pour en prévenir la chute, après une durée de onze ans. Ils étaient en bois, d'une seule arche appuyée sur deux fortes culées en pierre. Je suppose que la rivière se bifurquait là où est actuellement la digue de Crémont, et que la direction à donner au canal des Moulins se trouvait tout indiquée par le lit du bras qui allait vers le pied du rempart oriental.

Cultures.

« En 1786, la production agricole de Bourbon était de 27,810 quintaux de café, soit 1,390,500 kilos; 169,850 kilos de coton et 254,806 hectolitres de grains divers, en partie exportés à l'île de France. Le blé y figurait pour 44,387 quintaux, soit près de 30,000 hectolitres. (P.) » La production du girofle commençait à peine.

Des tableaux de remises, faites dans les magasins du roi, du 1er novembre 1767, date de la reprise de possession, jusqu'au 31 décembre 1783, il résulte que le gouvernement recevait annuellement 6,230,000 livres pesant de grains et légumes, dont une partie allait à l'île de France. Il en restait, pour la consommation des habitants, 5,700,000 livres. En juin 1795, la consommation annuelle du blé, pour la colonie, était évaluée à 2,064,000 livres.

Une lettre de M. Foucault à M. de Courcy, du 20 mai 1779, dit : « Le blé était reçu dans les magasins de Bourbon à 15 livres le cent, le maïs à 6 livres, le riz en paille à 12 livres 10 sous, les pois du Cap à 12 livres, les haricots à 9 livres, l'avoine à 10 livres. Les sacs de vacoua se payaient 10 sous chacun. » Une note ajoutée à cette lettre porte : Le riz en paille à 12 livres 10 sous, à Saint-Benoît seulement, à 10 livres dans les autres quartiers.

Nous verrons le prix du blé s'élever à 500 livres le quintal en 1796.

La récolte du blé se faisait habituellement en octobre et en novembre; elle commençait quelquefois en septembre, car elle suivait le temps de la plantation et les pluies venant tôt ou tard.

La qualité était supérieure à la Rivière-d'Abord et à Manapani; celui de Sainte-Suzanne valait 20 0/0 en moins. Quant à l'abondance, Manapani l'emportait sur toutes les autres localités.

Le 2 décembre 1774, de Ternay et Maillart Dumesle, répondant à une requête des habitants de Saint-Benoît, qui désirent cultiver le riz de préférence à tout autre grain, font droit à cette demande vu l'encombrement des magasins de Saint-Benoît et de la Rivière-d'Abord. Crémont fut donc autorisé à recevoir le riz de Saint-Benoît à 12 livres 10 sous le cent. Il fut entendu qu'on n'y recevrait plus que ce qu'il fallait de blé et de maïs pour la nourriture des noirs du roi attachés au magasin. Les chargements étant difficiles en cette localité, le roi était exposé à des pertes considérables, tandis que le riz en paille se conservait longtemps en grenier. Il fallait quelquefois jeter à la mer des maïs destinés à l'île de France, qu'on ne pouvait embarquer et qui pourrissaient. Lorsque les magasins s'engorgeaient, on prévenait les cultivateurs qu'ils eussent à ne semer qu'à proportion des consommations. En 1777, les administrateurs envoyèrent en France 800 milliers de grains étuvés, malgré la certitude où ils étaient de la perte qui s'ensuivrait. Ils s'occupèrent également d'en exporter dans l'Inde et à Mozambique, bien que ces débouchés offrissent peu de ressources.

« Il ne suffit pas, dit le *Mémoire du Roi*, déjà cité, de borner l'admission des grains de Bourbon aux seuls besoins du service, il faut encore éviter les abus dont cette partie de l'administration n'a cessé d'être remplie dans tous les temps. Soit par des infidélités, soit par des avaries simulées, soit par la négligence des proposés, le roi perd la moitié des récoltes dont il a bien voulu se charger jusqu'à présent; il faut chercher un moyen qui le dispense d'avoir à son service des bâtiments de mer dont la dépense est énorme, et des gardes-magasins et autres employés, dont les fortunes ont toujours été scandaleuses. »

Un édit de novembre 1771 ayant porté à 2 sous l'impôt établi au mois de mars précédent à 1 sou par livre de café exporté, le conseil supérieur demanda au roi la suppression de cet impôt par une requête du 2 janvier 1776, où nous trouvons les passages suivants :

« L'île Bourbon a trois classes d'habitants : la première de dix pères de famille, pouvant passer pour riches, dont la moitié comptent huit, dix et même quinze enfants; la seconde, de gens dans la médiocrité; la troisième, composée d'une multitude de créoles qui n'ont qu'un ou deux esclaves et le quadruple d'enfants; ceux-là sont dans le besoin.

« Ces trois classes ne font aucun commerce, sinon d'échanger leur café contre des noirs de traite et des comestibles d'Europe. Ils n'ont de ressources qu'autant qu'on veut bien recevoir leurs grains (blé, riz, maïs, fèves du Brésil qu'on appelle improprement pois du Cap) dans les magasins du roi.

« Les pluies ont dégradé les terres en pente. Les anciennes cafeteries voisines de la mer n'existent plus; elles ne se soutiennent encore qu'à 2,500 à 3,000 toises du rivage. Un insecte, qui se multiplie prodigieusement, est la cause de cette destruction; il fait moins de ravages dans les montagnes; mais trop haut, les caféiers ne donnent pas.

« Les terres des anciennes cafeteries sont devenues les seules propres à la culture du blé. Dans les nouveaux défrichés, le blé ne donne que de la paille; près de la mer il donne beaucoup plus (20 et 30 pour 1), et plus haut, à la hauteur des cafeteries, à peine 10 pour 1. La moitié des terres de l'île n'est pas susceptible de la culture de ce grain; cependant celles qui y sont affectées produisent plus qu'il ne faut pour la consommation de cette colonie; l'excédent porté à l'île de France est au moins de 3 millions de livres. »

Laisné de Beaulieu, à Saint-Benoît, Azéma Dutilleul, sur la rivière des Roches, faisaient, à la fin du siècle dernier, du sucre dont il nous est difficile d'apprécier la valeur, quoique Joseph Hubert le déclare bien supérieur à celui qui nous venait de l'usine établie à l'île de France par Cossigny de Palma. En mars 1788, un cyclone détruisit la sucrerie de Laisné de Beaulieu.

En 1754, on cultivait doux espèces de cotonniers, l'une s'élevant à huit et neuf pieds, l'autre à trois pieds seulement. Cette dernière était la plus estimée pour la force de son fil. Les plants tenaient plusieurs années de suite. Les habitants s'attachaient à cette culture ou s'en dégoûtaient suivant les prix qu'on leur offrait.

Le café fut de même exposé à bien des vicissitudes; tantôt on en prescrivait la culture, tantôt on l'interdisait et toujours avec accompagnement de peines sévères. Ajoutez à ces perturbations administratives les ravages si fréquents des cyclones, et vous serez surpris de voir cette production s'élever à plus de trois millions de kilogrammes, lorsque enfin l'année si étrangement calamiteuse de 1806 vint arrêter à tout jamais les progrès.

« A tout prendre le revenu de Bourbon n'était pas considérable, mais c'était un revenu net; les frais étaient nuls ou insignifiants. Il se répartissait d'ailleurs exclusivement sur la population libre, peu nombreuse, et surtout il profitait exclusivement à des résidents, l'accaparement du sol et par suite le mal de l'absentéisme étant inconnus. Toutes ces circonstances réunies expliquent suffisamment la grande aisance qui régnait alors dans le pays. (P.)

Le mal de l'absentéisme! L'histoire, qui apprécie toutes

les causes grandes ou petites, prochaines ou éloignées qui influent sur le sort d'un pays, n'a-t-elle pas le droit de s'arrêter un instant à celle-ci? Quoique la nature ait prodigué ses faveurs à Bourbon avec une libéralité infinie, quiconque, depuis un demi-siècle, y est parvenu à la fortune ou l'entrovoit, n'aspire plus qu'au moment de transporter ses revenus en France. Il part, on le félicite, sans songer à se demander s'il n'y a là rien de répréhensible. Certes, de par la loi écrite et la loi naturelle, chacun a le droit d'établir ses pénates où bon lui semble, là même où il ne trouve souvent que des regrets; il n'en est pas moins vrai que celui qui abandonne les lieux où il s'est enrichi, auxquels il doit sa fortune, qui leur enlève son travail, son intelligence, les ressources d'argent qu'il leur demande encore et qu'il répand au loin, celui-là oublie cette vérité familière à son enfance, que l'on pèche par omission tout aussi bien que par action.

Repas.

Qu'on me permette, puisque je viens de parler des générations qui ont précédé la nôtre, de donner ici quelques détails qui ont bien leur intérêt. Je les dois à une note de M. Pajot et à des souvenirs personnels.

Nos pères faisaient quatre repas. Le goûter disparut le premier, chassé par le dîner, qui, du milieu du jour, remonta peu à peu dans l'après-midi et jusqu'au soir, jusqu'à la nuit, où il n'a plus laissé aucune place au souper.

Tout d'abord, les heures durent être naturellement celles dont on avait contracté l'habitude dans la mère patrie; mais il est vraisemblable que, si l'usage s'en est maintenu de longues années, c'est que les exigences du travail s'en accommodaient, principalement dans les campagnes, où vivaient la plupart des familles, où se trouvait presque toute la fortune d'un pays consacré à la culture de la terre.

L'habitant, levé avant le jour, savourait une tasse de café, conservé de la veille, et qu'il suffisait de réchauffer. Sa pipe allumée, il s'en allait rejoindre sa bande, que le commandeur dirigeait vers les plantations. La besogne mise en train, et l'estomac s'étant creusé, il rentrait vers huit heures pour un déjeuner composé d'œufs mollets, café au lait, confitures et autres aliments légers. Déjà les enfants, revenus d'une excursion matinale au verger, avaient reçu leur *so-so*, c'est-à-dire chacun une assiette soit de maïs moulu fin, soit de riz créole, l'un et l'autre cuits simplement à l'eau, avec une pincée de sel pour tout assaisonnement (ce qui ne m'empêchait pas de couvrir de sucre la portion qui m'était attribuée); puis nous allions autour de la table demander notre part de friandises et de confitures.

Vers midi, au plus fort de la chaleur, la bande rentrait; c'était la breloque, le temps du repos, jusqu'à deux heures. La famille dînait alors, son chef étant rentré aussi. Je ne crois pas que, sur ce point, les premières habitudes aient longtemps persisté. Dîner *midi sonnant, au sortir de la messe*, pouvait être bon à Paris; mais à Bourbon, entre les tropiques, sous un soleil de feu, l'appétit devait s'en trouver singulièrement contrarié d'abord, puis la tête gênée par une digestion laborieuse. Aussi dès ma jeunesse, ai-je pu voir le dîner transporté à quatre heures et se rapprochant petit à petit de la fraîcheur du soir.

La volaille, sous toutes les formes, à toutes les sauces, faisait le fond de ce repas. Le bœuf était rare; le pays n'en produisait guère; nos relations avec Madagascar n'en donnaient pas encore d'une façon régulière et continue. Le chevreau, plus commun que le mouton, fournissait souvent le rôti; le potage s'accommodait fort bien d'une oie grasse, d'un chapon, au besoin. On aimait le porc, mais seulement celui qu'on élevait chez soi, sous ses yeux. On en préparait dans les campagnes; on gardait un large approvisionnement de viande fumée, boucanée, de petit salé qui se conservait dans la saumure, et ces délicieuses marinades, où le parfum de plantes aromatiques relevait la saveur particulière, tout exceptionnelle, du porc de Bourbon.

Le pain ne manquait pas; cependant le maïs figurait sur

les tables, beaucoup plus que le riz, à l'inverse de la préférence accordée aujourd'hui aux provenances du Bengale ; ce fut ainsi jusqu'à l'époque où l'envahissement de la canne fit disparaître le riz créole, restreignit la culture du maïs, deux produits qui du moins laissaient à la colonie le résultat de son travail.

Le menu du souper était à peu près le même que celui du dîner, sauf la quantité, composé qu'il était bien souvent de plats entamés au dîner. Point de potage, jamais de café si près du sommeil, toujours le bouillon de brèdes, calmant, rafraîchissant. Ce qui faisait le cachet particulier, le charme de ce dernier repas, c'est que tous les membres de la famille étant rentrés, le travail terminé, les enfants endormis, tous les bruits tombés, les causeries se prolongeaient jusqu'au moment où le sommeil devenait irrésistible. C'était charmant, mais pas précisément pour la maîtresse de la maison, qui se plaignait de la difficulté d'un service de nuit ; aussi les femmes de ménage ont-elles dû contribuer à faire disparaître le souper, et en cela elles furent largement aidées par la fortune croissante du pays, qui multiplia les plaisirs auxquels il fallut abandonner la soirée tout entière.

Population.

Au 1er janvier 1788, la population de l'île Bourbon se composait de 7,833 blancs non compris les troupes, 919 gens de couleur libres et 37,265 esclaves ; total : 46,017 habitants.

Routes.

Les routes, à peine ouvertes en général, n'étaient que des sentiers primitifs dans beaucoup de localités. Aucune n'était empierrée, sauf les rampes de la montagne, du côté de Saint-Paul. Quelques ravins avaient des radiers, qui ne tenaient guère. Le plus ancien pont du pays est celui de la ravine des Chèvres, d'une seule arche en plein cintre, inébranlable, soutenu qu'il est en avant et en arrière. De quelle date est-il ? On me dit que cette construction appartient au premier Empire et on me donne pour preuve les lettres E F qui se trouvent sur l'une des pierres de l'arcade. D'autres prétendent que ces deux lettres témoignent des préoccupations que causait à l'entrepreneur une charmante jeune fille du voisinage, Mlle Émilie Fréon. Pourquoi pas ? J'aime mieux cette légende, et d'ailleurs le général Decaen a bien peu construit chez nous.

Une route de Saint-Denis à Saint-Paul par le pied de la falaise, sur le bord de la mer, étant reconnue impraticable, le conseil provincial ordonna, le 24 novembre 1718, que les plus experts de l'île iraient, sous la conduite du major Champion, reconnaître et baliser les endroits les moins difficiles de la montagne, pour ensuite y faire travailler, s'il se trouvait que le chemin fût possible.

Le 16 juin 1730, Pierre Boisson et Abraham Muron reconnaissent s'être engagés envers la Compagnie à faire, depuis Saint-Denis jusqu'à la maison de la Possession, un chemin praticable, de manière qu'un homme à cheval et une bête de charge y puissent passer. En 1737, à la suite de grandes pluies, il fallut que Muron y revînt, en abandonnant la route de Saint-Paul à la Rivière-d'Abord, étant le seul homme du pays que l'on pût charger d'un travail de ce genre.

Le 8 septembre 1736, le conseil d'administration, présidé par La Bourdonnais, décide qu'un chef sera établi pour Saint-Pierre et Saint-Louis, que ce chef sera Pierre Dejean ; qu'il sera fait un magasin à la Rivière-d'Abord, un autre sur le bord et en deçà de la rivière Saint-Étienne, pour le cas où la rivière ne sera pas praticable ; qu'il sera fait un entrepôt au Repos-de-Laleu, qui est à moitié chemin de la rivière Saint-Étienne à Saint-Paul ; qu'il sera ordonné aux habitants de ramasser leurs chevaux et bœufs largues et errants, de les dompter et d'en fournir le nombre nécessaire aux entrepreneurs de la ménagerie, les chevaux au prix de 30 à

35 piastres, et les bœufs à 20 piastres ; que, si ces chevaux et ces bœufs ne peuvent suffire, les habitants donneront leurs propres montures ; que, si les habitants vont s'établir ailleurs pour se soustraire aux corvées, leurs terres seront réunies au domaine de la Compagnie ; que le chemin de la Rivière-d'Abord sera commencé le 1ᵉʳ octobre, etc.

A ce ton impérieux, à ces dispositions arbitraires et despotiques, on reconnaît le grand homme qui brise tout pour arriver à son but. C'est chose admirable que le génie des grandes choses et l'énergie qui les fait réussir ; mais je suis peu disposé à louer quand je vois le mépris des droits individuels s'associer à la conduite des affaires publiques.

Le 3 août 1738, Desisles, ci-devant lieutenant d'infanterie à Pondichéry, et François Rivière, ci-devant capitaine du quartier Saint-Paul, sont chargés d'ouvrir des chemins, le premier de Sainte-Marie à Saint-Benoît, le second de Saint-Paul à la Rivière-d'Abord. Qui me dira ce qu'est devenue la messagerie de La Bourdonnais, si même elle a fait un seul voyage ? Il est permis d'en douter lorsqu'on pense à la longueur des deux trajets coupés par le Repos-de-Laleu, au passage adopté par les hauts, qui rapprochait les moyens de transport des produits à transporter, mais rencontrait des ravins plus nombreux avant leurs confluents, plus profonds avant leur évasement dans les plaines du littoral. Aussi verrons-nous longtemps encore un service très actif de cabotage entre Saint-Pierre, Saint-Paul et Saint-Denis. Cependant, un document de 1775 mentionne des bœufs et des charrois du roi dans différents quartiers, notamment à la Rivière-d'Abord et à Saint-Denis, où le parc à bœufs était à la Petite-Ile.

Le 21 juillet 1751, le conseil d'administration écrivait à David, gouverneur général :

« Un chemin qui traversât l'île dans son milieu, paraissant devoir être d'une grande utilité, tant pour parvenir à la destruction des noirs marrons que pour la communication des divers quartiers, qui serait très avantageux en temps de guerre, soit aussi afin de pouvoir conduire à la plaine des Cafres les troupeaux qui, dans la saison des sécheresses, s'entretiennent difficilement dans les bas, M. Bouvet a proposé cette entreprise au sieur Léon, qui l'a acceptée. »

Le 13 mars 1752, le conseil dit à David : « Le chemin de la plaine des Cafres vient d'être achevé suivant le marché que M. Bouvet avait fait avec le sieur Léon. On ne s'était obligé de payer que 4,000 journées ; il en a été employé environ 6,000, et on a tenu compte à l'entrepreneur de celles qu'il a fournies en sus des 4,000. » David répondit : « Vous avez bien fait d'indemniser Le Tort, entrepreneur du chemin de la Plaine. » Léon serait-il donc le même que Le Tort, qui a laissé son nom aux rampes du onzième au dix-septième kilomètre, ou bien aurait-il cédé son marché à Le Tort ?

Le 4 juillet 1794, l'assemblée coloniale ordonna des réparations. Le procès-verbal de la délibération porte ces mots : « Ce chemin avait été ouvert du temps de Bouvet par vingt noirs avec un commandeur et achevé en quarante jours, du pied de la première montée aux Sables, » ce qui signifie de Saint-Benoît vers le fond de la plaine des Palmistes, un peu avant la Petite-Plaine, c'est-à-dire un parcours d'une trentaine de kilomètres. Ce ne pouvait donc être qu'un tracé, un balisage, préparant l'emploi de 6,000 journées dans le chemin de Léon-Le Tort ; ce ne pouvait être autre chose, même en prenant le pied de la première montée au bas de la première rampe Le Tort.

La Commune et les Quartiers.

Une note du 2 septembre 1772, signée Bellier et Broutin, commissaires à la liquidation, porte ce qui suit :

« La Compagnie, depuis trente ou quarante ans, avait bien voulu se prêter à faire annuellement les avances des frais de la commune de l'île Bourbon. Ces frais consistaient dans la somme de 450 livres pour chaque prêtre desservant une cure, au paiement de laquelle somme les habitants s'étaient obligés par l'acte ou délibération de leurs députés du 30 juin 1735. Au moyen de ce paiement, les colons étaient dispensés de payer aux curés ni dîmes, ni casuel. Les frais consistaient encore dans les dépenses faites par les détachements envoyés à la poursuite des noirs marrons, récompenses accordées aux capteurs, et dédommagements payés aux maîtres des esclaves tués étant marrons ou justiciés pour cause de marronnage.

« Tous les ans la colonie nommait des députés à l'effet de procéder à la répartition des frais de commune faits pendant le cours de l'année. Les députés s'assemblaient en présence d'un conseiller nommé commissaire en cette partie. Ils vérifiaient l'état des sommes avancées par la Compagnie, vérifiaient également le recensement général de la même année, et arrêtaient qu'il serait imposé une somme de..... par chaque tête d'esclave, laquelle somme les habitants paieraient à la Compagnie pour la rembourser des avances par elle faites. »

Un règlement de Crémont, du 19 juillet 1768, porta établissement d'une caisse de la commune, pour subvenir aux frais indiqués ci-dessus et encore à ceux de l'entretien des chemins. Cette caisse finit par ne plus remplir l'objet de son institution, et le roi fut chargé d'y pourvoir.

La commune générale ne suppose pas l'existence antérieure de communes particulières ; car je vois, en janvier et en février 1776, Steinaver autorisant la convocation d'une assemblée des habitants de Saint-Paul, pour former une commune particulière audit quartier, en lui procurant des esclaves que l'on devait appliquer aux corvées et aux travaux publics.

Le conseil supérieur intervenait dans le règlement des affaires de la commune :

« Le 2 juin 1789, le conseil supérieur étant assemblé, Fréon, second conseiller commissaire pour le fait de la commune, a rendu compte à la cour, qu'hier le sieur Morel, receveur général de la commune, a rendu compte audit com-

missaire, pour l'année 1788, que la recette monte à la somme de...................... 72.557 liv. 4 sous.
la dépense à celle de............... 77.717 17
d'où il résulte que la dépense excède
la recette de....................... 5.160 liv. 13 sous.

En conséquence, la cour ordonne que les frais de commune pour l'année 1788 seront de 30 sous par tête d'esclave recensés dans ladite année; ordonne que les frais de commune qui n'ont pas été payés pour les années 1783, 1784, 1785, et pour lesquels il a été délivré exécutoire seront et demeureront supprimés; enjoint au receveur général de la commune de poursuivre le recouvrement des frais dus pour les années suivantes, notamment l'article des journées de noirs montant à la somme de 3,746 livres pour la réparation des chemins et la destruction des raquettes, et toutes les autres sommes dues à la commune; arrête que les gages du seul piqueur établi dans les différents quartiers seront à l'avenir portés à la somme de 1,500 livres par an; alloue 400 livres au receveur général de la commune pour ses frais de bureau. »

Chaque quartier (je ne dis pas paroisse : Sainte-Marie, Saint-André, Sainte-Rose et Saint-Louis n'ont figuré longtemps que comme simples paroisses), chaque quartier avait un commandant qui embrassait toutes choses dans ses attributions. (P.)

L'ordonnance du roi du 15 septembre 1766 prescrivit que des fabriques fussent établies dans les paroisses, que les registres déjà tenus par les curés pour les mariages, les naissances et les décès fussent rédigés en triples originaux, pour la paroisse, le greffe du tribunal et le ministère de la marine. (P.)

En fait d'impôts, les habitants payaient 3 livres par tête d'esclave de quatorze à soixante ans, et fournissaient des journées de corvées, quatre par tête, sur le total des esclaves recensés, sans considération d'âge.

Ateliers communaux.

Le 30 août 1775, les habitants de Saint-Pierre et de Saint-Louis ayant reçu 27,375 livres de la caisse de la liquidation de la Compagnie (1), se proposèrent d'employer cette somme en achat de noirs pour un atelier qui, appliqué aux travaux du quartier, dispenserait des corvées plus pénibles que les impôts, en ce qu'elles troublaient les travaux agricoles. Ils s'adressèrent à Steinaver et Crémont, et demandèrent qu'il fût acheté cinquante noirs, promettant de payer la différence en sus des 27,375 livres. Il fut convenu que les cinquante noirs seraient achetés, moyennant un supplément de 23,000 livres, les noirs et les négresses étant évalués à 1,000 livres l'un dans l'autre, plus 3,000 livres pour frais d'habillement et de chirurgien; qu'il serait établi une taxe de 50 sous par tête d'esclave pendant deux ans, prélevée fin de 1775 et de 1776, laquelle, en supposant cinq mille esclaves, donnerait 25,000 livres. Ces noirs durent être nourris par le roi, mais habillés par le quartier, comme les anciens noirs de corvée étaient nourris par le roi qui les employait, mais arrivaient tout vêtus sur les travaux. Le 16 août 1777, il restait dû, sur cet achat, une somme de 3,000 et quelques cents livres, qui fut payée par le produit d'une nouvelle taxe de 15 sous ordonnée par Crémont.

En 1785, Beurnonville (2) ayant été chargé par les communes du Vent de leur acheter des noirs, le quartier de la Rivière-d'Abord lui remit 10,000 livres, son atelier paraissant trop faible encore.

En novembre 1784, les habitants du quartier Saint-Paul, qui comprenait alors Saint-Leu, entrèrent dans la même voie, par une contribution de 3 livres par tête d'esclave pendant trois ans à compter de 1785, pour l'acquisition de

---

(1) Un bureau de liquidation de la Compagnie des Indes fut établi à Bourbon le 7 octobre 1771.

(2) Beurnonville est qualifié capitaine aide-major des milices du quartier Saint-Denis et encore aide-major des troupes nationales.

quatre-vingts noirs. Quatre régisseurs, Gouneau de Montbrun, Ricquebourg de Champcourt, Hoarau de l'Étang, Véronge de Lanux furent nommés par l'assemblée des habitants pour aider le commandant du quartier dans la direction et l'administration de l'atelier.

Le 23 mai 1777 et le 1er mai 1781, Roudic, ancien employé de la Compagnie et conseiller au conseil supérieur, fit un testament portant qu'il serait remis au curé de Saint-Denis une somme de 60,000 livres pour achat d'esclaves à consacrer aux chemins du quartier.

En 1784, les administrateurs décidèrent que, outre les noirs acquis avec le legs de Roudic, on en achèterait jusqu'à cent vingt, et que la caisse du roi ferait une avance de 20,000 livres. Il ne s'agissait plus que de se procurer le supplément nécessaire. Une assemblée des habitants de Saint-Denis et de Sainte-Marie, tenue le 28 novembre, nomma Beurnonville, Le Fagueys et Routier pour assister, avec les pouvoirs nécessaires, à l'assemblée générale qui devait avoir lieu le 1er décembre suivant. Les assemblées particulières des autres quartiers du Vent nommèrent aussi leurs députés à l'assemblée générale du 1er décembre, qui vota une contribution de 30 sous sur l'année 1785. On eut ainsi, le legs Roudic compris, une somme de 83 à 84,000 livres, qui permit d'acheter quatre-vingt-neuf esclaves à l'île de France. Malgré l'acquisition de ces noirs et le maintien des ateliers par naissances, acquisitions nouvelles et confiscations, les corvées ne furent abolies que longtemps après.

Le 1er janvier 1775, le roi avait 888 esclaves, et le 1er janvier 1777, il en avait 938, qui se décomposaient ainsi :

    435 noirs.
    157 négresses.
     85 négrillons.
     65 négrillonnes.
    108 noirs invalides.
     75 négresses invalides.
     13 noirs de chaîne.
 Total... 938

Finances.

L'administration de la colonie avait pour ressources financières des fonds envoyés de France, des lettres de change, des récépissés de grains ou autres objets fournis aux magasins, les recettes régulières et les recettes extraordinaires du domaine.

Le 28 août 1777, les dépenses des deux îles étaient fixées à 4 millions de livres. Le 24 janvier 1790, le ministre de la marine écrivait à Dupuy : « Je vous ai adressé, le 5 décembre dernier, l'état des dépenses à faire aux îles de France et de Bourbon pendant la présente année, montant à 3,700,899 livres 10 sous. Vous demeurerez responsable de toute dépense qui ne serait pas comprise dans cet état. »

Un règlement du 1er juin 1788 exigeait que le trésorier général eût reçu les ordres du contrôleur général des finances avant d'ouvrir le tirage des lettres de change. Necker laissa aux trésoriers des deux îles la liberté de délivrer des traites pour se procurer les moyens de pourvoir aux dépenses approuvées, dans le cas d'insuffisance de remises de fonds.

Le trésor de la colonie recevait les pensions faites par les parents à leurs fils élevés en France, et délivrait des traites de préférence pour cet objet. En 1788, quarante-cinq jeunes gens étaient élevés dans la métropole ; les traites tirées en leur faveur s'élevaient à 60,000 livres, dont une à 3,300 livres, deux à 3,000, dix à 2,000, une à 1,400, une à 1,200, une à 1,100, vingt-quatre à 1,000, une à 800, trois à 600, une à 400.

Le 18 novembre 1792, Duvergé fournissait au commissaire civil Tirol la note que voici :

« Le domaine fut établi à Bourbon en 1767, époque de la rétrocession des deux îles.

« Les recettes consistaient en :

« Un droit en argent sur les denrées et effets introduits dans la colonie par la voie du commerce d'Inde en Inde, depuis et y compris la Chine jusqu'au cap de Bonne-Espérance inclusivement, lequel droit, qui s'étendait sur les esclaves cafres et malgaches aussi introduits, a eu lieu à 6 0/0 en 1767. Toute perception fut suspendue pendant 1768, en attendant réponse du ministre sur une demande d'abolition. Par cette décision il fut réduit à 3 0/0 pendant 1769, 1770, 1771 et 1772; rétabli à 6 0/0 en 1773, il a subsisté ainsi jusqu'à la fin de 1775. (*Nota*. Je trouve ailleurs que le droit sur les denrées et les effets donna 1,284 livres 17 sous 1 denier en 1767; que, réduit à 3 0/0 pour quatre ans en 1770, il donna cette année 999 livres 7 sous 6 deniers; en 1771, 625 livres 6 sous; en 1772, 90 livres; en 1775, alors qu'il était reporté à 6 0/0, 1,035 livres 5 sous 4 deniers. Le droit sur les esclaves introduits aurait donné, à 6 0/0, sans avoir été jamais abaissé, 1,338 livres en 1767, 9,929 livres 3 sous 4 deniers en 1770, 10,791 livres 13 sous 4 deniers en 1771, 9,669 livres 3 sous 4 deniers en 1772 et 6,240 livres en 1775.)

« Un droit sur le café exporté, lequel a également subi des variations (voir page 45). Ce droit, de 1 sou par livre en 1775, donna 43,797 livres 10 sous; porté à 2 sous il donna 101,970 livres en 1776, 61,270 livres en 1778; mais il fallait déduire une rétribution accordée par Crémont, à partir du 1er janvier 1773, au receveur des domaines, de 5 sous par balle de café embarquée d'un quartier pour un autre, et 5 0/0 au commis à la recette des droits du domaine sur sa recette pour noirs introduits.

« Deshérences.

« Épaves.

« Amendes.

« Confiscations.

« Droit de privilège pour tenir billard et cantine, et 2 0/0 sur les baux et adjudications.

« Les dépenses consistaient en:

« Appointements et solde des employés.

« Appointements du tribunal terrier.

« Solde ou journées des gens affectés aux travaux pu-

.blics et fournitures d'objets nécessaires à cette partie.

« Frais de justice, police et autres objets y relatifs.

« Frais de captures de noirs marrons.

« Fournitures d'effets pour les tribunaux.

« Frais de recensements et levées de plans.

« Gratifications à divers. »

Il paraît que le domaine devait se suffire à lui-même ; car, en 1772, la recette ayant baissé, on paya le receveur du domaine et les frais de régie et l'on rejeta sur les années suivantes les appointements et la solde des divers employés.

Les comptes étaient arrêtés à Bourbon, mais envoyés ensuite à l'île de France pour être compris dans ceux de cette dernière île. Ils suivaient ensuite la marche indiquée par un édit du mois d'août 1669, rappelé par une déclaration du 1er mars 1781, prescrivant que les états au vrai de la comptabilité de la marine et des colonies devront être arrêtés au conseil royal des finances, après avoir été examinés dans les bureaux de la vérification des états au vrai établis à la suite de ce conseil : ils passaient alors à la chambre des comptes.

Lors de la suppression de la Compagnie des Indes, toutes les dépenses furent assignées sur la caisse de l'État jusqu'à la formation de la commune générale, à la charge de laquelle furent mises les dépenses qu'on appelle aujourd'hui *locales* et *municipales*.

Personnel du gouvernement et de l'administration en 1788.

Gouverneur, Cossigny de Palma.
Ordonnateur, Thibault de Chanvalon.
Contrôleur, Gourel de Saint-Perne.

GARDES-MAGASINS

Cliquet de Villepré, garde-magasin principal.

Désaunay, garde-magasin particulier, à la Possession, sans appointements.

Bellier de Villentroy, garde-magasin particulier, à Saint-Paul.

Lucas, garde-magasin particulier, au Repos-Laleu.

Pascalis, garde-magasin particulier, à l'Étang-Salé, sans appointements.

Lefebvre de Chantraine, garde-magasin particulier, à la Rivière-d'Abord.

De Serpe, garde-magasin particulier, à Sainte-Suzanne.

Beaugendre, garde-magasin particulier, à Saint-Benoît.

Bernard Châtillon, garde-magasin particulier, quai La Rose, sans appointements.

GARDES D'ARTILLERIE

De Saint-Rémy, Saint-Denis, sans appointements.

Lemarchand, Saint-Paul.

Sellier, la Rivière-d'Abord.

De Serpe fils, surnuméraire, Sainte-Suzanne.

SECRÉTARIAT DE L'ORDONNATEUR

Fabien, chargé du dépôt des chartes.

Martin, surnuméraire.

Bertherand de Gorguy aîné, surnuméraire.

BUREAUX DU CONTRÔLE

Parent, premier commis.

Raphel.

Lefébure de Marcy, pour le magasin général.

Bertherand de Gorguy cadet, surnuméraire au magasin général.

Glaut.

Parent fils.

BUREAU DES FONDS

Campenon, premier commis.

Philibert.

Greslan fils.

BUREAU DES CLASSES ET VIVRES

Laurent, premier commis.

Laurent fils, surnuméraire.

BUREAU DU MAGASIN GÉNÉRAL

Levavasseur, premier commis.
Paton, premier commis.
Paton fils, surnuméraire.
Parmentier, surnuméraire.

RECETTE DES BOIS ET CONSTRUCTIONS

Bédier-Prairie, premier commis.
Bédier-Dumanoir, surnuméraire.

MATRICULE ET ATELIERS COUVERTS

De Sigoyer, premier commis.

BUREAU DES TROUPES

Raoul, premier commis.

HÔPITAL

Ozoux, premier commis.

GÉNIE

Gérard, commis aux écritures et dessinateur.

ARPENTEURS

Chevalier Banks.
Duplessy-Lomet.

État des paiements qui seront faits par M. Roncin, receveur général du domaine, pour les appointements et soldes des divers employés pendant les mois d'avril, mai, juin 1780.

Ronsin, receveur général du domaine..................	500 liv.	à 2000 liv.	par an.
Greslan, conseiller, procureur du roi au tribunal terrier.	375	— 1500	—
Légier, commissaire inspecteur de la police, chargé du greffe de la geôle................	600	— 2400	—
Lebidan, deuxième inspecteur de police...................	450	— 1800	—
Fabien, secrétaire de l'intendance....................	150	— 600	—

Davante, secrétaire du juge royal..................	150 liv.	à 600 liv. par an.
Thabareau, chargé de l'école publique.................	60 —	240 —
Delaporte, huissier, concierge du palais de justice........	120 —	480 —
Total pour le trimestre	2405 liv.	

SOLDE AU MOIS

1 brigadier de police, trois mois à		60 livres	180 livres.
6 — — —		50 —	300 —
Le Roy, horloger....	—	80 —	240 —
Gourlier, jardinier de l'intendance............	deux mois à	80 —	160 —
Cousin, geôlier.....	trois mois à	75 —	225 —
Jore, concierge à la Rivière-d'Abord..........	trois mois à	25 —	75 —
1 pion du domaine...	—	50 —	150 —
1 — — ...	—	36 —	108 —
3 employés à 30, 25 et 15 livres par mois.			210 —
Total pour la solde au mois....			2248 livres.
Total pour la solde à l'année...			2405 —
Total général....			4653 livres.

En novembre 1790, le gouverneur touchait 20,000 livres, plus 2,000 livres pour son secrétaire et une gratification annuelle. L'ordonnateur avait 12,000 livres, plus 3,000 livres pour frais de bureau.

Sur un état de gratifications et suppléments accordés au gouverneur, à l'ordonnateur, aux officiers soit d'épée, soit d'administration, nous remarquons le colonel Chermont en tête de liste avec 3,100 livres, le chirurgien et l'aumônier à la queue avec 200 livres.

Au secrétariat de l'intendance, il n'y avait qu'un seul employé, Fabien, qui, depuis quelques années, demandait à se retirer pour cause de santé, et qui se retira, en effet, à sa maison de campagne du mont Saint-François (1), où il s'amusait à un service gratuit de vigiste.

Les écritures du secrétariat étaient si multipliées, dit Duvergé, qu'il y aurait fallu trois employés. Fabien était chargé des correspondances communes et particulières et du dépôt des chartes. Depuis quelques années, il s'était habitué à travailler à Saint-François pour le secrétariat ; il cessa de venir le 19 septembre 1789 et ne revint plus. On fut très embarrassé pour le remplacer. Il trouvait Duvergé trop exigeant sous le rapport de l'exactitude de présence au bureau, et trop peu ménager de son amour-propre par les corrections qu'il faisait à son travail.

Quatre autres employés, dont trois chefs de bureau, avaient quitté, ou allaient quitter, parce qu'ils avaient de la fortune ou qu'ils craignaient de ne pouvoir subsister lorsqu'ils seraient payés en papier-monnaie, ce qui devait avoir lieu à partir du 1er janvier 1790, ou encore parce que Duvergé était trop exigeant.

Ozoux, écrivain ordinaire, était un sujet distingué dont Duvergé se louait beaucoup à tous égards, et par lequel il se fit remplacer le 14 décembre 1790, lors d'un voyage à l'île de France. Il l'aurait proposé à la place de Fabien si, par sa fortune, Ozoux n'eût été éloigné de se captiver autant que l'exigeaient le secrétariat et le greffe de l'intendance.

Saint-Perne, ancien employé, écrivain principal en 1789 et chargé du contrôle, ne donnait que de la satisfaction pour la manière dont il remplissait ses devoirs ; on n'avait qu'à le louer, et comme fonctionnaire et comme homme de société.

A part Fabien, Ozoux et Saint-Perne, Duvergé n'a laissé aucune note sur le personnel de son administration. M. Pajot, si riche par ses souvenirs et par ses papiers, nous donne ce qui suit :

« En 1785, l'état-major se composait d'une seule et

---

(1) De nos jours maison de campagne des gouverneurs.

unique personne, M. Dioré (Claude-Élie), commandant par intérim, qui touchait 4,000 livres par an, probablement en sus de son grade dans l'armée.

« Le contrôleur recevait 5,000 livres, et l'écrivain principal 3,000. Il y avait en tout sept gardes-magasins, dont les appointements inégaux formaient un total de 14,000 livres. Fabien, tout compris, touchait 2,500 livres par an, et se faisait aider, moyennant 2,000 livres, d'un commis chargé des écritures du bureau des troupes.

« Deux employés au contrôle, trois aux fonds et armements, et six au magasin général n'émargeaient ensemble, au budget, que pour 17,500 livres.

« Le personnel du génie et du port demandait seulement 11,500 livres.

« Cinq conseillers à 3,000 livres chacun, un assesseur à 2,000 livres, un procureur général à 6,000 et un greffier à 4,000, plus deux substituts, formaient l'ensemble du conseil supérieur. Le juge royal était rétribué comme le procureur général, le lieutenant de juge et le procureur du roi comme le greffier du conseil; celui du tribunal ne recevait que 2,000 livres. En somme, toute la justice se payait avec 44,900 livres.

« L'inspecteur de police touchait 2,000 livres.

« Ajoutons, pour le service médical, à Saint-Denis, cinq médecins ou chirurgiens, un commis et deux sœurs, qui se partageaient 11,200 livres. A Saint-Paul, un chirurgien recevait 2,400 livres. » (P.)

En résumé, le personnel colonial ne coûtait, en 1785, que 146,800 livres.

Signes monétaires.

La Compagnie avait sous le nom de *Billets de caisse*, un papier-monnaie discrédité, qui fut supprimé en décembre 1766 et remplacé par un autre, bientôt supprimé lui-même en juillet 1768, en même temps que le roi créait un nouveau papier pour 2 millions de livres tournois, avec faculté de remboursement en traites sur France. « Ce papier perdit bientôt de sa valeur (parce que les traites n'étaient pas payées à époques fixes) et l'agiotage s'en mêla. Les capitalistes l'achetaient au cours de la dépréciation, et l'échangeaient contre des mandats du Trésor, dont ils touchaient le montant intégral à Paris. » (P.)

Un édit de septembre 1771 supprima les 2 millions dont on abusait, et créa une nouvelle monnaie de papier pour 1 million de livres, mais en n'accordant de lettres de change que moyennant argent effectif remis à la caisse du roi. Il y avait, dans cette circulation limitée à l'intérieur des deux îles, des inconvénients graves, des préjudices à craindre pour le commerce et pour le service. Le chevalier Desroches et Poivre, avant d'exécuter la mesure prescrite, attendirent l'arrivée annoncée de Ternay et de Maillart-Dumesle; ils leur exposèrent l'état déplorable où les deux colonies avaient été réduites par deux ouragans, firent des observations sur plusieurs articles, principalement sur celui qui interdisait la conversion en lettres de change, et obtinrent que l'enregistrement, suspendu jusqu'à nouvel ordre, serait borné à l'article 13, qui fixait à 6 livres la valeur de la piastre gourde.

L'agiotage ne fut pas arrêté; on lui fournissait une nouvelle ressource; aussi pouvons-nous lire dans le préambule d'un édit de novembre 1782 : « Lorsque nous avons remis les îles de France et de Bourbon sous notre administration immédiate nous avons adopté la piastre d'Espagne pour y être employée comme monnaie. Par l'article 13 de notre édit de septembre 1771, nous en avons fixé la valeur à 6 livres tournois; mais ayant reconnu que le prix des marchandises dans les deux îles était réglé en proportion du surhaussement de la piastre, que les achats les plus considérables qui s'y faisaient étaient pour notre compte, que la piastre, que nous avions donnée en apparence pour 6 livres n'était effectivement prise par le vendeur que pour sa valeur intrinsèque, qu'étant ensuite rapportée à notre caisse pour être convertie en lettres de change, nous ne la recevions pas moins sur le prix exagéré de 6 livres, d'où il résultait évidemment une perte pour nous, nous nous sommes déterminé à révoquer la fixation donnée à la piastre gourde par l'article 13 de notre édit de novembre 1771, et à ne plus envisager lesdites piastres que comme marchandise. »

La cour avait donc supprimé le papier-monnaie en mars 1781, et prescrit l'usage exclusif de la piastre à 5 livres 8 sous pour le service du roi. Tout le papier fut retiré; mais il en résulta, dit le mémoire du 9 mars 1789, un tel embarras que les habitants en sollicitèrent le rétablissement, si bien que le mois de juin 1788 vit créer 6 millions de papier. Il fut décidé que toutes les dépenses seraient acquittées en papier, les deux tiers remboursables chaque année en lettres de change à six mois de vue sur le trésor royal, jusqu'à ce que les 6 millions eussent été introduits entièrement dans la circulation, après quoi l'intendant pourrait faire tirer pour la totalité des dépenses, en laissant circuler tout le papier excédant les besoins du service. Les billets ne devaient être émis que le 1er janvier 1790.

Un billon particulier à ces colonies (pièces de 6 liards, ou 7 centimes et demi, nos vieux *trois sous*) et quelques fanons de l'Inde formaient, avec la piastre, tout le numéraire. « En 1786, M. de Souillac, gouverneur de Pondichéry, avait expédié aux deux îles 180,000 livres en fanons, qui furent mis en circulation sur le pied de 16 à la piastre, quoiqu'il en fallût effectivement 17. » (P.)

Les grandes transactions se faisaient en café; on s'engageait à donner tant de balles en paiement de ce que l'on achetait. Les bons de dépôt de cette denrée circulaient par coupures, qui descendaient jusqu'à 25 livres. Au détail on payait par livre et demi-livre. Les impôts s'acquittaient en café, que le fisc recevait des contribuables, et qu'il donnait aux troupes, aux employés, sur le pied de 10 piastres ou 100 livres la balle de 100 livres poids.

Les récépissés donnés aux habitants étaient une monnaie

courante. Même pour acheter au détail chez les marchands, on n'éprouvait pas le besoin d'avoir des pièces métalliques, la plupart des approvisionnements se faisant par comptes chez quelques commerçants, pourvoyeurs habituels des propriétaires de la campagne. Peu importaient donc les signes monétaires au milieu de ces équivalents. Le papier faisait fuir les métaux. Une piastre ou toute autre pièce devint une curiosité rare à une certaine époque.

Terrains domaniaux.

Ce titre pouvait s'appliquer à deux espèces de terrains vagues :

1° A ceux qui, destinés à la culture et non concédés encore, appartenaient à la Compagnie des Indes, comme propriétaire de toute l'île.

2° Aux cinquante pas géométriques réservés au bord de la mer (1), et que la Compagnie détenait également, comme jouissant du droit de souveraineté.

De la première espèce il restait infiniment peu, si même il en restait encore. Les administrateurs de la Compagnie avaient concédé, pendant l'espace d'environ cent ans, tous les terrains cultivables, et, depuis la rétrocession, ce qui restait au domaine par abandon ou non réclamation des concessionnaires, ou par réunion faute de mise en valeur, provoquait des demandes auxquelles on ne tardait pas à satisfaire.

Au vent de l'île, au delà du Grand-Pays-Brûlé, un espace où s'établissait un nouveau quartier, sous le non de Saint-Joseph, se distribuait par carreaux de 25 arpents, avec autorisation de les cultiver provisoirement, les contrats définitifs ne devant être délivrés qu'après la mise en valeur constatée.

---

(1) Bande de 81 m. 20 de largeur qui se mesure à partir du point où arrivent les hautes mers.

Poste aux lettres.

Le service de la poste aux lettres fut établi à Bourbon en décembre 1784. Les malles étaient portées deux fois par semaine à Saint-Benoît et à Saint-Pierre par des noirs de l'atelier colonial, noirs du roi, comme on disait alors, et il en fut ainsi jusqu'à la création des premières messageries par d'Hotman, en 1847.

Voici deux pièces curieuses, qui nous diront comment les choses se pratiquaient à Saint-Denis, sous les yeux de l'administration. Des plaintes ayant été portées à l'assemblée générale, le 22 juillet 1790, une enquête fut confiée à deux de ses membres, Bédier et Périchon de Sainte-Marie, qui firent le rapport suivant.

22 juillet 1790.

« En vertu de la délibération de l'assemblée générale et de son arrêté de ce jour, nous, commissaires nommés à l'effet de procéder à la vérification des divers envois de lettres faits par le bureau de la poste de l'île de France depuis le 1er juin dernier jusqu'au 20 du présent mois, nous nous sommes transportés chez Mme veuve Le Sueur de Petitville, directrice de la poste en cette île, où nous étant fait représenter les diverses lettres d'avis d'envois de la poste de l'île de France (n'y ayant pas de registres pour constater cette vérification), n'en avons trouvé que deux, une en date du 22 juin dernier, annonçant 132 lettres, lesquelles, suivant la déclaration de ladite dame, étaient renfermées dans un petit sac cacheté, lequel était dans un plus grand, renfermant une plus grande quantité de lettres point annoncées, et dont elle n'a pu constater le nombre, n'en ayant point eu le temps, vu l'empressement des intéressés à avoir leurs lettres; la deuxième lettre d'avis, en date du 16 du présent mois, annonçant 185 lettres pour le navire le *Kéler*. Ladite dame nous ayant déclaré n'en avoir reçu d'autres, nous avons reconnu que la quantité de 739 mentionnée dans le procès-verbal de l'assemblée générale de l'île de France outrepassait de beaucoup, d'après son estimation, celle par elle reçue dans les époques ci-dessus, et sur notre réquisition elle a signé avec nous le présent procès-verbal.

« Signé : Bédier, Périchon de Sainte-Marie,
Vᵉ Le Sueur de Petitville. »

Séance du 24 juillet 1790.

« M. Périchon de Sainte-Marie a dit, au nom de la directrice de la poste de cette île, que souvent, malgré elle, il se commettait des infidélités au bord de la mer, lors de la descente des paquets, attendu que ses honoraires ne lui permettant pas d'avoir un pion à sa solde, elle était obligée d'envoyer une négresse, sa domestique, pour recevoir les lettres, et que ne faisant pas grand cas d'une pareille commissionnaire, qui ne portait aucune marque distinctive, le public arrachait souvent les lettres qui étaient entre les mains des porteurs, ce qui n'arrivait pas autrefois, attendu qu'il avait été affecté un pion pour recevoir les paquets de lettres et les distribuer, lequel avait été depuis retiré ; qu'il priait l'assemblée, au nom de la directrice, de vouloir bien faire un arrêté à ce sujet. »

L'assemblée arrêta que, dès qu'un vaisseau mouillerait sur la rade de Saint-Denis, il serait envoyé par les inspecteurs de police un garde blanc, lequel s'embarquerait sur la pirogue du pilote, et recevrait du capitaine tous les paquets de lettres de la colonie, lesquels seraient directement portés au bureau de la poste.

FIN DE L'AVANT-PROPOS

CHAPITRE PREMIER

DUVERGÉ ET LE CONSEIL SUPÉRIEUR

Juillet, août, septembre 1789.

Calme des débuts de Duvergé. — Duvergé arrive à Bourbon le 11 juillet 1789. On voit, par sa correspondance avec le ministre de la marine et avec l'île de France, que son administration n'a rien qui le préoccupe. Il ne s'agit, dans ses lettres de juillet, août et septembre, que de blé, de maïs, coton, café, pois de Bombétoc, sacs à payer avec les grains ou séparément, barriques vides et caisses vides, que le garde-magasin Villepré entend retenir, comme lui appartenant de droit, en vertu de l'usage.

Ce calme est troublé par des craintes de variole. — Vers la fin de septembre, alors que Cossigny est à l'île de France, le calme se trouble. Le chirurgien-major Blandin croit reconnaître la variole sur un noir à l'hôpital. Or, cette affection, redoutable partout, était particulièrement redoutée à Bourbon, où deux épidémies, l'une de 1729, l'autre de 1758, avaient laissé des souvenirs effrayants. Le même jour, le chevalier de Galaup, gouverneur intérimaire, apprend qu'un fils de l'horloger Le Roy est également atteint; d'autres cas sont signalés à Saint-Denis. Comment cette maladie a-t-elle pu s'introduire? Une vingtaine de noirs étaient arrivés de l'île de France par le brick l'*Aimable-Éléonore*; cinq ou six ayant une petite vérole volante, le navire, soumis à une quarantaine de huit jours, n'avait débarqué ces hommes que le onzième jour. C'était plus de précaution qu'il n'en fallait.

Septembre 1789.

Duvergé consulte le conseil supérieur sur les mesures à prendre. — On assemble les officiers du conseil supérieur et de la juridiction, le vice-préfet apostolique, des notables, des chirurgiens, les médecins et autres pour trancher cette question médicale, pour arrêter les mesures à prendre. La Ravine-à-Jacques paraissant propre à l'établissement d'un lazaret, quelques-uns désirent qu'on y envoie sur-le-champ toutes les personnes atteintes; d'autres combattent cet avis. La nuit venue, aucune décision n'est prise. Duvergé, administrateur exact, mais caractère timide, qui demande des ordres à Dupuy pour répondre à Villepré au sujet des barriques vides, et qui, en l'absence de son collègue, sent peser sur lui toute la responsabilité, ne trouvant que confusion dans les éléments disparates qu'il a rapprochés, s'adresse au conseil supérieur seul. Il est arrêté que tous les noirs de l'*Aimable-Éléonore* seront recherchés et envoyés à la Ravine-à-Jacques; que les noirs du roi, logés au camp de la Petite-Ile, iront se faire des cases au Butor; que le camp sera transformé en lazaret. On dirige vers ce lieu d'isolement les quatre malades qui ont pu être découverts. Arrivent Le Comte et Crosnier, chirurgiens habiles, anciens dans le pays, qui n'exercent plus, mais sont accourus à l'appel de Duvergé. Ils déclarent que, sur l'enfant d'une négresse malsaine, l'éruption paraît confluente, qu'il faut attendre cependant pour se prononcer; que celle du noir de l'hôpital est douteuse; que, sur les deux enfants blancs, c'est certainement la vérette volante. On était au 3 octobre. Le 13, on n'a compté que douze malades d'une affection bénigne; la tranquillité se rétablit.

Prétentions du conseil supérieur. — Duvergé n'était pas au bout de ses ennuis. Le 22, il reçoit une lettre de d'Entrecasteaux et Dupuy, qui le blâment de s'être préparé quelque difficulté en appelant MM. du conseil supérieur à se mêler d'une affaire d'administration qu'il aurait dû trancher lui-même. Le conseil étant en vacances, il fait part de cette lettre au procureur général et à quelques conseillers, en leur disant que désormais Galaup et lui agiront seuls, que cependant ils attendront l'expiration des quarante jours. Le 10 novembre, Duvergé et La Reinaudie, qui a remplacé Galaup, écrivent au procureur général qu'ils vont faire évacuer le lazaret, les médecins déclarant que les malades sont guéris et peuvent circuler. Le 16, le conseil supérieur reprend ses séances. Le 17, le procureur général lit un réquisitoire qui défère la lettre de Duvergé au conseil et conclut à ce qu'elle soit envoyée au roi pour éviter les suites toujours fâcheuses d'un choc d'autorité. Le conseil, dit-il, a les mêmes droits que les parlements en France ; la police générale lui appartient ; on a manqué aux égards qui lui sont dus, en faisant évacuer, sans sa participation, un lazaret à la création duquel il a participé. Duvergé conteste, le débat s'anime ; il proteste contre tout ce qui pourra être décidé et se retire. Le conseil arrête qu'il s'adressera au roi. Parlement au petit pied, parlement de Paris transporté à Bourbon ; une cour souveraine, si longtemps omnipotente, ne pouvait manquer d'avoir ces hautes prétentions.

Le conseil supérieur refuse d'enregistrer un édit du roi et deux arrêts du conseil d'État. — Le 10 septembre, les administrateurs généraux transmettent à Bourbon un édit du 11 juin 1788, portant création de six millions de papier-monnaie pour les deux colonies, et deux arrêts du conseil d'État des 14 avril 1885 et 21 septembre 1786, concernant l'établissement de la nouvelle Compagnie des Indes, augmentation de ses fonds et prorogation de ses privilèges. Ces actes sont présentés au conseil supérieur pour l'enregistrement. Un arrêt du 19 novembre déclare qu'il n'y a pas lieu à enregistrement de l'édit, parce qu'il s'y trouve diverses incorrections, et que la copie envoyée porte la signature de Poncy, commis-greffier du conseil de l'île de France, au

Décembre 1789.

lieu de celle de Loustau, greffier en chef. Le même jour, refus d'enregistrer les arrêts du conseil d'État, attendu encore que les copies venues de l'île de France sont signées de Poncy, que les arrêts ne portent pas mandement au conseil de Bourbon pour leur enregistrement et leur exécution.

Dans le courant de décembre, l'édit et les arrêts sont présentés de nouveau ; le procureur général en requiert l'enregistrement. Quelques conseillers font des difficultés, disant qu'il était facile aux administrateurs en chef d'avoir la signature de Loustau, que celle de Poncy ne leur a pas été notifiée juridiquement, que l'on pouvait au moins la légaliser ; enfin, ils sont d'avis d'enregistrer l'édit, l'édit seul, à condition que cela ne tire pas à conséquence pour l'avenir. Cossigny requiert que l'enregistrement soit fait purement et simplement, sauf à prendre ensuite tel arrêt qu'il conviendra. Le conseil veut bien y consentir, bornant ses exigences à ce que copie collationnée de la lettre d'envoi, signée des administrateurs en chef, lui soit remise, pour qu'il en fasse mention. Quant aux arrêts concernant la Compagnie des Indes, il persiste dans son refus, alléguant toujours l'absence de mandement. Cossigny n'insista pas.

CHAPITRE II

PRÉLUDE D'UNE REPRÉSENTATION COLONIALE

Décembre 1789.

Le roi autorise la réunion d'une assemblée coloniale et l'envoi d'un député à Paris. — Le 30 novembre 1789, les administrateurs en chef de l'Ile de France (1) écrivent à Cossigny et à Duvergé que Sa Majesté pourra autoriser l'établissement d'une assemblée coloniale dans les deux îles, sur le même pied que celles des îles du Vent; qu'elle est même disposée à leur permettre d'avoir à Paris un député qui leur sera commun.

Convocation des assemblées primaires. — En conséquence, le 4 décembre, date à remarquer, comme la première de notre période révolutionnaire, le 4 décembre 1789, disons-nous, une circulaire de Cossigny et Duvergé autorise chaque commandant de quartier à convoquer les habitants de sa localité en assemblée générale « à l'effet de nous faire savoir, par le résultat d'une délibération, s'ils désirent ou non l'établissement d'une assemblée coloniale à Bourbon et les motifs de leur détermination pour ou contre ; à l'effet de nommer un député d'entre eux chargé *uniquement* de nous remettre leur délibération et de signer avec nous le procès-verbal que nous en dresserons pour être envoyé à MM. les administrateurs en chef.

« Avant de faire cette convocation, il sera à propos, Monsieur le commandant, que vous donniez communication

---

(1) Le 14 novembre 1789, le comte de Conway, maréchal de camp, avait remplacé d'Entrecasteaux.

Décembre 1789.

des deux lettres (1) à la majeure partie des habitants, afin qu'ils soient préalablement instruits des points sur lesquels ils doivent délibérer dans leur assemblée, et puissent en instruire ceux qui ne le seront pas. »

Chacune d'elles doit se borner à nommer un député chargé de porter aux administrateurs le vœu de sa paroisse. — « Les objets sur lesquels porteront les délibérations de l'assemblée coloniale seront :

« 1° L'établissement d'un comité intermédiaire permanent pour veiller à l'exécution des arrêts de l'assemblée et préparer les matériaux sur lesquels elle devra délibérer.

« 2° La nomination d'un député de l'île, qui fera sa résidence à Paris, pour veiller aux intérêts de la colonie relativement au commerce, aux impôts qui pourraient être établis par la suite et aux progrès de l'agriculture.

« 3° Enfin la prospérité générale et commune de la colonie, l'assiette et la répartition des charges, les travaux intérieurs, tels que chemins, ponts, ports de mer ou barachois, fournitures de grains, collèges ou écoles pour l'éducation de la jeunesse, etc. »

Dix des onze paroisses de l'île se conformèrent exactement à ces instructions ; il n'en fut pas de même de Saint-Denis.

L'assemblée de Saint-Denis refuse de se renfermer dans les limites indiquées par les administrateurs. — Le 27 décembre, à l'issue de la messe paroissiale, cent six habitants de Saint-Denis étaient réunis au presbytère sous la présidence d'Azéma Dutilleul, commandant de la paroisse. Lecture ayant été donnée des deux lettres ci-dessus mentionnées, le président invita l'assemblée à formuler son vœu dans un arrêté qui en contiendrait les motifs. Aussitôt

---

(1) La lettre des administrateurs en chef du 30 novembre, dont copie est envoyée aux commandants en même temps que la circulaire, et la lettre circulaire ci-dessus du 4 décembre.

Décembre 1789.

un membre... le procès-verbal aurait bien dû nous dire son nom, un membre donc se leva et dit :

« Considérant que l'intention de Sa Majesté est de connaître le vœu de la colonie au sujet de l'établissement d'une assemblée coloniale;

« Que la colonie ne peut manifester son vœu que dans une assemblée générale de toutes les paroisses, ou, ce qui est la même chose, dans une assemblée des députés de chacune d'elles;

« Que nulle autre forme, singulièrement celle prescrite par les lettres de MM. les administrateurs, ne peut être admise : 1° parce qu'elle est insolite, irrégulière et contraire à ce qui a été observé en France à l'égard de chaque baillage, et même à ce qui s'est pratiqué à l'île de France (1); 2° parce qu'elle divise la colonie en introduisant la multiplicité d'assemblées et de délibérations; 3° que cette forme présente, entre autres inconvénients, le risque de fonder une contrariété au moins apparente de vœux et d'opinions, qui laisserait des doutes à la religion de Sa Majesté;

« Il estime, en conséquence, que l'assemblée arrête que MM. les administrateurs de cette colonie soient invités à donner toute autorisation nécessaire pour la convocation d'une assemblée générale de la colonie, et ce par députés de toutes les paroisses de l'île, à l'effet de délibérer sur les objets contenus aux lettres de MM. les administrateurs des 30 novembre et 4 décembre derniers. »

Le président fit observer que la motion proposée était en opposition avec les instructions contenues dans la circulaire, en opposition surtout avec celles d'une lettre plus précise encore à lui adressée le 21, et dont il donna lecture en ces termes : « Il n'est pas question de réunion à Saint-Denis des députés de tous les quartiers, l'objet de chacun ne devant être que de nous apporter la délibération de son assemblée et de signer avec nous le procès-verbal que nous signerons

---

(1) Erreur quant à l'île de France.

Décembre 1789.

de sa remise. Vous comprenez que le député de chaque quartier pourra se rendre ici quand bon lui semblera. Le plus tôt sera le mieux.

« Signé : Cossigny et Duvergé. »

Il ajouta qu'il ne pouvait, en qualité de commandant, consentir à ce que la motion fût mise en délibération ; puis, voyant que son observation provoquait certains mouvements dans l'assemblée, qu'il n'y trouverait pas une docilité unanime, il rédigea une protestation, la fit insérer au procès-verbal, signa et sortit. Quelques-uns le suivirent. Les autres, la grande majorité, restèrent en séance, soit amour de spectacle ou résolution concertée à l'avance (car cet éclat n'était pas improvisé), et l'auteur de la motion ayant repris la parole, ceux qui l'avaient préparée avec lui parlant à leur tour, l'assemblée, qui sentait dans l'air quelque chose de nouveau, qui entrevoyait des perspectives qu'on essayait de lui dérober, décida tout d'une voix qu'elle adoptait la motion, qu'un comité de quatre membres préparerait un arrêté dans ce sens, que ce comité se composerait de Greslan, Le Fagueys, Bertrand et De Lestrac, qu'elle suspendait sa séance pour la reprendre le même jour à trois heures de relevée.

A l'heure indiquée, le rapport était prêt, et l'assemblée : « Ouï le rapport du comité, arrête que MM. les administrateurs de cette île seront invités à donner toute autorisation nécessaire pour la convocation d'une assemblée générale des habitants, qui sera formée des députés de toutes les paroisses, lesquels se réuniront à Saint-Denis pour délibérer sur la question de savoir s'il est de l'utilité générale d'avoir une assemblée coloniale et un député à Paris ; arrête que ce vœu sera présenté aux administrateurs de cette île par un comité qui subsistera jusqu'à la réunion de l'assemblée générale. » Ensuite elle nomma, par acclamation, Des Mazières, Greslan, Le Fagueys, Bertrand et De Lestrac membres de ce comité, Azéma et Simillier suppléants.

Janvier 1790.

Le comité des Cinq, chargé des pouvoirs de l'assemblée de Saint-Denis, demande aux administrateurs une audience, qui lui est refusée. — Le 4 janvier 1790, les Cinq, mandataires de la seule paroisse de Saint-Denis, constitués en comité contrairement aux ordres des chefs de la colonie et sans l'aveu des autres paroisses, écrivirent aux administrateurs, au nom de la colonie entière, pour leur demander une audience. Les recevoir officiellement eût été une faute. Cossigny, sans même répondre, leur fit dire par Azéma de cesser toute réunion et tout écrit. Cependant une seconde lettre des Cinq arriva le 7, accompagnée d'une expédition du procès-verbal de l'assemblée, soit comme justification de leur existence, peut-être comme menace, car ils étaient irrités, et, dans leur irritation, ils envoyaient aux paroisses des copies du procès-verbal (dont plusieurs leur furent retournées), et préparaient des plaintes aux administrateurs généraux et à l'Assemblée nationale. Dans le public on remarquait une certaine agitation.

Les habitants de Saint-Denis demandent une seconde assemblée pour nommer le député qui n'a pas été nommé par la première. — Cependant, soit que la fermeté des administrateurs et le désaveu de plusieurs paroisses eussent produit leur effet sur des esprits peu préparés à la résistance et tout surpris peut-être eux-mêmes de leur hardiesse, soit au contraire qu'ils obéissent à un autre motif et préparassent un nouvel éclat, les habitants de Saint-Denis chargèrent Azéma d'une démarche à laquelle il fut répondu en ces termes :

Cossigny et Duvergé à Azéma Dutilleul.

21 janvier 1790.

« C'est avec plaisir que, d'après votre demande, nous accordons à MM. les habitants de la paroisse de Saint-Denis de s'assembler une seconde fois pour nommer un député qui nous portera le vœu de l'assemblée, conjointement avec

Janvier 1790.

MM. les députés des autres paroisses, le 25 de ce mois; en conséquence, nous vous autorisons, par cette lettre, à convoquer, pour dimanche prochain 24, une assemblée paroissiale de MM. les habitants du quartier Saint-Denis. Nous vous prions de présider cette nouvelle assemblée, et nous vous invitons à faire de nouveau lecture de la lettre de MM. les administrateurs en chef et de celles que nous avons eu l'honneur de vous écrire. Nous ne faisons point de doute que MM. les habitants ne saisissent le vrai sens de la lettre de MM. les administrateurs en chef, que celles que nous avons eu l'honneur de vous écrire ne suffisent pour les éclairer, et qu'enfin l'article du *Mémoire du roi* pour servir d'instructions à MM. d'Entrecasteaux et Dupuy, dont il a été donné un extrait, ne soit bien interprété.

« Les assemblées paroissiales, tant à l'île de France qu'à l'île Bourbon, n'ont été convoquées que sur la permission de MM. les administrateurs, et nullement d'après un ordre de Sa Majesté. C'est d'après un article du mémoire du roi, adressé à MM. d'Entrecasteaux et Dupuy, pour leur servir d'instructions, et dont on voit l'extrait dans la lettre de MM. les administrateurs en chef, qu'ils ont bien voulu permettre des assemblées par paroisses, pour mieux connaître le vœu de cette colonie sur les deux seuls objets qui ont dû être mis en délibération.

« Quelques personnes ont paru croire qu'il y avait une lettre de Sa Majesté, d'après laquelle MM. les administrateurs avaient ordonné les assemblées paroissiales; cette lettre n'existe pas. Sa Majesté ne demande que l'avis de MM. les administrateurs pour se décider à accorder par une ordonnance ces deux établissements, à l'instar de ceux déjà établis aux îles Sous-le-Vent depuis plusieurs années.

« La faveur que Sa Majesté se propose d'accorder aux îles de France et de Bourbon, en leur permettant d'avoir un député à Paris, à l'instar de ceux que les îles de l'Amérique y entretiennent, n'a aucun rapport, quant à présent,

Janvier 1790.

avec les députés qui pourront être envoyés un jour aux états généraux, et enfin les assemblées paroissiales. convoquées avec la simple permission de MM. les administrateurs en chef ne doivent, en aucune manière, être assimilées aux assemblées provinciales et par sénéchaussées établies authentiquement par un ordre de Sa Majesté.

« D'après le compte que vous nous avez rendu, par votre lettre du 28 décembre dernier, nous ne devons point ignorer que vous avez été obligé de protester contre tout ce qui s'est passé dans la première assemblée tenue le 27 décembre. Si, contre notre espoir, les intentions de MM. les administrateurs en chef et les nôtres n'étaient pas remplies, et qu'il fût question de délibérer sur des points étrangers aux seuls objets qui doivent être mis en délibération, vous protesteriez, comme vous l'avez déjà sagement fait, et vous rompriez l'assemblée. « Signé : Cossigny et Duvergé. »

La seconde assemblée nomme le député, mais en maintenant les résolutions de la première. — J'ai reproduit intégralement cette lettre un peu longue, parce qu'on y voit, aux réponses écrites entre les lignes, quelles questions s'agitaient dans le public à l'instigation du comité, avec quelles appréhensions les administrateurs autorisaient une nouvelle assemblée, qui ne pouvait qu'accroître leur embarras et leur impuissance, en consolidant le point d'appui du groupe qui prétendait sortir des limites qu'ils traçaient aux délibérations. Leurs craintes étaient fondées ; car l'assemblée qui se tint le 24 janvier choisit Des Mazières pour son député, mais en déclarant qu'elle maintenait son arrêté du 27 décembre. Le piège tendu avait réussi.

Les vœux des paroisses sont portés aux administrateurs. — Le lendemain, 25 janvier, les députés des différentes paroisses s'assemblèrent au gouvernement. Des Mazières présenta la délibération prise la veille par Saint-Denis, à

Janvier 1790.

laquelle il joignit celle du 27 décembre. Les administrateurs consentirent à ce que les arrêtés pris le 27 et le 24 fussent rapportés dans le procès-verbal de remise, ce qui était, d'une part, une bravade, et, de l'autre, une condescendance bien voisine de la faiblesse. Chacun des députés s'étant acquitté de son mandat, on fit aux administrateurs une visite de politesse, dans laquelle on exprima le désir que l'assemblée générale fût réunie le plus tôt possible.

Pensée secrète des Cinq qui rêvent un député aux états généraux. — Il paraît, Duvergé le dit dans une lettre au ministre, et on peut le supposer sans s'écarter beaucoup de la vraisemblance, il paraît que plusieurs des membres du comité avaient une pensée qu'ils n'avouaient pas, qu'ils n'osaient avouer. L'invitation faite aux paroisses de se prononcer sur l'établissement d'une assemblée coloniale, n'avait-elle pas éveillé certaines convoitises, en ajoutant que cette assemblée pourrait être appelée à élire un député résidant à Paris? Député résidant à Paris, une sorte de délégué uniquement chargé de solliciter dans les bureaux du ministère l'expédition des affaires de nos îles, c'était bien peu de chose; ne pouvait-on cependant profiter de cette ouverture pour aller plus loin, pour obtenir la création d'un siège aux états généraux? Sans dire quel objet on caressait, on le glissa au milieu des autres et on recommanda le tout aux administrateurs, espérant que, grâce à la marche commune de l'ensemble, on verrait arriver au but ce à quoi l'on s'intéressait particulièrement. Les administrateurs en chef ne s'y trompèrent pas et répondirent au comité par une lettre où leur perspicacité se révèle en même temps que leur franchise.

Port-Louis, 19 mars 1790.
Conway et Dupuy à Simillier, Greslan, De Lestrac, Des Mazières et Bertrand.

« Messieurs, si votre lettre n'avait d'autre objet que de solliciter la réunion des représentants de chaque quartier

Janvier 1790.

pour délibérer sur l'établissement d'une assemblée coloniale, nous nous bornerions à vous répondre que cette affaire est consommée, que le vœu général est démontré par l'uniformité des délibérations de dix quartiers.

« Vous exposez, Messieurs, dans vos différents arrêtés et procès-verbaux, que le sujet de l'assemblée était trop important pour n'être pas discuté, mais une vérité qui est admise aussitôt qu'énoncée rend toute discussion inutile.

« Nous avons consulté d'abord chaque quartier, afin que, si tous désiraient l'établissement projeté, on ne fût pas obligé d'employer l'appareil d'une assemblée générale et de détourner les colons de leurs occupations.

« La nomination d'un député à Paris ne devait être non plus un motif de solliciter l'assemblée générale, puisque la nomination de ce député et la création d'un comité permanent ne pouvaient avoir lieu qu'après l'acquiescement de Sa Majesté à la demande d'une assemblée coloniale. Cette conséquence est si naturelle que tous les quartiers qui se sont expliqués l'ont unanimement senti.

« Plusieurs ont demandé qu'on les autorisât à faire une assemblée nouvelle pour y convenir de la rédaction d'un mémoire qui pût faire connaître le véritable état de leur quartier, lequel mémoire serait adressé à Sa Majesté. Cette observation était de toute justice, et ne pouvait manquer d'être accueillie.

« Mais comment serait-il possible d'approuver la persévérance du quartier Saint-Denis à ne pas vouloir s'expliquer sur la question proposée, malgré l'attention des administrateurs de différer, pour lui seul, l'assemblée générale des députés, et malgré le vœu unanime de dix quartiers.

« Ces raisons ne permettent plus de remettre en question une affaire terminée; autrement il en résulterait que le silence ou le *veto* d'un seul quartier pourrait faire la loi à toute une colonie; qu'un seul quartier, guidé par un intérêt qui ne lui serait que particulier, pourrait, sans aucune sanction, empêcher les bons effets des délibérations prises dans des assemblées légalement convoquées, ce qui est essentiellement contraire aux lois, à la raison et aux usages.

« Le quartier Saint-Denis ne s'est pas même borné à refuser de s'expliquer. Il a cru pouvoir, sans autorisation légale, se tenir pour constamment assemblé, et faire différents arrêtés que les administrateurs de Bourbon ont dû regarder comme nuls, et auxquels il nous est impossible de ne pas donner la même qualification.

« Messieurs de Saint-Denis nous permettront de répondre aux observations qu'ils ont faites contre la forme dans laquelle nous avons consulté la colonie. Ils disent :

« 1° *N'était-il pas possible que les opinions fussent différentes dans les quartiers ?*

« Réponse : Oui, et, s'il y avait eu une contrariété d'opinions un peu marquée, les administrateurs auraient senti la nécessité de réunir les quartiers, ou leurs représentants, en nombre suffisant pour former une discussion éclairée.

« 2° *Il ne suffisait pas que le vœu uniforme des quartiers fût pour ou contre l'établissement ; il fallait que les motifs de ce vœu fussent les mêmes.*

« Réponse : Cet argument ne paraît pas sérieux. Il serait étrange de vouloir réduire des hommes rassemblés à n'avoir que les mêmes motifs pour un avis. Chaque esprit a sa mesure.

« 3° *On ne peut supposer que les onze délibérations de Bourbon et celles de l'île de France seront envoyées en recueil en France ; il en sera fait un résumé.*

« Réponse : Le moindre éclaircissement demandé aurait dissipé cette crainte ; on aurait su que les copies des procès-verbaux devaient être envoyées sans altération.

« 4° *L'assemblée que nous demandons a eu lieu à l'île de France, comme on n'en peut douter, d'après la lettre de MM. les administrateurs en chef, où ils disent que cette*

Mars 1790.

colonie a témoigné son désir unanime, et qu'ils ont reçu son vœu dans l'assemblée tenue à cet effet au gouvernement. Il est clair que, si, dans cette assemblée, ils n'avaient reçu que les cahiers particuliers de la délibération de chaque quartier, ils auraient dit que chaque quartier a témoigné son désir empressé, et qu'ils ont reçu leurs vœux, qui se sont trouvés uniformes.

« Réponse : On est tenté de croire que le rédacteur de cette objection a voulu égayer la matière. Car l'*unanimité* ne peut faire entendre autre chose, si ce n'est que tout le monde a pensé de même sur un point donné. Et, si chacun des quartiers de l'île de France a pensé de même sur l'établissement d'une assemblée coloniale, il en résulte cette vérité mathématique que l'île de France a voté unanimement pour l'assemblée coloniale.

« Mais n'est-ce pas s'arrêter trop longtemps sur une discussion oiseuse, puisqu'elle n'est relative qu'à des motifs apparents ? En effet, la lettre du 22 février (1), écrite par Messieurs du comité aux administrateurs de Bourbon, explique enfin la véritable cause de leur persévérance à solliciter une assemblée générale pour y traiter, non la question de savoir si la colonie désire avoir une assemblée coloniale et un député à Paris, mais bien celle de savoir s'il était convenable d'envoyer un député aux états généraux et de le nommer sur-le-champ.

« Messieurs de Saint-Denis nous permettront de leur faire un juste reproche sur le mystère avec lequel ils ont voulu parvenir à délibérer sur une députation aux états généraux, comme s'ils avaient été fondés à se défier de l'assentiment des administrateurs sur un sujet aussi important pour la colonie. Les administrateurs n'avaient aucun ordre de proposer l'établissement d'une assemblée coloniale; ils ont été seulement invités à donner leur avis. Réfléchissant combien cette marche retarderait un établissement si désirable,

---

(1) Nous n'avons pas cette lettre, qui a dû rester à l'île de France.

ils ont voulu, pour hâter ce moment, consulter sur-le-champ la colonie elle-même et faire connaître à la fois son vœu et le leur.

« Pourquoi ne pas nous rendre plus de justice ? Pourquoi ne pas nous communiquer avec franchise le désir que vous aviez de délibérer sur l'intérêt que peuvent avoir ces îles d'envoyer des députés aux états généraux ? Nous aurions autorisé la convocation d'une assemblée générale. Nous autorisons même aujourd'hui cette convocation, quoique, par une marche assez irrégulière, on nous laisse deviner un motif qui ne devait pas craindre de se montrer.

« On suppose que le désir de conserver une autorité illimitée peut nous éloigner de toutes les vues utiles au public; mais il nous sera plus agréable de vivre parmi des habitants au bonheur desquels nous aurons concouru, que de conserver un pouvoir embarrassant et précaire.

« Signé : Conway et Dupuy. ».

Une assemblée générale pour la nomination d'un député aux états généraux est accordée. — Cependant le comité des Cinq s'enhardissant peu à peu, ou comprenant que la ligne droite est le plus court chemin d'un point à un autre, rédigeait et signait un mémoire aux administrateurs de Bourbon, concluant à l'obtention d'une assemblée générale pour la nomination d'un député aux états généraux. Le 12 mars, Cossigny et Duvergé annonçaient ce mémoire aux administrateurs en chef ; mais déjà ceux-ci avaient pris les devants ; car, le 10, en envoyant à Bourbon la réponse ci-dessus reproduite, ils appelaient l'attention sur l'avant-dernier paragraphe qui contenait, nous l'avons vu, un acquiescement au vœu dissimulé d'abord, avoué ensuite, du comité.

Convocation des assemblées paroissiales. — Le 24 mars, Cossigny et Duvergé autorisaient les commandants de quar-

Mars 1790.

tier à convoquer, pour le premier ou le second dimanche après Pâques, les assemblées primaires de leurs paroisses. « Il est nécessaire, disaient-ils, que les habitants soient prévenus qu'ils doivent y traiter la question de savoir s'il est utile à ces colonies d'envoyer une députation aux états généraux. Cette question sera ensuite résolue dans l'assemblée générale, que nous convoquerons à Saint-Denis, des députés nommés à cet effet par les paroisses, et qui procédera immédiatement, s'il y a lieu, à la nomination d'un ou plusieurs députés aux états généraux. Nous avons jugé que l'assemblée générale sera composée d'un nombre suffisant de représentants de la colonie, en les nommant à raison de 5 pour 100 des habitants qui ont atteint l'âge prescrit. »

L'Assemblé constituante n'ayant pas encore décidé que les colonies seraient représentées au Parlement de la nation, les administrateurs des îles de France et de Bourbon se pressaient un peu. Ils obéissaient à l'opinion publique et se préoccupaient de ses manifestations, peu habitués qu'ils étaient aux mouvements populaires, et d'autant plus timides qu'un pouvoir exercé sans partage les chargeait d'une plus grande responsabilité.

Février 1790.

Mouvement populaire à l'île de France. — « Des marins, de nouveaux débarqués, confusément instruits de ce qui s'est passé dans quelques villes de France, ont fait semblant de croire qu'il était de leur patriotisme de faire porter des cocardes à tous les habitants. Des esprits chauds de cette colonie ont pensé que la cocarde une fois arborée revêtait ceux qui la portaient de tous les droits de la nation. Ils ont cru pouvoir se convoquer et s'assembler sans nos ordres, pour changer la forme du gouvernement; ils menaçaient même hautement la personne du gouverneur général. Une assemblée a eu lieu le 4 de ce mois dans l'église Saint-Louis. Ce ne fut qu'une cohue de deux à trois mille hommes, qui ne déterminèrent rien, mais que leurs conseils essayèrent de rendre moins irrégulière dans le procès-verbal qu'ils rédigèrent, en nommant à volonté sept commissaires pour représenter l'assemblée qu'ils nommaient *coloniale*. » (Lettre de Conway et Dupuy à Cossigny et Duvergé, du 10 février 1790.) Contre ces trois mille émeutiers qui allaient tout bouleverser, qui proféraient des cris de mort contre le gouverneur général, quelles mesures prit-on ?

« A cette illégale assemblée nous crûmes devoir opposer une assemblée régulière de tous les habitants ; elle avait été fixée au 13 de ce mois. Mais les honnêtes habitants nous ayant marqué leur opposition de se trouver assemblés avec des étrangers qui n'avaient ni intérêts, ni droits à exercer, sur leur déclaration qu'ils n'avaient nul sujet de se plaindre de l'administration, nous jugeâmes nécessaire de surseoir à la tenue de l'assemblée indiquée. *Ce coup terrassa les cabaleurs.* Leurs conseils nous déclarèrent par écrit l'irrégularité de leurs fonctions. Depuis ce temps la tranquillité règne dans la colonie.

« Signé : CONWAY ET DUPUY. »

Faiblesse des administrateurs de l'île de France. — Les cabaleurs sont terrassés ! On est tout fier d'avoir lancé la foudre, et cependant devant cette cohue tumultueuse, insignifiante, contre laquelle on n'a rien fait, qui s'est dissipée d'elle-même, on cède, on perd tout sang-froid, au point de méconnaître les droits de l'autorité royale qu'on avait fait sonner bien haut, le 17 décembre précédent, alors qu'on écrivait :

« Faites entendre aux habitants de Bourbon qu'il ne s'agit pas maintenant d'une assemblée coloniale ; c'est le roi qui réglera ce point. »

Semblable faiblesse à Bourbon. — A Bourbon, les administrateurs particuliers ne peuvent se défendre de l'émotion qui leur est transmise par leurs chefs ; les nouvelles de l'île

Avril 1790.

de France et l'arrivée de la cocarde agitent les esprits, outre que le comité ne se fait pas faute d'entretenir cette agitation et de l'augmenter. « Deux des paroisses se joignirent au comité, d'autres semblèrent annoncer pareil dessein ; enfin les réclamations se multipliant nous démontrèrent la nécessité d'y avoir égard (1). » A l'île de France et à Bourbon l'administration était déjà débordée ; Conway ne tardera pas à fuir devant l'orage.

Assemblée tumultueuse à Saint-Denis. — Le dimanche 11 avril 1790, à l'issue de la messe, les habitants de Saint-Denis se rendent à la maison presbytérale. Le commandant du quartier, Azéma Dutilleul, donne lecture de la lettre des administrateurs qui l'autorise à convoquer cette assemblée ; la lecture faite, il se démet de la présidence. L'attitude que les électeurs avaient prise le 27 décembre, ne l'engageait pas, en effet, à braver de nouveau l'effervescence populaire, et il prévoyait des scènes plus tumultueuses encore.

Grinne, secrétaire, commence l'appel nominal. Saint-Rémy, appelé, présente deux procurations. On lui conteste le droit de s'en servir, parce qu'il n'est pas de la paroisse de Saint-Denis ; elles sont admises cependant par la raison qu'il est de la même île, du ressort de la même justice. Il lit alors une motion relative à l'élection d'un président. On applaudit. « Oui, mais terminons l'appel, » fait observer une voix, et l'appel continue.

L'assemblée, suspendue pour les vêpres, est reprise après, dans l'église cette fois. Elle se trouve plus nombreuse, non pas qu'il y ait plus de propriétaires mais beaucoup de prolétaires y sont venus comme à un spectacle public, matelots en permission, soldats congédiés depuis un an, depuis quelques jours, gens de toute sorte, encouragés, dit-on, à cet effet, mélange informe, tout prêt pour le désordre.

On va élire un président. Bigault d'Aubreville dit que la

---

(1) Lettre de Duvergé au Ministère, du 1er novembre 1790.

Avril 1790.

motion de Saint-Rémy est injurieuse aux membres du comité, parce qu'elle interdit leur candidature. Les membres du comité développent cette idée et signalent avec vivacité l'offense dirigée contre eux. On a beau leur dire qu'ils se trompent, que leur susceptibilité les égare, que la motion dit seulement qu'ils ne pourront concourir à la présidence qu'après avoir rendu leurs comptes, ils n'en continuent pas moins à demander justice. On réclame la lecture de la motion ; elle est conçue en ces termes : « Comme il est nécessaire que le comité nous rende compte de l'usage qu'il a fait de ses pouvoirs, j'estime que ces messieurs ne peuvent concourir pour être élus présidents jusqu'à ce que leur mission soit achevée et le comité dissous. »

Pendant cette lecture, silence de l'attention, puis silence de la surprise ; on se regarde, on se demande où est l'injure. Une voix propose que l'assemblée soit constituée sur-le-champ par la nomination d'un président *ad hoc*, pour que le comité rende ses comptes, après quoi tous les électeurs concourront à l'élection d'un président définitif, qui pourra être pris, sans distinction aucune, sur toute la liste des électeurs ; oui, mais ce serait tenir compte de la motion de Saint-Rémy, et le comité entend que son auteur soit exclu de l'assemblée. Bertrand s'élance près de la table disposée pour le bureau ; il énumère dans un discours véhément, les travaux du comité, ses lettres, ses démarches ; il demande si on entend le récompenser par une insulte, et finit par ces mots : « Vous ne trouvez pas d'injure dans cette motion ; le comité s'en trouve offensé, cela suffit. » La majorité de l'assemblée s'indigne de ce paradoxe soutenu avec cette passion et qu'on prétend lui imposer. Bertrand, déconcerté, regagne sa place. A leur tour, Des Mazières, Simillier, Lefébure, procureur du roi, prennent la parole ; leur voix, sans éclat, trop faible pour l'étendue à remplir, se perd dans le murmure confus des conversations particulières ; mais Lefébure ayant prononcé le mot : *Exclu*, son voisin

Avril 1790.

Santussan le répète, le fait retentir de toute la force de ses poumons, et les prolétaires, entassés derrière lui dans la grande nef, se mettent à vociférer : *Exclu, exclu*. A qui en voulaient-ils? Plusieurs avouèrent qu'ils n'en savaient rien, qu'ils criaient comme les autres.

Saint-Rémy s'était retiré du côté du chœur, parmi les propriétaires, attendant la fin du tumulte, lorsque, la nuit se faisant, on apporta des lumières. Persuadé qu'il avait à s'expliquer, il essaya de justifier sa motion en déclarant qu'il n'avait l'intention d'offenser personne. Des Mazières s'approcha de la table et lui répliqua : « Je ne juge pas l'intention, je juge le fait. » Saint-Rémy était de l'autre côté de la table, auprès d'Azéma, en face de Des Mazières. Appelé par un des électeurs, il fit un mouvement en arrière pour écouter ce qu'on lui disait, et se trouva caché par Azéma, dans l'obscurité que deux ou trois chandelles ne pouvaient dissiper. Des Mazières ne le voit plus; Santussan lui aussi ne le voyant plus et remarquant vers l'une des portes quelqu'un qui va sortir, s'imagine que c'est Saint-Rémy qui fuit, et crie avec force : « Qu'on l'arrête, arrête, arrête! » A ce cri, des prolétaires courent à la porte, saisissent aux cheveux un sieur Laverger, le lâchent en reconnaissant leur erreur, et poursuivent le jeune Arçon, qui saute dans le cimetière, est suivi, renversé, et n'est abandonné par ces furieux que lorsqu'il est parvenu à leur faire comprendre que son âge n'a pu lui permettre de se mêler parmi les votants.

Cependant Saint-Rémy avait repris sa place auprès d'Azéma. Le premier qui l'aperçut s'écria : Mais le voilà! et tous les yeux s'étant dirigés de ce côté, le calme se rétablit, lorsqu'on eut bien reconnu celui que les lumières éclairaient en face. Le comité reprit alors sa demande de rétractation; Saint-Rémy s'y refusa en répétant qu'il n'avait eu l'intention d'offenser personne. — Signerez-vous ce que vous déclarez? — Oui, fut-il répondu, et il n'attendait pour le faire qu'une rédaction commencée par Bertrand, lorsque celui-ci, s'apercevant que la plupart autour de lui haussaient les épaules, déchira son papier en disant que le comité était satisfait. Ainsi finit cette séance orageuse. Rien ne fut arrêté, rien ne fut signé (1).

Orgie électorale. — L'assemblée du mardi 13 avril et les suivantes des 14, 15 et 16 du même mois se tinrent dans la loge des francs-maçons. « La cuisine de cette loge, dit la relation qui m'a servi pour le récit qu'on vient de lire, était devenue un endroit public, où les prolétaires allaient se divertir; la bière, le vin étaient prodigués; on ne se donnait même pas la peine de gazer la manière dont on procédait. Le nom de celui qui devait être élu était écrit sur les murailles en gros caractères; chaque électeur se permettait des sarcasmes sur son compte; il n'en était pas moins élu; quelques-uns allaient ensuite se mêler aux électeurs et trinquer avec eux. Les suffrages n'avaient pas dédaigné de se porter sur un homme placé sous le coup d'un décret d'ajournement personnel. »

Faut-il considérer ces détails comme une calomnie des conservateurs rétrogrades de l'époque? Je ne le crois pas. Les scènes de ce genre se renouvellent trop souvent pour qu'il soit permis d'hésiter à reconnaître dans ce tableau les mœurs électorales de l'époque. Du reste, il suffit, pour s'en convaincre, de lire le procès-verbal rédigé par le parti opposé, par les meneurs du temps. Celui-ci donne tout simplement le fait des élections, et les noms des élus, sans faire même la plus légère allusion aux mouvements désordonnés qui ont pu se produire, aux manœuvres inséparables de toute opération de ce genre. Ce silence absolu, cette dissimulation évidente est une maladresse à laquelle on ne peut se laisser prendre, qui trahit au contraire l'embarras qu'au-

---

(1) Une lettre de Cossigny et Duvergé, du 27 avril, dit que le calme a été rétabli par l'exclusion de Saint-Rémy.

Avril 1790.

rait éprouvé l'auteur de cette pièce, s'il avait essayé de présenter le récit même le plus atténué. En cachant tout, il laisse tout soupçonner.

Le jeudi 16 avril, dernier jour des élections, l'assemblée primaire de Saint-Denis s'ajourna au second dimanche d'ensuite, pour recevoir les cahiers qui seraient faits dans l'intervalle sur les instructions à donner aux députés. Au jour indiqué, les représentants furent revêtus de pouvoirs illimités, après lecture des cahiers, qui tendaient tous à des réformes dans les différentes parties du régime de la colonie. Les assemblées des autres quartiers s'ajournèrent également.

Les paroisses ne sont pas d'accord sur le jour où l'assemblée générale devra se réunir. — Vers le 1er mai, quelques-unes des paroisses étaient prêtes, et demandaient que l'assemblée générale fût convoquée pour le 16, le 17 ou le 20 ; les autres, moins pressées, désiraient que la réunion n'eût lieu qu'un mois plus tard, pour avoir, disaient-elles, le temps de rédiger leurs cahiers. Cossigny et Duvergé prirent un terme moyen et indiquèrent le 25 mai. Ils recevaient bientôt, de la Rivière-d'Abord, une lettre collective qui leur exposait l'impossibilité, pour les vingt-deux députés ou suppléants de cette partie, d'être le 25 à Saint-Denis, parce qu'il leur faudrait abandonner leurs plantations de blé, dont le moment était venu ; elle demandait, en conséquence, que l'ouverture de l'assemblée fût remise au 25 juin. Sainte-Suzanne, Saint-André, Saint-Benoît et Sainte-Rose écrivant dans le même sens, on fit droit, le 14 mai, aux pétitions de ces cinq paroisses.

Aussitôt la malveillance est à l'œuvre. Si les administrateurs reculent jusqu'au 25 juin, c'est qu'ils ne veulent pas de l'assemblée générale ; ils cherchent à la renvoyer le plus loin possible. Une protestation violente part de Saint-Paul qu'inspire son éternelle rivalité avec Saint-Pierre.

Juin 1790.

« C'est avec le plus grand étonnement, écrit-il, le 16 mai, aux administrateurs, que nous venons d'entendre la lettre que vous avez adressée au président de notre assemblée. D'après la lettre de convocation du 8, par laquelle vous fixez au 25 de ce mois l'ouverture de l'assemblée générale, notre zèle pour le bien public nous avait déterminé à y sacrifier nos convenances et nos intérêts personnels, sachant bien que nous serions absents de nos habitations au moment où s'ouvrirait la récolte du maïs. Nous ne devions pas nous imaginer que, sur la représentation d'une seule paroisse, vous puissiez encore reculer à un mois l'instant de cette convocation. Si vous avez quelque égard pour une plantation de blé, qui aurait toujours lieu, et dont le résultat est douteux, pourquoi n'en auriez-vous pas pour une récolte assurée de quatorze millions de maïs. Y a-t-il quelques mois de l'année où quelque opération intéressante dans les diverses paroisses n'exige la présence du cultivateur sur son habitation? Où en serions-nous, si vous écoutiez là-dessus les représentations de chacun? Une telle instabilité ne peut que porter le trouble et la désunion parmi les représentants des paroisses.

« Convaincus qu'il est instant pour le bien général de la colonie que ses représentants soient au plus tôt assemblés, nous avons l'honneur de vous annoncer que, nous regardant comme bien régulièrement convoqués pour le 25 de ce mois, en vertu de votre lettre du 8, nous allons nous rendre à Saint-Denis pour former l'assemblée générale, si la majorité des électeurs s'y trouve réunie, protestant contre toute autre convocation que nous regardons comme non avenue, vous déclarant au reste responsable de tous les événements qui pourraient résulter du peu de stabilité que vous apportez dans vos mesures. »

Saint-Denis est modéré; il est même aimable pour la Rivière-d'Abord, mais ne se donne pas la peine de motiver sa demande.

Mai 1790.

Pétition de Saint-Denis. — « C'est avec la dernière surprise que nous avons appris que vous vouliez différer jusqu'au 25 juin la tenue de l'assemblée générale, quoique, par votre lettre circulaire du 8 mai, vous l'eussiez fixée au 25 de ce mois. Nous sommes chargés spécialement par MM. les habitants du quartier Saint-Denis de solliciter la convocation de l'assemblée générale sans retard. Si le délai sollicité par la paroisse de la Rivière-d'Abord contrarie la majorité des autres quartiers, nous sommes intimement persuadés que nos concitoyens de la Rivière-d'Abord ne se refuseront point au vœu de la majorité. »

Les bonnes raisons viennent de Saint-Louis, nettement exposées par un homme qui malheureusement se laissera bientôt emporter aux plus déplorables excès.

Pétition de l'abbé Lafosse pour Saint-Louis. — « Les habitants de Saint-Louis vous prient de n'avoir aucun égard à ceux qui se diraient en retard pour leurs travaux, ou qui vous objecteraient la plantation des blés. Plus on tardera, plus les travaux des habitations s'accumuleront, et, comme on plante jusqu'en juillet, on aura tout à la fois du blé à planter, du blé à nettoyer, du blé à garder, du maïs à récolter, du café à ramasser et à faire sécher. C'est sans doute un mal que l'assemblée n'ait pas été convoquée plus tôt; mais le mal est fait, et il deviendrait bien plus grand encore si l'on tardait davantage. L'intérêt général doit l'emporter sur des considérations particulières, qui ne peuvent manquer d'avoir lieu dans une île où il y a, pour ainsi dire, autant de climats que de quartiers différents. »

La réunion est fixée au 25 mai. — Le 17 mai, Cossigny et Duvergé écrivirent aux présidents des assemblées paroissiales : « Les motifs invoqués par Saint-Pierre nous avaient paru intéresser toute la colonie; mais nous voyons avec douleur que nos intentions sont méconnues, qu'on paraît

Mai 1790.

croire que nous cherchons à éloigner une assemblée générale, tandis que nous la désirons plus que personne. Nous n'avions d'autre but que de réunir toutes les paroisses, dont quelques-unes n'étaient pas prêtes ; dans cette même vue, nous nous référons à notre circulaire du 8, par laquelle nous avions fixé l'assemblé au 25 mai. »

Bruits de révolte des noirs. — Une difficulté surgit tout à coup. Le 21, les administrateurs reçurent deux lettres des représentants de Sainte-Suzanne et de Saint-André, exposant leurs craintes sur une conspiration formée par les noirs des deux paroisses. « Les noirs, disaient ces lettres, prétendent que le roi a signé leur liberté, et que nous ne nous assemblons que pour détruire l'effet de sa bonté. » La paroisse de Saint-André ajoutait qu'il y avait là un motif assez puissant pour que la réunion de l'assemblée générale fût reculée, et protestait contre celle qui aurait lieu au préjudice de ses réclamations. C'est la première prétention de Saint-André ; nous en verrons bien d'autres. Cossigny envoya trente hommes, des fusils, des sabres, de la poudre et des balles ; il requit les milices des deux paroisses, mais ne changea pas le jour fixé en dernier lieu pour l'ouverture de l'assemblée ; les noirs ne bougèrent pas.

Je crois peu à la réalité de ces projets de révolte si fréquemment annoncés. Pendant toute la durée de l'esclavage à Bourbon, deux fois seulement, en 1811 et en 1831, il y eut autre chose que des regrets et de vagues espérances dans des conversations sans portée. Pour méditer et conduire une révolte il faut de l'énergie, et rien n'est plus rare que les caractères dans l'étouffement de la servitude. Les noirs, du reste, voyaient dans leur situation une fatalité de leur couleur, et l'acceptaient, comme nous acceptons notre sort en présence des forces de la nature, des maux de l'humanité, et même des vices de nos gouvernements ; quelques-uns s'y complaisaient, d'autres en souffraient, ceux-ci plus,

Mars 1790.

ceux-là moins, deux ou trois cruellement, comme nous de nos misères, sans qu'elles nous poussent habituellement au désespoir ou aux révolutions. Ce qui arrivait souvent, c'est que la crainte des dangers inhérents à un ordre social fondé sur la compression du plus grand nombre par le plus petit, affolait certains esprits à la seule annonce que quelques malheureux, la nuit, dans un lieu écarté, se disaient qu'ils étaient esclaves, qu'ils pourraient être libres, si la France ou le ciel daignait songer à eux. Ils attendaient patiemment, ces conspirateurs, bien plus qu'ils ne cherchaient à précipiter les événements.

CHAPITRE III

ASSEMBLÉE GÉNÉRALE
ÉTABLISSEMENT DES MUNICIPALITÉS

Mai 1790.

Ouverture de l'assemblée générale. — Dès le 23 mai 1790, les représentants des paroisses se trouvaient à Saint-Denis. Le nombre total était de 189, y compris 55 suppléants ou adjoints. On y remarquait quatre officiers du conseil supérieur, dont trois étaient membres du comité des Cinq, et six curés, parmi lesquels le vice-préfet apostolique Durocher, élu à Saint-Denis par acclamation. Le 24 au matin, ils firent, groupés par paroisse, une visite au commandant et à l'ordonnateur.

Le 25, l'ouverture de l'assemblée générale se fit avec toute la solennité qu'il fût possible de déployer. Les députés s'étant rendus à l'église pour la messe du Saint-Esprit, les chefs de la colonie y arrivèrent accompagnés des officiers de la troupe et de l'administration.

« L'esprit d'anarchie qui caractérisait plusieurs des représentants de la colonie fut annoncé, dès le premier jour de leur réunion, par un sermon que prononça l'un d'eux, le missionnaire Davelu, curé de Saint-Paul, à la messe du Saint-Esprit qui précéda l'ouverture, discours également injurieux au roi et à ses représentants, soufflant le feu de la révolte, et plus dangereux encore dans une île où quarante mille esclaves n'aspirent sans doute qu'au moment de pouvoir recouvrer leur liberté. » (Lettre de Duvergé au ministre de la marine, du 1ᵉʳ novembre 1790.)

Mai 1790.

Duvergé entendit le sermon; je lui laisse son appréciation à laquelle je n'ai rien à substituer, quoique je me défie de lui lorsqu'il s'agit de choses qui troublent ses vieilles habitudes. Mais pourquoi m'étonnerais-je de ces imprudences de la parole, après avoir vu l'administration de la colonie contrainte, en 1849, d'enlever l'abbé Joffard de Saint-Leu, où « son éloquence enivrante entraînait les masses et provoquait chaque jour des rassemblements souvent dangereux pour la tranquillité publique? » (*Histoire de Saint-Leu*, par M. de Châteauvieux.).

Après la messe, le *Te Deum* et une salve de vingt et un coups de canon, les députés se rendirent aux Étuves, où une salle leur avait été préparée. Cossigny lut un discours, dans lequel il eut soin de rappeler les deux seuls objets sur lesquels devaient porter les délibérations, c'est-à-dire la nomination des députés à l'Assemblée nationale, et la rédaction des cahiers contenant les instructions qu'on entendait leur donner. Ensuite on élut comme président Bellier, comme vice-président Laisné de Beaulieu, tous deux en possession de l'estime générale.

Liste des membres de l'assemblée générale. — Je vais donner cette liste, mais en ayant soin d'avertir que je n'en garantis l'exactitude, ni quant au nombre des élus, ni quant à l'orthographe de leurs noms; elle a du reste varié plus d'une fois par suite de remplacements provoqués par des démissions, ou par des élections aux conseils municipaux, les fonctions de députés à l'assemblée coloniale et d'officiers municipaux (de conseillers généraux et de conseillers municipaux, comme on dirait aujourd'hui) étant alors incompatibles. Les procès-verbaux de l'assemblée générale ne sont pas toujours lisibles, et souvent le même nom y est écrit de plusieurs manières différentes.

SAINT-ANDRÉ.

Représentants : Bruna, Rollin, curé, Bellier, Moreau, Juppin de Fondaumière, George Noël, Pignolet père, Roussel

Mai 1790.

de Saint-Rémy, Bourdier, Hilarion Ricquebourg, Richard, Audouin de Boquenno, Casimir de Fondaumière, Richer, Murcy Juppin de Fondaumière, Givran de Fondaumière.

Suppléants : Delcy Fin, L'Ecolier, Odon Ricquebourg, Leclos, Moreau, Dequay, Lambert, Chambrun, Maillot.

Adjoints : Mathurin Robert, Couturier, Jean Bègue, Hilarion Robert, Pierre Clain père, Jacques Maillot.

Saint-Benoit.

Représentants : Laisné de Beaulieu, Richard de Saint-Vincent, Seré de la Villematerre, Hubert Montfleury, Aguier, de Fondaumière, Bellier Beaumont, Du Trévou, Périer Desbains, Peindray d'Ambelle, Bresson aîné, de Villeneuve Champierre, Périer d'Hauterive, Molleraud de Villars, Bresson cadet, Justamont aîné.

Suppléants : Morin, de Villeneuve aîné, Guilbert, Welment, Crosnier Beauchamp, Bouquet, Justamont Zilvaiguer.

Saint-Denis.

Représentants : Durocher, curé, Des Mazières, Greslan, Simillier, Bertrand, De Lestrac, Tirol, Lebouq Santussan, Jullienne, Marcelin Dejean, de Villepré, Grumiaux, Douyère, Chandemerle, Grinne, Domenjod, Housset, Bouyer Descreux, Périchon de Sainte-Marie, Tellot.

Suppléants : Chevalier Bancks, Dureau, Bellon, Morel, Michault d'Emery.

Saint-Joseph.

Représentants et suppléants : Jean-Baptiste Lefebvre, Mercier, Roche, Jean Caron, Joseph Picard, Louis Grondein, Fontaine.

Saint-Leu.

Représentants : Dennemont, Besnard, Despierres, Martin de Saint-Lambert.

Suppléant : Séverin Aubert.

Saint-Louis.

Représentants : Lafosse, curé, Laurent Fontaine, Gastellier, Pierre Bilon, François Houareau, Barbarin, Gilles Fontaine, Joseph Fontaine, Paul Lauret.

Suppléants : Gabriel Rivière, Antoine Legros, Alexis Payet, Lallemand fils, Noël Nativel.

SAINTE-MARIE.

Représentants : Collin, curé, De Lanux, Allain, Jean-Pierre Dejean, Beauvillain, de Sigoyer, Jean-Baptiste de La Bérangerie, Laporte.

Suppléants : Tessier Beaufond, de La Hogue, Béraud.

SAINT-PAUL.

Représentants : Davelu, curé, Desjardins, d'Egmont, Montbrun, Villentroy, Chauvet, de Lanux Véronge, Désaunay, Parny Montchéry, Le Marchand, Barrois, Ricquebourg Champcourt, Caffarel, Ringwald, Chrysanthe Bosse, Chérimont Lebreton, Léger Dugué, Houareau Montclair, Jean-Baptiste Gonnaud, Hoarau des Sables, Tessereau.

Suppléants : Desruisseaux, Gouraud, Ruellan, Giquiaud, Henri Grimaud.

SAINT-PIERRE.

Représentants : De Cambray, curé, Nairac, Motais de Narbonne, Valfroi Deheaulme, Leclerc de Saint-Lubin, Nairac fils, de Sanglier, George Fontaine, Choppy Desgranges, Toussaint Mahé, Merlo, Paul Fontaine, de Cassebonne, Lebidan, Merlo oncle, Frappier de Montbenoist, Lefébure de Chantraine.

Suppléants : Robert Thomson, Louis Leichnig, Louis Rougemont, Arondel Desveaux, Bénigne Desveaux.

SAINTE-ROSE.

Représentants et suppléants : Barré, Chevalier Léon, Antoine Roland, Didier Boyer.

SAINTE-SUZANNE.

Représentants : Auguste Joseph Léon, Gadenel, curé, Ronsin, chevalier de Tourris, Adam, Desruisseaux, Gardi de La Chapelle, Carré d'Armond.

Mai 1790.

Suppléants : Benoît, de Lépervanche, Robinet de la Serve, Montaulard.

Adjoint : Jacques Grondein.

L'assemblée générale se déclare permanente et inviolable. — Par des arrêtés en date des 22, 24 et 26 mai 1790, l'assemblée générale de l'île de France s'était investie des pouvoirs municipaux et avait organisé provisoirement des municipalités, tant à Port-Louis que dans les autres quartiers ; de même, le 27 mai, l'assemblée générale de Bourbon se déclara permanente et inviolable, ne pouvant être dissoute que par un décret de l'Assemblée nationale sanctionné par le roi, et arrêta que cette décision serait lue, publiée et affichée dans tous les quartiers.

Duvergé est déconcerté. — « Depuis ce temps, dit Duvergé dans sa lettre au ministre, les faits se sont succédé si rapidement qu'il m'est impossible de mettre un ordre suivi dans leur énumération et dans leur récit. Emportée chaque jour plus loin de son véritable objet, l'assemblée l'a longtemps oublié ; la nomination de la députation à l'Assemblée nationale n'a eu lieu qu'après quatre mois des plus vives discussions ; la rédaction des cahiers à y envoyer n'est même pas encore commencée ; tout son travail n'est qu'un tissu de réformes intérieures, les unes effectuées, les autres projetées, concernant la police, le commerce, les tribunaux, etc. »

Emportée loin de son véritable objet, non ; de l'objet auquel on avait prétendu la restreindre, oui. Le véritable objet de l'assemblée était l'établissement d'une constitution qui affranchît enfin la colonie. Si tout son travail n'est qu'un tissu de réformes, c'est qu'il y a beaucoup à réformer. A-t-elle réussi ? C'est une question que nous aurons à examiner ; mais les administrations qui lui avaient laissé tant à faire oubliaient quelle responsabilité leur incombait à

Juin 1790.

elles-mêmes par suite de la gravité des réformes à opérer, et de l'inexpérience de ceux qui se chargeait courageusement d'une tâche si difficile.

Duvergé imagine une ruse. — Le 7 juin, l'assemblée fit demander aux administrateurs la sanction de l'arrêté du 27 mai. Dans la crainte de compromettre des relations à l'aide desquelles ils espéraient obtenir une limite aux prétentions qui les effrayaient, Cossigny et Duvergé accordèrent cette sanction, mais *sous le bon plaisir de MM. les administrateurs en chef et à la condition expresse qu'il ne serait porté aucune atteinte aux lois qui régissaient la colonie jusqu'à ce qu'il plût au roi et à la nation de les changer.* Dans leur pensée, cette formule anéantissait (ce sont eux qui l'ont écrit) l'énoncé de l'arrêté du 27 : *Permanente, inviolable, ne pouvant être dissoute que par un décret,* etc. Sans se préoccuper de la ruse ainsi cachée, ou peut-être se promettant de la déjouer, l'assemblée décida que son arrêté, déjà publié et affiché, le serait une seconde fois en vertu de la sanction.

Le conseil supérieur refuse d'enregistrer l'arrêté du 27 mai. — Le 9 juin, l'assemblée envoya une députation au conseil supérieur, pour le prier d'enregistrer l'arrêté. Le conseil déclara, le 14, qu'il n'y avait lieu à délibérer, sauf pourvoi vers qui de droit, et, comme il n'avait plus d'affaires au rôle, il s'ajourna au premier lundi du mois suivant. Ce qu'il voulait, c'était que l'assemblée s'adressât aux administrateurs, pour que ceux-ci missent au bas de leur sanction une prière de procéder à l'enregistrement; il ne ferait plus alors de difficulté, et céderait, suivant l'usage, à la réquisition des administrateurs, après s'être donné le plaisir de dédaigner celle de l'assemblée et de se mettre en vacances immédiatement après. L'assemblée arrêta, le 16, qu'elle ferait une nouvelle prière d'enregistrer et demanderait au conseil une audience extraordinaire à cet effet.

Juin 1790.

L'assemblée annonce l'intention de supprimer les épices de la juridiction. — Le 17, elle invita les administrateurs à lui présenter un règlement qui supprimât les épices attribuées à la juridiction. Toucher ainsi à l'ordre judiciaire, était un avertissement indirect donné au conseil supérieur. Priée de revenir sur cet arrêté, elle déclara le maintenir. Les administrateurs demandèrent un mémoire au lieutenant de juge Beaumont, en lui disant que, faute d'excellentes raisons de sa part, ils se verraient obligés de faire le nouveau règlement, et l'engagèrent à renoncer de lui-même au droit d'épices, à l'exemple patriotique de toutes les juridictions du royaume.

L'assemblée s'empare du pouvoir législatif. — Le 26 juin (1), une députation remet aux administrateurs une adresse de l'assemblée leur demandant la suppression du règlement de la commune générale et leur agrément pour qu'un autre *qu'elle se propose de rédiger* y soit substitué. L'assemblée prétend donc modifier la constitution de la colonie par des règlements *qu'elle fera* en vertu des pouvoirs qu'elle s'attribue ! Les administrateurs s'émeuvent à cette pensée; ils répondent qu'ils accepteront avec reconnaissance le *projet* de règlement qu'elle voudra bien leur adresser pour les aider et les éclairer sur le règlement *qu'ils feront*.

L'assemblée comprend l'insinuation; elle s'irrite d'entendre les administrateurs lui contester le droit d'opérer dans le pays des réformes utiles et se réserver à eux seuls le pouvoir législatif. Le 1er juillet, les administrateurs écrivent que c'est avec une douleur égale à leur étonnement qu'ils ont appris l'effet produit sur l'assemblée par la lettre qu'ils ont eu l'honneur de lui adresser relativement à la commune; ils restent toujours avec le même désir de faire

---

(1) Le 27 juin 1790, le chevalier Bancks, arpenteur du roi, mourait à Saint-Denis.

Juillet 1790.

tout ce qui peut lui être agréable ; leur intention est de *suivre littéralement le règlement qu'elle leur communiquera*. Ces derniers mots sont à retenir ; ils s'expliqueront plus bas.

Ce n'était pas sans raison que Duvergé (car tout ceci est de lui) essayait de calmer l'assemblée. L'irritation avait été si vive, que, un membre ayant proposé qu'elle s'attribuât sur-le-champ les pouvoirs administratifs, le cri de *Vivre libre ou mourir !* avait été poussé, et que la motion eût été mise en délibération, si le président n'avait remarqué que l'on n'était pas en nombre. Là-dessus, nouvelle lettre des administrateurs, nouvelle protestation du désir de ne pas s'écarter du plan qui sera tracé. Sur cette affirmation, l'assemblée prononce, le lendemain, qu'il n'y a pas lieu à délibérer sur la motion de la veille, mais que le règlement arrêté par elle sera présenté sans délai à la sanction.

Voici la substance de ce règlement, qui porte la date du 3 juillet 1790 :

Il n'y aura plus de commune générale.

Il sera établi, dans chaque paroisse, une commune particulière et un receveur particulier.

Le receveur sera élu au scrutin dans une assemblée paroissiale.

Il sera chargé des recettes et des dépenses de la commune et rendra ses comptes tous les ans dans une assemblée paroissiale.

Il sera établi, dans chaque commune, un comité de huit membres élus au scrutin dans une assemblée paroissiale, qui en élira le président.

Les membres de ce comité seront changés tous les ans et ne pourront être réélus que l'année suivante.

Ce comité connaîtra des déclarations de marronnage et envois de détachements, des dépenses de la commune, de la direction des chemins et des noirs y affectés.

Un des membres du comité recevra les déclarations de

Juillet 1790.

marronnage, visera les mandats pour frais de captures et aura la police du bloc.

Un autre recevra et visera les recensements et les fera vérifier par le comité.

Un troisième aura la police des noirs de commune et la surveillance des outils.

Deux autres auront l'inspection des travaux et la direction des chemins.

Le piqueur destiné à la conduite des travaux sera présenté par le comité à l'acceptation de l'assemblée paroissiale.

Un chapitre en douze articles est consacré aux déclarations de marronnage et aux envois de détachements; un autre en vingt-cinq articles aux prix des captures, aux recensements et aux taxes à payer par tête d'esclave.

Telle fut la première loi municipale de Bourbon, loi primitive d'une commune primitive, où trente-sept articles contre quatorze étaient donnés aux nécessités d'une institution absorbante qui n'existe plus. Elle avait le tort, facile à comprendre et presque inévitable alors qu'elle consacrait les droits ressuscités du peuple, d'exagérer la compétence des assemblées populaires, de la faire intervenir avec une fréquence qui entretenait l'agitation des esprits et enlevait trop souvent le colon à ses travaux. Cette faute se retrouvera dans toute la législation de l'époque, de même qu'une fâcheuse mobilité dans les fonctions publiques et l'exclusion systématique de l'expérience acquise.

Nouvelle ruse des administrateurs. — Ce n'était pas là ce qui préoccupait les administrateurs auxquels on demandait leur sanction. Ils se disaient que sanctionner purement et simplement un règlement, c'était reconnaître à l'assemblée générale le droit de leur enlever le pouvoir législatif qu'ils avaient exercé jusque-là sans partage et de se l'attribuer à elle-même, alors qu'elle n'existait que pour nommer des

Juillet 1790.

députés aux états généraux. Que l'assemblée générale, à Bourbon, fît bien, comme la Constituante à Paris, d'opérer *proprio motu* des réformes utiles qu'on lui eût fait attendre aussi longtemps qu'on aurait pu, ce n'est pas douteux pour moi; je ne considère ici que l'embarras des administrateurs, qui devaient se demander quel compte ils rendraient un jour du pouvoir qui leur avait été confié, s'ils l'abandonnaient à l'assemblée. Résister nettement, ils ne le pouvaient pas plus que le malheureux Louis XVI; il leur manquait ce qui fait la force, la conscience du droit; car il est des choses que l'on voit, quelque aveuglé que l'on puisse être par l'habitude et l'éducation.

Essayant donc ce qu'ils n'osaient avouer, ils eurent recours à l'arme du faible, et tentèrent de gagner au moins du temps par un subterfuge. Ils firent copier littéralement l'arrêté qu'on leur avait envoyé, et le retournèrent à l'assemblée avec l'en-tête que voici :

« David de Cossigny, maréchal des camps et armées du roi, commandant pour Sa Majesté à l'île de Bourbon,

« Et Pierre Rathier Duvergé, commissaire général des colonies, ordonnateur à l'île Bourbon et président du conseil supérieur de ladite île.

« Sur ce qui nous a été représenté par l'assemblée générale des représentants de la colonie de l'île Bourbon, qu'il était nécessaire d'avoir un nouveau règlement concernant les communes, celui fait par nos prédécesseurs, dont elle nous a demandé l'abolition, ne remplissant pas les vues qu'elle se propose pour établir l'ordre dans cette partie intéressante; désirant seconder de tout notre pouvoir le bien que se propose l'assemblée générale, nous estimons que nous ne pouvons mieux faire que de transcrire littéralement le règlement sage qu'elle nous a fait présenter de sa part; en conséquence, Nous, en vertu des pouvoirs à nous accordés par Sa Majesté, avons réglé et ordonné ce qui suit:

« Chapitre Premier, etc. »

Juillet 1790.

A la fin de la copie était écrit :

« Prions MM. les officiers du conseil supérieur de l'île Bourbon d'enregistrer le présent règlement, qui sera lu, publié, affiché partout où besoin sera, à ce que personne n'en ignore.

« Donné sous le sceau de nos armes et le contre-seing de nos secrétaires, à Saint-Denis, île Bourbon.

« Signé : Cossigny et Duvergé. »

Et plus bas :

« Gérard et Faciolle. »

En même temps, les administrateurs retournaient à l'assemblée, revêtu de leur sanction, le règlement tel qu'ils l'avaient reçu, lui laissant le choix de l'un ou de l'autre et faisant des vœux pour qu'elle choisît celui qu'ils avaient habillé de leurs couleurs. Une lettre accompagnait le tout :

3 juillet 1790.

« C'est avec satisfaction que nous apprenons journellement que l'assemblée générale des représentants de la colonie de Bourbon s'occupe des moyens d'établir un meilleur ordre de choses, notamment en ce qui concerne la commune, qui est plus particulièrement la chose propre de tous les habitants. Nous nous hâtons de lui renvoyer le règlement fait par elle, revêtu de notre sanction. Cependant veuillez nous permettre de vous faire observer que, d'après le serment que nous avons prêté d'être fidèles à la loi qui nous régit, jusqu'à ce qu'elle soit révoquée, nous croyons de notre devoir de mettre sous les yeux de l'assemblée générale notre règlement, qui est le sien propre, puisqu'il est littéralement transcrit sur celui qui nous a été remis de votre part. Cette réclamation de notre part est une suite de notre amour de nos devoirs, plutôt qu'une réclamation d'un pouvoir dont l'assemblée sera revêtue lorsqu'elle aura reçu authentiquement les décrets de l'Assemblée nationale sanctionnés par le roi.

« Signé : Cossigny et Duvergé. »

Juillet 1790.

Là satisfaction n'était pas aussi vive qu'on voulait bien le dire; on tenait ailleurs un autre langage, lorsque, par exemple, on écrivait à Dupuy :

6 juillet 1790.

« L'assemblée générale fait journellement des arrêtés qui tendent à s'emparer d'avance du pouvoir législatif. Le 3 de ce mois, elle a supprimé le règlement concernant la commune générale. Faut-il toujours céder ?

« Signé : DUVERGÉ. »

Dupuy répond :

« Ce qui vient d'être fait à Bourbon sur la commune n'est peut-être pas préférable au règlement émané de vous et de M. de Cossigny; mais la commune étant le principal objet dont s'occupent les municipalités, il faut regarder le décret de l'assemblée générale comme une préparation au régime futur, et comme la suite du désir de se conformer plus tôt à celui de l'Assemblée nationale. »

Duvergé, vieux bureaucrate, dont l'assemblée déconcerte les allures, à qui elle fait bien pénible la vie qu'il comptait mener bien douce à Bourbon au milieu de ses papiers, Duvergé a toujours peur de se compromettre ; il consulte Dupuy à tout propos, et voudrait l'engager, le charger de la responsabilité qui le trouble; Dupuy lui glisse entre les doigts.

La ruse est déjouée; les administrateurs demandent qu'on attende une réponse de l'île de France. — Il s'agissait, pour l'assemblée, de choisir entre les deux arrêtés, ou plutôt entre les deux formules; le débat fut long, mais, on devait le prévoir, les administrateurs en furent pour leurs frais d'habileté. L'assemblée arrêta qu'elle regardait comme nulle la réserve *sous le bon plaisir de MM. les administrateurs en chef*, portée dans la sanction donnée à l'arrêté du 27 mai. « La distance d'une île à une autre, dit-elle, et le droit que vous avez toujours eu de faire des règlements, nous donnent celui de sanctionner définitivement. » En conséquence, elle demanda la sanction pure et simple de l'arrêté du 27, avec la prière au conseil supérieur de l'enregistrer, et aussi la sanction de l'extrait qu'elle envoyait de son procès-verbal du 2. Cossigny et Duvergé répondirent, le 5 : « Nous vous renvoyons l'arrêté du 27 revêtu de notre prière au conseil d'enregistrement, que l'assemblée a jugée nécessaire pour la continuation de ses travaux. Quant au procès-verbal que l'assemblée désire pareillement que nous sanctionnions, avec prière au conseil d'enregistrer, afin d'annuler les mots : *Sous le bon plaisir de MM. les administrateurs en chef,* nous supplions l'assemblée de croire qu'il nous serait agréable de la satisfaire ; mais soumis, dans l'ordre du service, aux administrateurs de l'île de France, nous avons dû leur rendre compte de notre conduite ; nous en attendons une réponse. »

L'assemblée reprend la question des épices. — Le 7 juillet, Bertrand donne lecture d'une adresse aux administrateurs rappelant la demande à eux faite d'un règlement supprimant les épices perçues par la juridiction ; l'assemblée applaudit et agrée cette adresse à l'unanimité.

Enregistrement conditionnel de l'arrêté du 27 mai ; refus d'enregistrer le règlement de commune. — Le 12 juillet, arrivent deux arrêts du conseil supérieur. Le premier, du 9, ordonne l'enregistrement de l'arrêté du 27 mai, ensemble la sanction des administrateurs et leur prière aux fins d'enregistrement, à la charge par l'assemblée d'observer les ordonnances, décrets et édits du roi, à la charge par elle de se conformer aux règlements constitutifs du droit public en cette colonie, faits tant par les administrateurs que par le conseil supérieur ; en d'autres termes, à la charge par l'assemblée générale de maintenir ce qu'elle veut abolir. Le

Juillet 1790.

second arrêt, du 10 juillet, porte : « La cour, sur l'enregistrement demandé par l'assemblée de son règlement de commune sanctionné, déclare n'y avoir lieu à délibérer, sauf à l'assemblée à se pourvoir devers les administrateurs pour obtenir un règlement sur la commune ; » en d'autres termes, l'assemblée n'empiètera pas sur les attributions des administrateurs.

CHAPITRE IV

INSTRUCTIONS ET DÉCRET
DE
l'Assemblée nationale constituante du 28 mars 1790
et Arrêtés de l'Assemblée générale de l'île Bourbon

Mars 1790.

Je me bornerai à la substance de ces actes législatifs.

INSTRUCTIONS DU 28 MARS 1790.

1. Le décret de l'Assemblée nationale sur les colonies et la présente instruction ayant été envoyés au gouverneur de Saint-Domingue, le gouverneur sera tenu de les communiquer à l'assemblée coloniale, s'il en existe déjà une, de les notifier aux assemblées paroissiales et d'en donner la connaissance aux habitants de la colonie.

2. L'assemblée coloniale pourra déclarer qu'elle juge la formation d'une nouvelle assemblée coloniale plus avantageuse que la continuation de sa propre activité et, dans ce cas, il sera procédé aux nouvelles élections.

3. Si elle juge sa continuation plus avantageuse, elle pourra commencer à travailler suivant les indications de l'Assemblée nationale, mais ne pourra user de la faculté de mettre certains décrets à exécution jusqu'à ce que la colonie ait approuvé sa continuation.

4. Toutes les personnes âgées de 25 ans, propriétaires d'immeubles ou domiciliées dans la paroisse depuis trois ans et payant une contribution, se réuniront en assemblée paroissiale.

8. Le nombre des députés à envoyer à l'assemblée colo-

Mars 1790.

niale sera de 1 pour 100 citoyens, en observant que la dernière centaine sera censée complète par le nombre de 50. Il sera nommé 2 députés pour 150 citoyens, 3 pour 250, sans avoir égard au nombre fractionnaire au-dessous de 50. Les paroisses ayant moins de 100 citoyens nommeront toujours 1 député.

9. Les assemblées paroissiales procèderont dans la forme qui leur paraîtra la plus convenable.

10. Les députés ne pourront être gênés quant à leur opinion par aucun mandat, ni soustraits à l'empire de la majorité.

11. Les députés se rendront à Léogane et détermineront le lieu où devra siéger l'assemblée coloniale.

17. Les lois destinées à régir les colonies, préparées dans leur sein, ne sauraient être définitives avant d'avoir été décrétées par l'Assemblée nationale et sanctionnées par le roi. Les lois purement intérieures pourront être provisoirement exécutées avec la sanction du gouverneur, en réservant l'approbation définitive du roi et de la législature française; mais les lois proposées qui toucheraient aux rapports extérieurs ne sauraient recevoir aucune exécution même provisoire avant d'avoir été consacrées par la volonté nationale.

18. Le roi, chef suprême du pouvoir exécutif, des tribunaux, de l'administration et des forces militaires, sera représenté dans la colonie par un gouverneur, qui exercera provisoirement son autorité.

DÉCRET DU 28 MARS 1790.

L'Assemblée nationale, après avoir entendu la lecture des instructions rédigées par le comité des colonies en exécution de son décret du 8 du présent mois pour les colonies de Saint-Domingue..., de la Martinique, de la Guadeloupe..., des îles de France et de Bourbon, déclare adopter lesdites instructions, décrète que le roi sera prié de les approuver et de les envoyer aux gouverneurs des colonies.

Juillet 1790.

ARRÊTÉ SUR LES GARDIENS.

19 juillet 1790.

Les noirs gardiens ne porteront pas d'armes à feu.

Ils n'auront d'autre arme que la sagaïe, sinon le maître paiera une amende.

Ils ne se serviront de leur sagaïe que s'ils sont attaqués par un noir plus fort qu'eux ou par plusieurs.

Si un gardien, en se défendant, tue ou blesse, il en avertira sur-le-champ son maître ou le plus proche voisin et déclaration sera faite aux officiers municipaux.

Le commissaire de police procèdera à une enquête qui sera communiquée aux officiers municipaux.

Le blessé sera envoyé à l'hôpital et avis sera donné à son maître.

Si un noir tué était inconnu, son signalement serait envoyé dans tous les quartiers.

Si un gardien était tué à son poste, les maîtres des assassins en paieraient le prix à dire d'experts; s'il n'était que blessé, ils paieraient le traitement et les journées.

Les gardiens ne poursuivront personne hors des bornes de la propriété de leur maître.

Tout gardien avertira la nuit de sa présence par un feu allumé dans sa case.

Tout voleur arrêté sera conduit avec son vol au commissaire de police.

Tout habitant donnera les noms de ses gardiens à la police.

RÈGLEMENT

pour l'organisation des municipalités, décrété par l'Assemblée nationale le 14 décembre 1789, adopté par l'assemblée coloniale avec des modifications.

23 juillet 1790.

Tout citoyen actif pourra concourir à l'élection des membres du corps municipal.

Juillet 1790.

Pour être citoyen actif, il faut : 1° être Français ou devenu Français; 2° être majeur de vingt-cinq ans; 3° être domicilié de fait dans le lieu au moins depuis un an; 4° payer une contribution de trente sous au moins.

Les serviteurs à gages ne sont pas citoyens actifs.

Sont exclus les banqueroutiers, les faillis, les débiteurs insolvables; sont exclus les enfants qui retiennent une portion des biens de leur père mort insolvable, sans avoir payé leur part virile de ses dettes, excepté les enfants mariés qui ont reçu des dots avant la faillite ou l'insolvabilité de leur père.

Un citoyen, pour être éligible aux charges municipales, paiera en outre une contribution directe de 15 livres, à moins qu'il ne réunisse les trois quarts des voix.

Le chef du corps municipal s'appellera maire.

Les assemblées de citoyens actifs seront convoquées par le corps municipal huit jours à l'avance. La séance sera ouverte en présence d'un citoyen chargé par le corps municipal d'expliquer l'objet de la convocation.

Chaque assemblée se donnera un président et un secrétaire, à la simple pluralité relative des suffrages en un seul scrutin recueilli et dépouillé par les trois plus anciens d'âge.

Chaque assemblée nommera ensuite, par le même procédé, trois scrutateurs.

Les parents et alliés au degré de père et de fils, de beau-père et de gendre, de frère et beau-frère, d'oncle et neveu ne pourront être en même temps membres du corps municipal.

Les citoyens occupant des places de judicature ne pourront être membres d'un corps municipal.

Les maires seront élus à la pluralité absolue des voix.

Les autres membres du corps municipal seront élus au scrutin de liste double.

Après les élections, les citoyens actifs ne pourront rester assemblés, ni s'assembler sans une convocation du conseil

Juillet 1790.

général de la commune, qui ne pourra la refuser au tiers des citoyens actifs.

Le nombre des membres du corps municipal sera fixé en raison de la population; il n'y en aura pas moins de trois, y compris le maire, dans la paroisse la moins peuplée.

Les curés sont éligibles.

Il y aura, dans chaque municipalité, un procureur de la commune sans voix délibérative, chargé de poursuivre les affaires de la commune et de défendre ses intérêts. En cas d'empêchement, il sera remplacé par un notable. Il sera nommé dans la même forme que le maire.

Les citoyens actifs nommeront, par un seul scrutin de liste et à la pluralité relative des suffrages, un nombre de notables double de celui des membres du corps municipal.

Ces notables formeront, avec le corps municipal, le conseil général de la commune et ne seront appelés que pour les affaires importantes.

Un secrétaire-greffier sera nommé à la pluralité relative des suffrages.

Un trésorier sera nommé à la pluralité absolue.

Chaque corps municipal de plus de trois membres sera divisé en conseil et en bureau.

Le bureau sera composé du tiers des officiers municipaux, y compris le maire, qui en fera toujours partie; les deux autres tiers formeront le conseil.

Les membres du bureau seront choisis par le corps municipal tous les ans et pourront être réélus pour une seconde année.

Le bureau sera chargé des soins de l'exécution et borné à la simple régie. Dans les municipalités de trois membres, l'exécution sera confiée au maire seul.

Le conseil municipal s'assemblera au moins une fois par mois. Il arrêtera les comptes du bureau, après quoi les membres du bureau auront voix délibérative.

Toutes les délibérations seront prises par le conseil et le

bureau réunis, excepté celles relatives aux comptes du bureau.

La présence des deux tiers des membres du conseil sera nécessaire pour recevoir les comptes du bureau et celle de la moitié plus un des membres du corps municipal pour les autres délibérations.

Les officiers municipaux et les notables seront élus pour deux ans et renouvelés par moitié chaque année. Le sort désignera les sortants.

Le maire restera en exercice pendant deux ans. Il pourra être réélu pour deux autres années, mais ensuite après deux ans. De même pour le procureur de la commune.

Les assemblées d'électeurs pour les renouvellements annuels se tiendront le premier dimanche après le 15 juillet.

En cas de vacance des places de maire ou de procureur de la commune il sera convoqué une assemblée extraordinaire.

Il sera pourvu aux vacances du conseil municipal par l'accession du notable qui aura obtenu le plus de suffrages.

Le secrétaire-greffier et le trésorier seront remplacés par une assemblée de paroisse extraordinaire.

Les municipalités exerceront leurs pouvoirs sous la surveillance et l'inspection de l'assemblée générale.

Elles auront le droit de requérir la force publique.

Les fonctions municipales et celles de la garde nationale sont incompatibles.

Les délibérations relatives aux affaires graves pour lesquelles la convocation du conseil général est nécessaire, ne pourront être exécutées qu'avec l'approbation de l'assemblée générale.

Les comptes des bureaux reçus par le conseil municipal seront arrêtés définitivement par l'assemblée générale.

Les citoyens actifs pourront prendre au greffe, sans déplacement et sans frais, communication des comptes et délibérations du corps municipal.

Le citoyen qui se croira lésé s'adressera à l'assemblée générale.

Juillet 1790.

Tout citoyen actif pourra dénoncer les délits d'administration des officiers municipaux, après avoir soumis sa dénonciation à l'assemblée générale qui la renverra à qui de droit.

Les citoyens actifs ont le droit de se réunir paisiblement et sans armes, pour rédiger des adresses, sous la condition d'avertir les officiers municipaux et de ne pouvoir députer plus de dix citoyens pour présenter ces adresses.

RÈGLEMENT CONCERNANT LA GARDE NATIONALE.

27 juillet 1790.

Tout citoyen français ou naturalisé, domicilié dans la colonie, sera tenu, de quinze à cinquante ans, de faire le service de la garde nationale dans sa paroisse.

Les citoyens se réunissent eux-mêmes au nombre de cinquante-trois pour former une compagnie.

Chaque compagnie sera composée de un capitaine, un lieutenant, un sous-lieutenant, deux sergents, quatre caporaux et quarante-quatre fusiliers, plus un tambour noir.

Les citoyens en nombre excédant au-dessous de trente-six seront répartis dans les autres compagnies et y concourront aux élections. Si le nombre excédait trente-six, une nouvelle compagnie serait formée.

Chaque compagnie élira ses officiers au scrutin individuel à la pluralité absolue.

Les bas officiers seront élus au scrutin de liste simple à la pluralité relative.

Les capitaines devront avoir au moins vingt et un ans, les lieutenants et sous-lieutenants au moins dix-huit ans.

La durée du grade ne sera que d'une année, sauf réélection pour une seconde année; il faudra ensuite une année d'intervalle.

Les officiers porteront l'épaulette de leur grade. Ceux qui cesseront d'être en exercice deviendront simples fusiliers.

Juillet 1790.

Il sera nommé, dans chaque paroisse, par les compagnies réunies, au scrutin et à la pluralité absolue, un major commandant, un sergent-major et un caporal-major.

Les brevets des officiers seront expédiés par les municipalités et visés par l'assemblée générale.

Sur trois compagnies une sera affectée au service de l'artillerie, sinon quelques gardes nationaux et un officier y seront affectés.

Là où il y aura plus de trois compagnies, on pourra former une compagnie de dragons, sujette au même service que les autres.

Là où il y aura assez de noirs libres pour former une compagnie, ils se réuniront entre eux, choisiront leurs officiers parmi les blancs, leurs bas officiers parmi eux. Si leur nombre n'est pas suffisant pour une compagnie ils seront néanmoins réunis en corps et commandés par un sous-lieutenant blanc et des bas officiers.

L'uniforme sera le même dans tous les quartiers, sans que personne y soit assujetti.

Les compagnies prêteront, entre les mains des officiers municipaux, le serment de maintenir la constitution, d'être fidèles à la nation, à la loi et au roi, d'obéir à la discipline militaire et de prêter main-forte aux officiers municipaux.

Le maire donnera le mot d'ordre, que le commandant de l'île enverra dans chaque quartier pour un mois.

En cas d'insurrection dans une paroisse, la municipalité ou la garde nationale de la paroisse voisine et au besoin toutes celles de la colonie prêteront main-forte.

POLICE DES CANTINES.

27 juillet 1790.

Tout cantinier ou cabaretier viendra déclarer à la police l'espèce et le prix des boissons qu'il débite.

Les personnes qui feront tenir des cantines par des commissionnaires seront responsables des actes de leurs commissionnaires.

Juillet 1790.

Aucune cantine ne pourra être tenue par un noir.

Les officiers de police n'autoriseront des cantiniers qu'après avoir reconnu leur conduite irréprochable.

Toute vente de vin au-dessous de douze bouteilles, d'eau-de-vie ou d'arak de six bouteilles, sera réputée vente au détail, et constituera une cantine.

Tout cantinier posera au-dessus de sa porte un écriteau avec les mots : *Cantine publique*.

La police fera l'inspection des boissons.

Toute altération, même inoffensive, des boissons est interdite.

Nul ne pourra donner à boire ou à jouer pendant les offices divins et après le coup de canon de retraite.

Il est défendu de donner à boire aux gens ivres.

Les cantiniers renverront les noirs aussitôt qu'ils auront bu un coup modéré d'eau-de-vie.

Aucun esclave ne pourra acheter une bouteille d'eau-de-vie sans un billet de son maître, lequel billet sera retenu par le cantinier.

Les cantiniers ne pourront recevoir en paiement des noirs que de la monnaie.

Ils ne pourront recevoir de personnes inconnues aucunes nippes, hardes ou effets quelconques.

Il est défendu à toute personne libre de rien acheter d'un esclave à moins d'un billet du maître daté du jour même.

Tout colportage quelconque est défendu dans les habitations.

Les cantines établies dans les habitations, sur les chemins qui y conduisent ou sur les grandes routes sont abolies.

Tout citoyen dénoncera à la police les infractions au présent règlement.

La police veillera aux poids et mesures.

Les assemblées paroissiales pourront faire au présent règlement des additions qui seront soumises à l'assemblée générale.

Juillet 1790.

Les officiers municipaux n'autoriseront pas une cantine dans un endroit isolé.

Les officiers municipaux seront personnellement responsables de l'exécution du présent règlement et du paiement des amendes.

Aucun officier municipal ne pourra s'asseoir dans une cantine.

Le présent règlement, qui n'a été que lu à l'assemblée générale sera exécuté provisoirement.

RÈGLEMENT DE POLICE.

24 et 28 juillet 1790.

Dans les différents quartiers, le premier officier municipal veillera au maintien du bon ordre, recevra les plaintes, décidera conjointement avec les autres officiers municipaux des punitions et des amendes.

Chaque municipalité pourra avoir, si la paroisse le trouve convenable, deux ou quatre gardes payés par la commune, pourvus d'une commission d'huissier et chargés des exploits relatifs aux amendes et aux deniers de la commune, leur traitement, à la charge de la commune, sera fixé par l'assemblée du quartier.

En cas de troubles, si les gardes de police ne peuvent ramener le bon ordre, les officiers municipaux requerront la garde nationale, à la tête de laquelle l'un d'eux marchera.

En cas de troubles ou de crime quelconque, les officiers municipaux feront sur les lieux une instruction sommaire et enverront les coupables présumés par-devant les tribunaux.

Les officiers municipaux pourront établir des patrouilles dans leurs paroisses.

Toute personne débarquée dans la colonie, si elle n'est attachée à un corps, se présentera dans les vingt-quatre heures à la municipalité pour y déclarer son nom, sa qualité, le lieu d'où elle vient, ce qu'elle vient faire, etc., après quoi il lui sera délivré un certificat attestant qu'elle a rempli cette formalité.

Tout blanc inconnu, sans aveu, rencontré dans les rues le jour ou la nuit, sera conduit à la municipalité.

JURISPRUDENCE CRIMINELLE.

1er septembre 1790.

L'assemblée générale adopte le décret de l'Assemblée nationale réformant quelques points de la jurisprudence criminelle.

Dans les lieux où il y a des tribunaux établis, la municipalité choisira des notables parmi lesquels seront pris les adjoints qui assisteront à l'instruction des procès criminels.

Ces notables devront avoir vingt-cinq ans, savoir signer et seront renouvelés tous les ans. La liste de leurs noms sera déposée au greffe.

Aucune plainte ne pourra être présentée qu'en présence de deux adjoints amenés par le plaignant à son choix.

Les procureurs généraux, du roi ou fiscaux qui accuseront d'office, déclareront s'ils ont un dénonciateur et donneront son nom, afin qu'il soit connu du juge et des adjoints avant l'information.

Tout procès-verbal sera dressé en présence de deux adjoints, qui pourront faire au juge leurs observations, dont il sera fait mention.

L'information qui précédera le décret continuera d'être faite secrètement, mais en présence de deux adjoints.

Dans le cas d'une information urgente les adjoints pourront être remplacés par deux habitants.

Les décrets d'ajournement personnel ou de prise de corps ne pourront être prononcés que par trois juges ou par un juge et deux gradués. Aucun décret de prise de corps ne pourra être prononcé contre les domiciliés que dans le cas où il pourrait écheoir peine corporelle, sauf le cas de flagrant délit ou de rébellion à la justice.

Septembre 1790.

L'entrée de la prison sera toujours permise aux conseils choisis par l'accusé ou que le juge lui aura nommés d'office.

Aussitôt que l'accusé sera constitué prisonnier ou se sera présenté, tous les actes de la procédure seront faits contradictoirement avec lui publiquement, toutes portes ouvertes et dès ce moment l'assistance des adjoints cessera.

Dans les vingt-quatre heures de l'emprisonnement le juge fera paraître l'accusé devant lui et le renseignera sur tout ce qui pourra l'intéresser. L'accusé ne prêtera de serment que s'il veut alléguer des reproches contre des témoins.

Copie de toutes les pièces de la procédure sera délivrée sans frais à l'accusé, s'il le requiert, et son conseil aura le droit de voir les minutes.

La continuation de l'information sera faite publiquement, en présence de l'accusé, qui ne pourra interrompre les témoins.

Lorsque la déposition sera achevée, l'accusé pourra faire aux témoins, par l'organe du juge, les observations qu'il jugera utiles.

Les procès criminels ne pourront plus être réglés à l'extraordinaire que par trois juges au moins. Il sera ensuite, en présence de l'accusé, procédé au récolement des témoins et à leur confrontation.

Le conseil de l'accusé aura le droit d'être présent à tous les actes de l'instruction, sans pouvoir y parler au nom de l'accusé, ni lui suggérer ce qu'il doit dire.

L'accusé aura le droit de proposer en tout état de cause ses défenses ; les témoins qu'il voudra produire, sans être tenu de les nommer sur-le-champ, seront entendus publiquement. Il devra les faire assigner ou les indiquer dans les trois jours du jugement qui aura admis la preuve.

Le rapport du procès sera fait par un des juges, les conclusions du ministère public données et motivées, le dernier interrogatoire fait et le jugement prononcé, le tout en audience publique. L'accusé ne comparaîtra à cette audience qu'au moment de l'interrogatoire; mais son conseil pourra être présent pendant la séance entière et parler pour sa défense après le rapport, les conclusions et l'interrogatoire. Les juges se retireront en la chambre du conseil, opineront sur délibéré et reprendront incontinent la séance publique pour le prononcé du jugement.

Toute condamnation exprimera les faits qui l'auront motivée sans qu'aucun juge puisse jamais employer la formule : *Pour les cas résultant des procès.*

Le public se tiendra dans le silence et le respect dus à la justice.

L'usage de la sellette et de la question est aboli.

Aucune condamnation à une peine afflictive ou infamante ne pourra être prononcée qu'aux deux tiers des voix et la condamnation à mort qu'aux quatre cinquièmes.

PAPIER-MONNAIE.

Le 3 septembre 1790, l'assemblée générale arrêta un règlement sur le papier-monnaie; mais, le 11, Greslan pensa qu'il importait de suspendre l'enregistrement de ce règlement, parce que l'article 3 asservissait l'île Bourbon à l'île de France dans le partage des six millions. L'assemblée renvoya le règlement aux administrateurs en les priant d'y faire des changements; ceux-ci en référèrent aux administrateurs en chef.

Il y avait, à ce qu'il paraît, quelque chose d'obscur dans cet article 3, venu de l'île de France, qui parlait de 1,500,000 livres, et notre assemblée avait entendu que cette somme était fixée pour les deux îles ensemble. L'interprétation ainsi donnée et la crainte que nos finances ne fussent à la discrétion de nos voisins, firent demander qu'il y eût un million distinct affecté à Bourbon.

Cossigny et Dupuy répondirent, le 5 octobre :

« Vous nous parlez du papier-monnaie comme d'une ressource désirée par votre île autant qu'elle l'a pu être ici. L'expérience qui vient d'en être faite a trop bien réussi pour que nous ne vous donnions pas le consentement que vous demandez. Les deux premiers articles de notre règlement du 28 juillet demandaient un changement pour l'époque du rappel de l'ancien papier et de la mise en circulation du nouveau; sur cela point de difficulté. Le troisième établit qu'on s'arrêtera à un million au lieu de un et demi, comme à l'île de France. Nulle difficulté encore. Aussitôt le premier million dépensé, vous vous concerterez avec l'assemblée générale pour savoir s'il est convenable de faire sortir encore du papier. Ce qu'il y a de certain, c'est que nous avons déjà plus de deux millions dehors et que cela a redonné la vie à notre pauvre île. »

Le nouveau règlement modifié fut enregistré le 11 octobre 1790. Dès le lendemain, le papier-monnaie fut mis en circulation; on le reçut avec les marques de la plus vive confiance. Tout l'ancien papier resté dans le public était rentré; il n'y en avait que pour 2,684 livres 10 sous.

RÈGLEMENT POUR LE PAPIER-MONNAIE.

1. La portion du papier-monnaie qui n'est pas encore rentrée au Trésor y sera versée d'ici au 15 du présent mois de septembre, et convertie en traites sur les trésoriers généraux des colonies.

2. A compter du 15 septembre, le Trésor de cette colonie paiera en papier-monnaie toutes les dépenses à la charge de la nation et le trésorier établira en piastres à 5 livres 8 sous le calcul des acquits qui se payaient en piastres, dont le résultat sera remis en papier-monnaie à raison de 10 livres pour une piastre.

3. La somme de papier-monnaie donné ainsi en paiement par le trésorier de la colonie sera fixée pour le moment à un million. Celui restant des deux millions destinés à l'île Bourbon, suivant l'édit de juin 1788, demeurera en caisse jusqu'à nouvel ordre.

Octobre 1790.

4. Si le Trésor de la colonie se trouvait muni de piastres, la solde des troupes payée, ces piastres resteront en caisse et ne seront employées qu'après la mise en circulation du million papier-monnaie.

5. Les débiteurs du roi seront admis à payer en piastres à 10 livres, en fanons de 16 à la piastre, en papier-monnaie ou en billons.

6. Chaque pièce de billon conservera la valeur de 3 sous et 10 livres de billon vaudront 10 livres de papier ou une piastre.

7. La colonie renonce à l'article 6 de l'édit de création du papier-monnaie qui autorise la conversion de trois mois en trois mois en lettres de change sur France des trois quarts du papier-monnaie émis.

8. Les fournitures pour le service continueront à être payées en lettres de change sur le Trésor royal à six mois de vue ; les fournisseurs auront la liberté de demander du papier-monnaie à raison de 10 livres de ce papier pour 7 livres 10 sous en lettres de change.

9. Les administrateurs auront la liberté d'augmenter ou de diminuer la première mise en circulation du million de papier, même de retirer cette somme en entier, sur avis de l'assemblée générale.

Remarquons les dates sous lesquelles se présentent ces divers actes législatifs, du 19 juillet au 28, du 1er septembre au 3. Elles nous diront avec quelle rapidité l'assemblée générale expédiait ses travaux, dans son empressement d'en finir avec l'ancien régime, de combler des lacunes, de contourner des réformes utiles, peut-être un peu de donner la preuve de son activité et d'user de sa puissance. Quelquefois elle adoptait, avec certaines modifications, une loi venue toute faite de la métropole ; d'autres fois elle se bornait à entendre le rapport d'un comité, l'approuvait de confiance sur une première lecture, sauf à examiner plus tard ce

Octobre 1790.

qu'elle autorisait provisoirement. Faut-il blâmer ces législateurs improvisés, qui avaient conscience du devoir d'agir qui s'imposait à eux ? Au moins tout ce qu'ils ont fait respire la passion du mieux, le dévouement à la chose publique.

CHAPITRE V

INSTALLATION DES MUNICIPALITÉS

Juillet 1790.

L'assemblée générale, en lutte avec le conseil supérieur, est disposée à une concession. — L'assemblée générale semblait disposée à ne pas prolonger sa lutte avec le conseil supérieur ; plusieurs de ses membres étaient d'avis que l'enregistrement n'était pas nécessaire, qu'elle pouvait passer outre à l'opposition qu'elle rencontrait ; Bertrand lui conseillait de faire le sacrifice de ses droits, dans l'intérêt de la tranquillité publique. Alors, avec cette mobilité d'impressions, qui est le propre des réunions d'hommes, où aucun n'est personnellement intéressé quelquefois à la question qui s'agite, elle arrêta, le 13 juillet 1790, que, par amour de la paix, elle renonçait au règlement du 3 juillet fait par elle, que les administrateurs seraient invités à lui remettre le règlement intitulé de leurs noms, et qu'ils lui avaient déjà présenté, lequel serait envoyé par elle au conseil supérieur pour l'enregistrement.

Deux décrets et des instructions arrivent de France ; les esprits s'exaltent. — Le lendemain, 14 juillet, jour marqué pour les explosions populaires, même dans notre petit pays placé si loin du mouvement qui entraînait la France, le lendemain, un navire apporte un journal qui contient : 1° un décret de l'Assemblée nationale du 8 mars, invitant la colonie de Saint-Domingue à se donner une assemblée coloniale et des municipalités ; 2° des instructions rédigées pour l'exécution de ce premier décret et approuvées le 28 par l'Assemblée nationale ; 3° un second décret, du 28 mars,

Juillet 1790.

appliquant à toutes les colonies françaises de quelque importance le décret du 8 et les instructions du 28. Dès l'arrivée de ces actes législatifs, bien que la connaissance n'en fût venue que par des papiers publics sans aucun caractère d'authenticité, le calme qui comblait s'établir se dissipa tout à coup pour faire place à l'agitation, aux transports de la joie la plus vive.

L'assemblée se saisit des pouvoirs municipaux et invite les tribunaux à venir prêter le serment civique. — Aussitôt, le 15 juillet 1790, l'assemblée générale,

Considérant que l'île Bourbon est le seul endroit de l'empire français qui soit encore régi par les anciennes formes; que les municipalités sont établies dans toutes les villes, bourgs et villages du royaume; que l'île de France, notre voisine et notre sœur, jouit du même avantage;

Arrête à l'unanimité qu'elle se saisit de tous les pouvoirs municipaux, et qu'il sera établi des municipalités dans tous les quartiers de l'île, d'après les instructions données par l'Assemblée nationale;

Arrête qu'il sera fait invitation à MM. les officiers du conseil supérieur de venir en cette assemblée prêter serment à la nation, à la loi et au roi; que pareille invitation sera faite à MM. les officiers de la juridiction;

Que l'anniversaire de ce jour heureux, 15 juillet, sera célébré dans toutes les paroisses de l'île, et qu'il sera chanté un *Te Deum* chaque année au même jour, fête de notre bon roi Henri IV, si bien représenté par Louis XVI, l'auguste restaurateur de la liberté des Français.

Mouvement populaire. — « Les membres d'une assemblée qu'on appelle ici des *citoyens*, et qui est composée en grande partie de gens beaucoup plus à charge qu'utiles à la colonie, se rendent au gouvernement, pour demander à M. de Cossigny la permission de se former en garde nationale et de

Juillet 1790.

nommer leurs officiers, ne voulant plus qu'il soit question de milice coloniale. M. de Cossigny leur répond qu'il ne peut contrevenir ainsi aux ordonnances du roi, et leur conseille d'attendre qu'il y ait une municipalité, qui sera peut-être en droit de faire la corporation qu'ils demandent. Ils se transportent de là à l'assemblée, et, y entrant sans permission, sans se faire annoncer, ils crient qu'il faut s'ériger sur-le-champ en municipalité. » (Lettre de Cossigny et Duvergé aux administrateurs en chef de l'île de France, 19 juillet 1790.)

Duvergé (car c'est lui plutôt que Cossigny qui a rédigé cette lettre), Duvergé n'est pas tendre pour ceux qui troublent son repos; mais, quelque étroit sentiment qui ne lui ait fait voir que des perturbateurs dans ces *citoyens*, j'accepte son récit tel qu'il est présenté. Nous savons ce que valent ces *patriotes*, dès qu'un prétexte leur est donné pour descendre dans la rue; du bruit, des cris, des injures à l'autorité, des sommations impérieuses de tout changer à l'instant même, c'est à cela que se borne leur intervention dans des affaires qui passent leur portée, jusqu'au moment où ils vident la place publique, pour laisser à des esprits compétents, malheureusement rétrogrades parfois, le soin de régler, de réformer et d'administrer ce que la *vile multitude* n'aurait pu que bouleverser.

Te Deum. — Une députation porte aux administrateurs l'arrêté qui vient d'être pris, et les invite à un *Te Deum*. L'assemblée, accompagnée d'une foule de citoyens, précédée de tambours, le drapeau national déployé, se met en marche pour se rendre au gouvernement et ensuite à l'église. Les administrateurs viennent à sa rencontre. Le président les remercie de leur adhésion à l'arrêté de ce jour; Cossigny répond que tous les obstacles au bonheur de la colonie sont levés. On arrive à l'église, où le vice-préfet apostolique Durocher prononce un discours analogue à la circonstance;

Juillet 1790.

puis le *Te Deum* est chanté, pendant lequel deux salves de coups de canon sont tirés. « Nous avons accompagné l'assemblée à son local, et, après quelques petits discours de part et d'autre, ils nous ont fait la même politesse jusqu'au gouvernement. » (Duvergé.) Ah ! Duvergé, ce qu'il y a surtout de petit, c'est votre esprit.

Duplicité des administrateurs. — Le 16, l'assemblée demande aux administrateurs de sanctionner l'arrêté de la veille. « Nous l'avons sanctionné purement et simplement, écrit Duvergé à l'île de France, sachant bien que nulle expression ne pouvait préjudicier aux conditions sous lesquelles nous avions sanctionné l'acte par lequel elle s'est constituée. » En d'autres termes : « Nous considérons comme illégale et nulle la constitution de l'assemblée, par suite comme illégales et nulles toutes les décisions qu'elle prend ; cependant nous sanctionnons ces décisions, nous les déclarons légales et régulières. » Le lecteur verra ce qu'il doit penser de cette restriction mentale.

Au commencement de la séance du 15, lecture est donnée d'une lettre de Cossigny et Duvergé portant que les administrateurs généraux, sur le compte à eux rendu par ceux de Bourbon du vœu de l'assemblée générale relativement à deux places d'assesseurs vacantes au conseil supérieur, ont envoyé deux commissions en blanc pour être remplies au gré de l'assemblée. Les commissions sont remises à Louis-Marie Bertrand et à Louis, abbé Delruc, élus aux places vacantes.

La juridiction renonce aux épices. — On se rappelle que, le 17 juin, l'assemblée avait demandé aux administrateurs un règlement sur les épices ; que les administrateurs s'étaient adressés à la juridiction pour avoir les observations qu'elle pouvait faire à ce sujet, et que, le 7 juillet, l'assemblée était revenue sur cette matière.

Juillet 1790.

Le 23 juillet, Cossigny et Duvergé écrivent : « Nous mettons sous les yeux de l'assemblée le projet de règlement concernant la suppression des épices de la juridiction. Nous ne ferons notre prière au conseil supérieur de l'enregistrer que lorsque l'assemblée aura bien voulu nous dire si nous avons saisi le vrai sens de la demande qu'elle nous a faite par son adresse. Nous n'avons tardé si longtemps à répondre à l'assemblée que pour nous instruire à fond de ce genre d'impôt, qui pesait sur la colonie, ce qui nous a suffi pour le supprimer. »

Le 24, ils s'expliquent plus clairement sur le motif de leur retard, qui n'était pas précisément le désir de *s'instruire à fond de ce genre d'impôt*, et je crois que, si l'assemblée ne les avait pas quelque peu pressés, ils auraient très volontiers maintenu cet impôt, quel qu'en fût le poids sur la colonie. Le 24 donc, ils écrivent à Lefébure, procureur du roi : « Nous avons reçu l'expédition d'un arrêté de la juridiction relatif aux épices perçues par ce tribunal dans la revision des procès par écrit. Quelque démarche que nous ayons faite verbalement et par écrit auprès de MM. les officiers de la juridiction pour les prier de nous éclairer et guider dans la conduite que nous avions à tenir sur ce sujet, nous n'en avons reçu aucun secours. D'après ce retard, et pour satisfaire au vœu de toute la colonie, nous avons fait un règlement dont il vous sera donné connaissance. Au reste, nous ne pouvons qu'applaudir à la détermination que vous avez prise de faire vous-même l'abandon des épices. » Le retard n'avait donc pour motif que le désir de ne pas être trop pressant à l'égard de la juridiction; quant au genre d'impôt, on le connaissait à fond.

L'arrêté de la juridiction était du 22; il fut porté à l'assemblée générale le 24. Le procès-verbal s'exprime ainsi :

« M. de Périndorge, adjoint au lieutenant de la juridiction, est introduit, et remet un paquet adressé au président de l'assemblée, contenant une lettre signée de

Juillet 1790.

MM. Michault de Beaumont, lieutenant de juge, tenant le siège en l'absence de M. d'Etchéverry, juge royal, dans le moment en France; de Périndorge, adjoint au siège; Lefébure, procureur du roi, et Domars, greffier, par laquelle lettre il est dit que les soussignés ont arrêté et arrêtent unanimement qu'aucun d'eux, à compter de ce jour, ne percevra aucun droit d'épices pour la visite des procès par écrit, conformément au désir de l'assemblée générale de la colonie, manifesté dans son adresse à MM. les administrateurs, sans que néanmoins l'abandon momentané qu'ils font desdites épices puisse être regardé autrement que comme personnel à eux, se reconnaissant lesdits soussignés dans l'impossibilité de suivre ou d'attenter par le présent arrêté aux droits de leurs successeurs et de tout absent, droits qui appartiennent à des offices dont ils ne sont que maintenant dépositaires. »

Convocation des assemblées primaires pour les élections municipales ; l'assemblée se proroge. — L'assemblée générale n'attendit pas que son arrêté ci-dessus, daté du 23 juillet, fût terminé pour le faire exécuter; dès le 21, elle fit connaître son désir du plus prompt établissement des municipalités, et, le 22, une circulaire des administrateurs invitait les commandants de quartier à convoquer, pour le dimanche 1er août, les assemblées paroissiales à l'effet de procéder à l'élection des officiers municipaux. Il était naturel que les membres de l'assemblée générale désirassent rentrer dans leurs paroisses où ils pouvaient donner d'utiles conseils et quelques-uns poser leur candidature aux fonctions nouvelles. Le 28 juillet ils se prorogèrent donc au 23 août.

Reproches adressés à l'assemblée générale. — Malgré l'énergie et même l'activité déployées par la représentation de la colonie, plusieurs de ses membres lui avaient reproché,

Juillet 1790.

dans le cours de la session, de se laisser souvent distraire par des propositions et des discussions qui l'écartaient de son but et lui faisaient perdre un temps considérable. Il n'est pas nécessaire, pour l'admettre, de recourir aux preuves fournies par les procès-verbaux. L'assemblée se composait de 137 membres, et il en fallait 91 ou les deux tiers pour délibérer; c'était beaucoup trop dans un si petit pays, si neuf à ce qu'on lui demandait. Avec un seul député par chaque paroisse, c'est-à-dire 11 en totalité, ou 22, afin de tenir compte des absences possibles, les affaires eussent marché mieux et plus vite. Les grandes choses n'ont jamais été faites que par des individus, et, si quelquefois des corps y sont associés, c'est que des supériorités les dominent et les entraînent. Il est d'expérience que, dans les assemblées délibérantes, quelque nombreuses qu'elles soient, et précisément parce qu'elles le sont, l'action appartient à peu près exclusivement aux commissions, et, dans les commissions, aux rapporteurs. Le nombre n'a de puissance utile que dans ces moments où une pensée généreuse, comme une étincelle électrique, saisit toute une multitude et la précipite par l'enthousiasme contre un obstacle qu'un seul n'aurait pu vaincre; habituellement il a pour inconvénients le tumulte et la fatigue, les cabales, les majorités d'incapables et les absences qu'il dissimule.

Quel moyen employer pour remédier à ce mal des absences? Aucun. Villentroy propose que l'assemblée déclare responsables de tous inconvénients pouvant en résulter ceux qui lui font perdre un temps précieux; appréciation souvent impossible et responsabilité illusoire. Barré demande que les habitants invitent leurs députés à se rendre à leur poste, à jurer de ne pas s'absenter sans nécessité impérieuse; mais cette invitation et ce serment résultent du fait même de l'élection et de l'acceptation. Une autre assemblée prononce contre les absences illégales d'abord une amende, puis l'emprisonnement; qu'a-t-elle obtenu? Aucune contrainte

Août 1790.

matérielle n'est possible contre des hommes qui ont à fournir, sans salaire, un travail intellectuel; ils ne peuvent être obligés que par leur intérêt, leur conscience et les mœurs générales du pays.

Élections municipales. — Les 3, 4, 5 et 6 août il fut procédé, dans toute la colonie, aux élections des officiers municipaux et des notables de chaque municipalité.

A Saint-Denis, les élections se font le 3. Aussitôt l'assemblée paroissiale charge une députation d'aller demander au gouverneur que Bigault d'Aubreville, officier d'artillerie, emprisonné à la redoute, soit mis en liberté. C'est bien cela! Tout de suite on sort de ses attributions. Cossigny répond qu'il doit attendre les ordres de son supérieur auquel il a rendu compte de cette détention; que d'ailleurs un militaire ne peut obtenir une grâce de ce genre; que Bigault lui-même ne doit désirer la liberté qu'après punition consommée ou justification complète; que, si l'assemblée lui fait une adresse à ce sujet, il s'empressera de la transmettre à Conway. L'assemblée, mécontente, décide qu'elle ne fera pas d'adresse.

La municipalité de Saint-Denis se réunit; Te Deum. — Le 7 août, les habitants de Saint-Denis sont réunis en grand nombre à la loge des francs-maçons. Ils se dirigent vers l'église. Les gardes du corps municipal et un pion ouvrent la marche, suivis du tambour-major et des tambours de la garnison, après lesquels sont les maîtres des cérémonies, puis le drapeau et la garde nationale du quartier. Viennent ensuite le maire, les officiers municipaux, le président, les secrétaires et les scrutateurs de l'assemblée paroissiale, le procureur de la commune, le trésorier, le secrétaire-greffier, les notables, enfin la foule des citoyens.

Le vice-préfet apostolique est à la porte de l'église; il reçoit le salut du drapeau, et présente l'eau bénite au maire et au président de l'assemblée. La municipalité va prendre place dans le chœur. On annonce les administrateurs de la colonie. Les maîtres des cérémonies vont les recevoir au bénitier et les conduisent dans le chœur, avec leur cortège d'officiers militaires et de l'administration. Apparaissent MM. les officiers du conseil supérieur et de la juridiction. Chacun ayant pris place, la messe commence, pendant laquelle on entend un discours du vice-préfet apostolique au maire, le *Te Deum*, l'*Exaudiat;* les cloches sonnent, une salve est tirée de vingt et un coups de canon. La municipalité fait reconduire les administrateurs par une députation, va remercier le vice-préfet dans la sacristie, puis remonte à la loge. Elle y reçoit une lettre de Cossigny, qui lui annonce son prochain départ pour l'île de France, où il va remplacer Conway. L'état-major de la corvette l'*Utile* est introduit et complimente le maire sur son élection.

La municipalité demande l'hôtel du gouvernement et accepte les Étuves. — Le 9 août, la municipalité se déclare constituée et entre en exercice. Le 12, elle arrête qu'elle demandera un local à l'assemblée générale et lui proposera de décréter, Cossigny partant pour l'île de France, que le commandement particulier de l'île sera supprimé et le commandement de la garnison remis au chef des troupes ; que l'hôtel du gouvernement sera désormais affecté aux représentants de la colonie, à la municipalité de Saint-Denis, au conseil supérieur, à la police et aux prisons. Le 13 août, Cossigny et Duvergé répondent qu'au roi seul il appartient de décider de ce qui concerne son représentant dans la colonie; ils offrent les Étuves, que la municipalité accepte.

La municipalité prend le pas sur le conseil supérieur. — Le même jour, les officiers municipaux de Saint-Denis écrivent aux administrateurs :

« Nous avons l'honneur de vous transmettre copie du

Août 1790.

décret de l'Assemblée nationale du 30 décembre 1789, concernant la place que doivent occuper les corps municipaux dans toutes les cérémonies publiques, conçu en ces termes : « Les administrateurs de départements et de districts et les corps municipaux auront, chacun dans leur territoire, en toute cérémonie publique, comme représentant le peuple, la préséance sur les officiers et corps civils et militaires. » Nous avons l'honneur de vous prévenir que nous sommes suffisamment autorisés par ce décret à jouir des prérogatives qu'il accorde aux corps municipaux, et que nous entendons, en conséquence, avoir la préséance, dans toutes les cérémonies publiques, après MM. les administrateurs du roi, sur tous les corps civils et militaires. »

Le 15 août 1790, les officiers municipaux et les notables de la paroisse de Saint-Denis, au nombre de douze, s'assemblent, à deux heures de l'après-midi, dans la maison de M. Dupérier, notable, les Étuves étant en réparation. Le maire dit :

« Messieurs, nous nous sommes réunis pour nous rendre à la procession de ce jour fondée par le vœu du roi Louis XIII, qui a mis le royaume de France sous la protection de la Vierge. Permettez que je soumette à votre sagesse quelques réflexions sur le droit que nous allons nous arroger, qui, pour être fondé, me paraît dans ce moment prématuré. L'assemblée générale s'est investie des pouvoirs municipaux dans sa délibération du 15 juillet dernier, sanctionnée par les administrateurs de cette île. D'après son arrêté, nous sommes saisis des mêmes pouvoirs; mais elle n'a pas pourvu à l'exécution du décret de l'Assemblée nationale concernant les honneurs et les préséances accordés aux municipalités. Je pense qu'il serait prudent de surseoir à toutes démarches à cet égard, et de nous retirer par devers ladite assemblée pour avoir sa décision. Il est certain que le conseil supérieur est dans l'usage de jouir de la préséance dans les cérémonies publiques. Vous voulez lui contester ce droit. N'allons pas

Août 1790.

troubler une cérémonie religieuse par une contestation qui y serait déplacée. Ne cherchons pas à humilier le conseil; il est le gardien de la loi, à laquelle vous avez juré d'être fidèles. Attendons quelques jours que la question soit tranchée par l'assemblée générale, et, pour éviter toute discussion avec les corps de judicature, dans la procession de ce jour, abstenons-nous de nous y trouver en corps. »

C'était on ne peut mieux pensé; mais le moment appartenait à la passion. « La matière ayant été mise en délibération, il fut décidé, à la majorité de huit voix contre quatre, que le maire, les officiers municipaux et les notables se rendraient à l'église paroissiale pour assister aux vêpres, et que, en vertu du décret de l'Assemblée nationale du 30 décembre 1789, lequel donne la préséance aux assemblées administratives et municipales sur tous les corps civils et militaires, la municipalité de Saint-Denis prendrait le pas sur MM. du conseil et de la surintendance royale de cette île, à la procession qui devait avoir lieu ce jour.

« La séance étant levée, M. le maire, à la tête de MM. les officiers municipaux, précédés des gardes de la municipalité, s'est rendu à l'église paroissiale de Saint-Denis, dans l'intérieur du chœur, où il avait été disposé un fauteuil et un prie-Dieu pour M. le maire, et des chaises et banquettes pour MM. les officiers municipaux et notables, où ils ont pris place, jusqu'au moment où la procession s'est mise en marche. Alors M. le maire, MM. les officiers municipaux et notables ont suivi immédiatement MM. les administrateurs du roi. A ce moment, M. Fréon, second conseiller du conseil supérieur, et, en cette qualité, chargé de la police intérieure de la compagnie, s'est avancé du banc de MM. les conseillers vers M. le maire, et lui a adressé les paroles suivantes : « Vous avez, Monsieur, des prétentions, le conseil a des droits, et vous ne devez pas avoir le pas sur lui. » M. le maire lui a répondu que la municipalité avait la préséance en vertu d'un décret de l'Assemblée nationale, et a

Août 1790.

continué sa marche après MM. les administrateurs. A la sortie de l'église, les gardes de la municipalité se sont placés en tête, et ont fait retirer le sieur Lamothe, huissier, qui se trouvait en avant. Le tout s'est passé décemment et fort tranquillement, à l'exception de quelques mouvements empressés pour se former et prendre son rang. La procession a continué sa marche dans le plus grand ordre, et est rentrée après avoir fait le tour de l'église, et MM. les officiers municipaux et notables ont repris leurs places dans le chœur jusqu'à la fin de la cérémonie, après quoi ils se sont rassemblés pour clore le présent procès-verbal.

« Pour expédition : M. V. BARRÉ, secrétaire-greffier. »

Cossigny va remplacer Conway; il est remplacé par Chermont. — Le 15 août 1790, Cossigny, appelé à l'île de France pour y remplacer Conway, exprime, par une lettre, à l'assemblée générale ses regrets de partir avant la reprise des séances fixée au 23. Le 5 septembre, il annonce, de Port-Louis, le départ du chevalier de Chermont, colonel, envoyé pour prendre le gouvernement particulier de Bourbon.

L'assemblée n'est pas en nombre. — Les 23, 24, 25, 26, 27, 28 août, l'assemblée n'est pas en nombre pour délibérer. Les membres présents décident qu'ils viendront chaque matin dans la salle, et que, à partir du 31, la séance sera ouverte, en quelque nombre que l'on se trouve, après un coup de canon tiré à la redoute.

Le 24 août, visite à de Champ, commandant intérimaire, afin de lui porter les vœux de la colonie « pour la prospérité de notre glorieux monarque, dont la fête doit se célébrer demain. »

Traitement des députés à Paris. — L'assemblée, qui a déjà décidé que le député envoyé à Paris touchera 15,000 livres de traitement, et qu'un second député sera payé par des

Septembre 1790.

dons patriotiques volontaires, arrête, le 9 septembre 1790, que ce second député sera nommé le 1er octobre, si ce jour les dons patriotiques ont réalisé les 15,000 livres, et que chacun d'eux aura un suppléant. Le 7 février 1791, il fut décidé que les députés toucheraient 18 livres par jour comme ceux de la métropole.

Résultat des élections municipales. — Le 10 septembre, il est fait rapport à l'assemblée des élections municipales; elles ont donné le résultat ci-après :

Saint-Denis : De Lestrac, maire; Campenon, Levavasseur, Dujarday, Lemeur et Deville, officiers municipaux; Dureau, procureur de la commune; Victor Barré, secrétaire-greffier; Maurel, trésorier; Blandin, Jue aîné, Duperrier, Lavoquer, Bauchet, Diomat, Dubourg, Vergoz, Lalande, Desfosses, Rivière, médecin, Guillaume, Brugnier. Rivière, non acceptant, est remplacé par Dejean de Bellassise.

Sainte-Marie : De Guigné de Monrepos, maire; Flacourt et Bachelier, officiers municipaux; de Laporte, procureur de la commune; Tessier Beaufond, secrétaire-greffier; Desruisseaux, trésorier; Lemarié, Joseph Esparon, Joseph Welmant, Michel Esparon, Léguidec, Lucas Bachelier, notables.

Sainte-Suzanne : Joseph Léon, maire ; Desisles et Santuari, officiers municipaux; Advisse Desruisseaux, procureur de la commune ; Jacques Millier, secrétaire-greffier ; Adam, trésorier; Barneval, Jacques Hoareau, Piveteau, Pierre Grondein, Valentin de Serpe et Ducastaing, notables.

Saint-André n'a pas fait d'élections.

Saint-Benoît : Laisné de Beaulieu, maire; Bellier de Beaumont, Seré de La Villemarterre, Aguier, de Fondaumière et Périer d'Hauterive, officiers municipaux ; de Villeneuve Champierre, procureur de la commune; Du Trévou, secrétaire-greffier ; d'Ambelle, trésorier; Hubert, Maillot, Bernard, Guichard, L'Orangerie, François Grondein,

Septembre 1790.

J.-B. Maillot, Beaugendre, le chevalier Dulac, Pierre Boyer, Dubousquet, Jean-Marie Roland, notables.

Sainte-Rose: Dulac, maire; La Richaudie et Grosdidier, officiers municipaux; de La Caille, procureur de la commune; Des Rieux, secrétaire-greffier; Chatillon, trésorier; Étienne Ango, Laxalde dit Bayonne, Bernard, Pierre Houareau, Deschesses et Lassay, notables.

Saint-Paul : Bellier de Villentroy, maire; Chauvet, Désaunay, Barrois, le comte de Roburent, Gilbert, officiers municipaux; Guyot, procureur de la commune; Cuvellier, trésorier; Le Bœuf, secrétaire-greffier; Montbrun, Massé, Hoarau des Sables, chevalier de Roburent, d'Egmont, Champcourt, Véronge de Lanux, Jean Grimaud, Troussail, Caffarel, Ricquebourg, Francourt, La Rionday, notables.

Saint-Pierre : Motais, maire; Lebidan et Ferrières, officiers municipaux; Frappier, procureur de la commune; Lesport père, de Cambray, J.-B. Lauret, Hoarau, Rochecourt, Jean Fontaine, Robert Thompson, notables; Leclerc de Saint-Lubin, secrétaire-greffier; Rougemont, trésorier.

Saint-Joseph : Célestin Payet, maire; Dumont et Buffaed, officiers municipaux; Vincent Robert, procureur de la commune; Mallet, secrétaire-greffier; Olivier Fontaine, trésorier; Louis Lebreton, Cyprien Hoareau, Antoine Rivière, Gros, Pierre Thompson, Muller, notables.

L'assemblée générale décide qu'elle fera place à une assemblée coloniale. — Le 15 septembre 1790, l'assemblée générale des représentants de l'île Bourbon, après avoir pris connaissance de l'imprimé qui lui a été adressé par M. de Cossigny d'abord, ensuite par M. de Chermont, par leurs lettres des 5 et 10 de ce mois, ledit imprimé contenant les décrets des 8 et 28 mars de l'Assemblée nationale et les instructions y relatives;

Considérant que l'assemblée générale a été spécialement convoquée pour décider s'il serait envoyé une députation à

Septembre 1790.

Paris et procéder à la nomination d'un ou plusieurs députés;

Considérant que tous ses membres ont reçu de leurs commettants des pouvoirs spéciaux à cet égard;

Que son organisation actuelle à raison de 5 0/0 des citoyens recensants entraîne à des inconvénients;

Considérant que la formation d'une assemblée coloniale organisée d'après les nouvelles instructions sera plus avantageuse à la colonie que la continuation de la propre activité;

Persiste dans tous ses arrêtés et arrête que M. le commandant sera prié :

De faire assembler tous les citoyens actifs de chaque paroisse; de leur faire donner connaissance des décrets et instructions du mois de mars dernier; de faire procéder immédiatement à l'élection de députés à la nouvelle assemblée coloniale, pour lesdits députés se rendre à Saint-Denis et remplacer les membres de l'assemblée actuelle après la nomination des députés à l'Assemblée nationale.

L'assemblée se plaint de l'inexactitude de ses membres. — Le 21, l'assemblée, s'adressant aux habitants de la colonie, leur signale l'inexactitude de ses membres à se rendre aux séances et la nécessité où elle se trouve de délibérer quel que soit le nombre des membres présents. Elle a demandé, pour secouer la négligence et l'inattention, qu'un coup de canon fût tiré chaque matin, à huit heures, à la redoute. Pourquoi là-bas, si loin, au lieu de le faire tirer au milieu de la ville même, ou par la batterie de la Pointe-des-Jardins? Parce que, je le suppose, un coup tiré en pleine ville n'est qu'un seul coup, sec, aussitôt disparu, tandis que celui qui part de la plaine de la redoute nous revient prolongé, multiplié par les roulements du curieux écho que produisent les ravins de la montagne.

Dissidences dans l'assemblée. — Le 1er octobre 1790,

Octobre 1790.

le commandant de l'île et l'ordonnateur sont invités à venir à la séance. L'assemblée exprime le vœu que Chermont conserve le gouvernement de la colonie.

L'ordre du jour appelle la nomination des députés pour France. Tourris demande que cette nomination soit laissée à la prochaine assemblée. Du Trévou, de Saint-Benoît, déclare que lui et ses collègues protestent contre cette nomination par l'assemblée actuelle; semblable déclaration est faite par les représentants de Sainte-Suzanne.

Barré, de Sainte-Rose, dit que, dans l'assemblée, les abus semblent consacrés par l'usage; qu'ils viennent de l'influence exercée par Saint-Denis; qu'ainsi a été prise la résolution de délibérer, quel que soit le nombre des membres présents; les députés de Saint-Benoît l'appuient; Santussan, de Saint-Denis, proteste.

Barré ayant dit que la nomination de deux députés à 15,000 livres sera ruineuse pour la colonie, d'Egmont offre une pension de 797 livres qu'il vient de recevoir, et Desjardins le quart de son revenu, soit 5,000 livres par an, à consacrer au traitement du second député.

Élection de Villentroy. — L'assemblée consultée sur la question de savoir s'il sera procédé par elle à la nomination des députés, répond affirmativement par 67 voix sur 79 votants. Le scrutin ayant été ouvert, 69 voix sur 72 votants sont données à Villentroy, 28 membres s'étant abstenus et 37 étant absents.

Bertrand et Le Marchand suppléants. — Le 4 octobre, Bertrand est nommé premier suppléant, et Le Marchand, second suppléant. L'assemblée rapporte l'arrêté qui fait payer le second député par des dons volontaires.

L'assemblée générale se retire. — Le 5 octobre, l'assemblée générale,

Octobre 1790.

Considérant qu'elle n'a continué son activité que pour nommer la députation pour France; que, dans toutes les paroisses, on s'occupe actuellement de l'élection des membres de l'assemblée coloniale; que, ce jour, il ne s'est trouvé que 32 votants, dont la plupart désirent se retirer;

Arrête qu'une commission de cinq membres, adjointe au président et aux secrétaires, recevra, sans les ouvrir, les lettres adressées à l'assemblée générale et fera la remise de tous les papiers à la future assemblée.

La commission est composée de Domenjod, Le Marchand, Gonnefroy aîné, Michault d'Emery et Laval.

Le 17 août, le conseil supérieur avait déclaré incompatibles les fonctions de membre de la cour suprême et celles de député à l'assemblée générale. Le 15 septembre, Grinne se désista de sa qualité de député, et Bertrand, le 25. Il fut décidé qu'on attendrait la fin des vacances pour statuer sur Greslan, par égard pour l'ancienneté de ses services. Greslan offrit sa démission aux administrateurs, dans les premiers jours d'octobre, et ne l'envoya que le 22 novembre au conseil, qui l'accepta provisoirement.

CHAPITRE VI

SAINT-ANDRÉ

Août 1790.

Saint-André proteste contre le règlement municipal.
— L'assemblée générale avait à peine exprimé l'intention d'établir des municipalités dans la colonie, que Saint-André laissait voir l'esprit de contradiction et de résistance particulier à cette commune, en annonçant qu'il n'accepterait rien qu'au préalable il n'eût appris la suppression de la juridiction. Que chaque paroisse formule ainsi ses conditions, c'est le mandat impératif qui s'impose à ses représentants, c'est peut-être le fractionnement de la colonie en petits groupes ennemis les uns des autres et impuissants dans leur isolement.

Le 1er août 1790, les habitants de Saint-André, appelés à délibérer sur le règlement municipal, déclarent que l'article 42 ôtant aux citoyens le droit de juger eux-mêmes de la nécessité de convoquer le conseil général de leur commune, cet article ne peut subsister; que toute délibération concluant à la convocation du conseil général n'aura pas besoin de l'approbation de l'assemblée générale; que tous les comptes municipaux seront vérifiés et arrêtés définitivement, non par l'assemblée générale de la colonie, mais par l'assemblée particulière de la paroisse, après que lesdits comptes auront été reçus par le conseil municipal. En d'autres termes, Saint-André ne veut plus faire partie de la colonie; il se croit assez fort pour s'isoler dans une superbe indépendance.

Septembre 1790.

Vaines tentatives pour ramener les opposants. — Bruna, nommé maire par quelques-uns, s'étant imaginé qu'il ramènerait ceux qui refusaient de le reconnaître, Cossigny et Duvergé l'avaient autorisé à convoquer une assemblée paroissiale pour le 22 août. Il n'obtint rien et ne devait rien obtenir; car il y a toujours un parti pris, un mot d'ordre donné, dans une réunion électorale, et, si elle est nombreuse, des brise-raison bruyants, au service des meneurs, y rendent toute discussion impossible; on peut quelquefois y ramener quelques-uns, la masse jamais.

L'assemblée générale décida, le 31, que deux des opposants viendraient s'expliquer devant elle. Décision illusoire; pourquoi viendraient-ils? Pour entendre dire qu'ils avaient tort et se soumettre? Mais alors ils disparaissaient, ils n'avaient plus de rôle à jouer. Le 4 septembre ils n'étaient pas venus. « Il faut en finir, s'écrie Chantraine. — Attendez, dit Bédier Desjardins. J'offre de partir à l'instant même et d'aller reconnaître sur les lieux les dispositions des esprits. » A la bonne heure! celui-là ira vite. Il lui faut trois jours avant de donner de ses nouvelles. Il écrit, le 7, que l'adresse de l'assemblée, remise au curé, devait être communiquée à Odon Monnier, officier municipal; qu'elle a couru longtemps après ce Monnier; que le curé n'a donc pu la lire que le dimanche dernier; que les habitants de la paroisse ayant été tardivement avertis, il convient de surseoir à toute résolution. On est au mardi; l'assemblée indique le jeudi pour dernier délai. Le jeudi, on voit arriver, non pas les députés appelés, mais une lettre; elle est de Pierre Welment. Il se dit l'un des dix désignés par Saint-André; tous étaient prêts à partir, ils partaient; mais qui l'aurait prévu? L'un d'eux tombe malade; il faut bien que les autres attendent son rétablissement.

L'assemblée n'attend plus; elle prie le commandant de l'île de se rendre à Saint-André avec six commissaires, de tâcher d'y ramener la paix, d'examiner la nomination du maire et des officiers municipaux, de les installer, *si c'est le vœu de la paroisse*. Si c'est le vœu de la paroisse ! Mais on ne s'amusera donc plus là-bas ? On ne viendra plus crier, se compter à la porte de l'église, se provoquer sans jamais se toucher ? Que fera-t-on de toute sa journée du dimanche ? Quoi ! ils iraient tout bonnement permettre d'installer une municipalité, d'organiser un pouvoir au profit de l'une des deux bandes de braillards, qui ferait taire l'autre et l'écraserait de sa supériorité. Il faudra bien du temps et des désordres avant que les importants disparaissent et que leurs acolytes retournent à leurs plantations.

Commissaires nommés pour accompagner Chermont à Saint-André. — Six commissaires sont nommés pour accompagner Chermont à Saint-André. « Il sera écrit à Bellier, notre vénérable président honoraire, pour le prier de se joindre aux commissaires ; même prière sera faite à Hoarau des Sables, afin qu'il use de l'empire que l'amitié, le respect et les alliances lui donnent sur beaucoup d'habitants, pour les amener à une réconciliation fraternelle. » C'est ainsi que l'attaque se prépare au sein de l'assemblée générale ; Saint-André, de son côté, saura bien préparer sa défense et ne pas se laisser prendre au dépourvu. Le temps lui manque pour écrire une longue protestation ; il la fera courte, mais bonne, comme ceux qui, la veille d'une rencontre, n'apprennent qu'une seule botte, mais bonne. Voyez plutôt :

« Nous, habitants de Saint-André, protestons contre tout ce qui a été fait à l'assemblée générale, et demandons que les dernières instructions et le décret du 28 mars soient mis à exécution. » Rien de plus. Un courrier monte à cheval ; le soir il rapporte soixante et une signatures. Chermont peut arriver, on aura de quoi lui répondre.

Chermont échoue. — Le 18, Chermont écrit à l'assem-

Septembre 1790.

blée : « Après des débats infinis, qui n'ont pas permis que nous pussions être écoutés tranquillement, les opinions se sont réunies en tumulte pour demander de continuer l'ancien régime jusqu'à la promulgation du décret du 28 mars. Ce décret m'a été demandé non seulement à Saint-André, mais même par une députation de Saint-Benoît. » L'assemblée lui répond le même jour : « Nous vous invitons à envoyer dans toutes les paroisses les décrets et instructions de l'Assemblée nationale, ainsi que les arrêtés de l'assemblée générale des 15 et 17 de ce mois. Ceux qui vous ont parlé au nom du quartier Saint-Benoît, ont ou abusé de votre confiance, ou péché contre les formes, nulle députation ne pouvant exister sans que le quartier assemblé ait manifesté sa volonté par un procès-verbal. »

Compte rendu des commissaires. — Le 20, les commissaires rendent ainsi compte de leur mission : « La division est profonde dans la commune de Saint-André, entre les partis Bruna et Welment, qui se livrent à des scènes de violence et tiennent un langage peu convenable envers l'assemblée générale. La conduite de l'ancien commandant de la paroisse est énigmatique ; il affecte une neutralité d'où il est impossible de le faire sortir. »

Mathurin Robert. — Cet ancien commandant était Mathurin Robert, que nous retrouverons dans la suite, personnage prudent, habile à compromettre ses amis, sans se compromettre lui-même, parfois, emporté par la haine, ou l'ardeur de la lutte, plus souvent assis à l'écart, silencieux et indifférent, tandis que ses séides se jettent dans la mêlée. Son ignorance est profonde, il sait à peine écrire son nom, et il exerce autour de lui l'influence des hommes maîtres d'eux-mêmes, obscurs comme des oracles. Il remue sa paroisse par ceux auxquels il souffle qu'on abuse de leur docilité ; que l'assemblée, asservie à Saint-Denis, prétend as-

Septembre 1790.

servir les communes; qu'obéir à des tyrans est une lâcheté; que Saint-André doit défendre son indépendance. Deux partis divisent le canton; il n'appartient à aucun; tout entier à son égoïsme, il lui suffit de les inquiéter, de les contraindre à se préoccuper du poids qu'aux élections il peut jeter dans la balance. Quel but poursuit-il donc? Rien autre chose que la satisfaction d'une sourde jalousie. Il a été commandant de son quartier, il ne l'est plus, mais ceux qui le remplacent au premier rang sentiront quelle part il a gardée du pouvoir qu'ils exercent; et il ira semant la discorde, aigrissant les esprits, jusqu'au jour où, d'excès en excès, l'opposition qu'il fomente, sans portée, mais tenace et de tous les instants, quelquefois grossière, fatiguera si bien, que le pays en armes ne verra, pour en finir, d'autre moyen que de rayer Saint-André du nombre de ses communes.

Saint-Benoît imite Saint-André. — Quant à ce qui s'était passé à Saint-Benoît, le maire de ce quartier nous le dira dans une lettre à Chermont, du 19 septembre :

« J'ai l'honneur de vous prévenir que, ce jour d'hui, plusieurs habitants de cette paroisse m'ont témoigné, par la voix de MM. de Fondaumière et Champierre de Villeneuve, qu'ils désiraient vous demander communication des décrets des 8 et 28 mars. Je me suis rendu au lieu de l'assemblée, quoique la convocation n'eût pas été légalement faite. Le vœu général a été de vous demander, Monsieur, les décrets des 8 et 28 mars.

« Après cette délibération, le sieur Labaume ayant commencé la lecture d'un écrit anonyme commençant par ces termes : « Nos frères de la paroisse Saint-André, » etc., ayant cru d'abord que cet écrit était une copie de la délibération de la paroisse de Saint-André, dans l'assemblée de laquelle il a été mis en question si l'on voulait accepter l'ancien régime ou le nouveau, j'ai fait défense de continuer la

Septembre 1790.

lecture de cet écrit, attendu que la question posée à Saint-André était un blasphème contre la constitution française.

« Signé : LAISNÉ DE BEAULIEU,
Maire de Saint-Benoît. »

Un procès-verbal a été fait de cette réunion du 19 septembre. Il y est dit que Champierre de Villeneuve ayant offert de signer la pièce, lecture en a été donnée, puis que la pièce elle-même a été annexée au procès-verbal. La voici :

« Concitoyens de Saint-Benoît,

« Nos frères de la paroisse Saint-André nous ont montré, par leur fermeté, la route que nous devons suivre. Oui, ces braves concitoyens ont secoué les fers avec lesquels l'assemblée générale a enchaîné la colonie. Ne nous montrons pas indignes du nom de créoles en restant plus longtemps sous son joug ; demandons et obtenons, par notre fermeté, le décret de la nation du 28 mars, afin qu'il nous soit permis de nommer d'autres députés, qui formeront une assemblée générale de la colonie ; protestons contre tout ce que la première a arrêté. Sous le vain titre du mot Liberté, elle nous a faits ses esclaves. Brisons nos fers et crions tous : Vive la nation ! Vive le roi ! Vive la liberté de Bourbon !

« La paroisse de Saint-Benoît se compose de plus de trois cents personnes, qui doivent faire ou payer leur service. Quand nous disons payer, il est censé que celui qui fait le service d'un autre doit être payé par lui. Point du tout, nous ne sommes qu'environ cent cinquante qui faisons le service. Les autres paient peut-être ; mais notre tour vient aussi souvent et nous ne recevons rien.

« La commune particulière doit être moins coûteuse que la générale ; cependant nous ne payions auparavant que trente sous par tête de noir ; aujourd'hui on nous en fait payer quarante, et Dieu sait combien on nous fera payer l'année prochaine. N'attendons pas que nos chaînes soient

Septembre 1790.

plus fortes; il nous serait plus difficile de les briser. Ne souffrons point que l'assemblée qui existe à Saint-Denis nomme un, et encore moins deux députés pour France. Protestons contre cette nomination; rappelons les députés que nous avons à Saint-Denis; nommons sur-le-champ le nombre de députés que nous jugerons à propos, qui n'auront d'autre devoir à remplir que de faire connaître notre protestation; ordonnons à nos députés de revenir et de supplier M. le commandant de l'île de faire mettre à exécution le décret national du 28 mars. »

L'opposition à Saint-Denis. — Pourquoi l'opposition n'aurait-elle pas eu sa manifestation à Saint-Denis? L'arrêté sur la garde nationale disait, article 16, que là où il y aurait plus de trois compagnies, l'une d'elles *pourrait* se former en compagnie de dragons. Quelques-uns ayant pensé que cette formation était obligatoire, et non facultative, une assemblée primaire de Saint-Denis, tenue le 7 août, arrêta que la paroisse n'aurait pas de dragons, annulant ainsi une disposition émanée de l'assemblée générale. Une seconde assemblée primaire, le 12 septembre, déclare maintenir l'arrêté du 7 août.

Revenons à Saint-André. — 12 octobre 1790. Les habitants de Saint-André se réunissent à l'église, dès huit heures du matin, pour élire leurs députés à l'assemblée coloniale. Il s'agit d'abord de se donner un président; aussitôt le tumulte commence. « Il nous faut des scrutateurs, dit une voix. — Non, s'écrient d'autres; nommons par acclamation; ce sera plus tôt fait. » Ce fut si tôt fait que rien n'était fait à quatre heures et demie. Cependant le curé Rollin, agréable aux deux partis, est accepté comme président; on accepte George Noël comme secrétaire. L'appel nominal commence. Un, deux, trois noms sont appelés dans le silence; au quatrième un cri part de la chapelle de Saint-Joseph:

Octobre 1790.

« Effacez-le. — Pourquoi ? répliquent ceux de la chapelle de la Vierge. — Parce qu'il n'est pas propriétaire et ne paie pas d'imposition. — Pas propriétaire et ne paie pas d'imposition ! Qu'importe ? Il a vingt-cinq ans, il est Français, il est de la paroisse, il votera; tous nos fils voteront comme lui, ou ne feront aucun service. » Et la chapelle de Saint-Joseph de protester contre cette prétention illégale. Elle proteste si bien que, la dispute s'échauffant, ceux de l'autre côté sortent de l'église. Le curé court après eux et tâche de les ramener. « Non ; qu'ils sortent aussi et se mettent là devant nous ; il y en a beaucoup qui babillent là-dedans, et qui se tairont dehors. » Le curé les ramène, les calme un peu ; on vote ; mais voilà qu'on découvre, du côté de Saint-Joseph, huit, dix jeunes gens qui, sans droit de voter, prennent part à l'élection. Le tumulte recommence; le curé n'en peut plus, il s'en va, ceux de Saint-Joseph s'en vont. Les autres, ayant le champ libre, nomment par acclamation un président, et s'apprêtent à nommer de même les députés de la paroisse ; mais ils se voient en si petit nombre que, la nuit étant venue, ils s'en vont sans rien faire.

Le 17 octobre, on nomma Bruna président; puis, pour députés, François Richard, Bruna, Odon Monnier, Lécolier et Bocquin ; pour suppléants, Bourdier, Desorchères (c'est le frère de Bocquin), Jolimont, Morau, Pierre-Jean Welment et Mathurin Robert. L'assemblée s'ajourne au jeudi 21 pour la prestation de serment des députés, et les pouvoirs à leur donner.

Bruna écrit à Chermont :

« L'assemblée de jeudi dernier 21, a dû lever encore la séance parce que messieurs de l'opposition, persistant à nous faire la loi, ont voulu, ce jour-là, détruire ce qui avait été fait dans sa séance du 17, dans laquelle j'ai été élu président et ensuite député. La séance levée, ces messieurs décidèrent entre eux qu'ils s'assembleraient le dimanche 24. L'assemblée, en effet, a été tenue aujourd'hui

Octobre 1790.

en l'absence de la partie la plus saine du quartier. Soixante-quinze individus, dont plus de dix n'ont pas le droit de voter, se sont permis de nommer les députés de la paroisse, c'est-à-dire de casser les élections du 17, faites par 127 membres, majorité absolue de cette paroisse. Voilà donc dix députés élus au lieu de cinq. Ces messieurs redoublent d'arrogance; eux seuls ont le droit de parler dans une assemblée; voilà deux fois que le sieur Welment demande que l'on chasse M. Bocquin; mais celui-ci est intrépide. Nous sommes 132, les plus riches, et, j'ose le dire, les plus honnêtes du quartier. »

Dissidences à Saint-Benoît. — Le 16 octobre, les députés de Saint-Benoît ont connaissance d'un écrit signé de huit citoyens, laissant entrevoir des réclamations contre leur élection faite le 11 du mois par 99 votants; il leur suffit que ces huit habitants désirent qu'une nouvelle assemblée de paroisse procède à une nouvelle élection pour qu'ils se retirent et demandent eux-mêmes au commandant de l'île ce que veulent leurs adversaires. L'assemblée demandée confirme les opérations du 11; cependant les députés deux fois élus déclarent, le 27 octobre, qu'ils s'abstiendront de paraître à l'assemblée coloniale, parce que la validité de leur mandat doit y être contestée.

Partis Bruna et Welment à Saint-André. — En décembre 1790, Saint-André n'avait pas encore constitué sa municipalité. Les électeurs de la paroisse se réunissent le 13; mais la journée s'écoule en débats stériles et on s'ajourne au 16. Bruna, nommé maire le 13, se démet en déclarant qu'il ne veut rien être; il propose Bellier pour maire, et Welment pour major commandant de la garde nationale. Vingt voix s'élèvent, criant que l'on veut Welment pour maire et qu'il le sera. Parmi ces voix se remarquent celles de François Richard et de Mathurin Robert. Le scrutin a

Décembre 1790.

lieu, conformément, sans qu'il soit possible d'en reconnaître le résultat. Vers quatre heures, François Richard déclare qu'il ne signera rien et se retire; un grand nombre des siens le suivent, de sorte que, à deux ou trois électeurs près, aucun de ce parti ne signe le procès-verbal, ce que voyant le parti opposé se retire également sans signer. De 107 habitants qui avaient composé l'assemblée, il ne restait qu'une vingtaine, y compris les élus.

On vient en armes à l'assemblée primaire. — Le bruit s'étant répandu que les noirs préparaient une révolte, le parti Welment, qui avait semé ce bruit à dessein, vint en armes à une nouvelle assemblée indiquée pour le 24. Voyant leurs adversaires approvisionnés de poudre, balles et cartouches, quelques-uns du parti Bruna s'en allèrent chez eux prendre des fusils et des munitions; les autres restèrent, et lorsqu'ils demandaient pourquoi cet appareil, on leur répondait qu'il fallait bien être prêt contre les mesures ordonnées par Welment.

L'assemblée s'ouvre dans l'église. Bocquin fait observer qu'il faut, avant toute opération, nommer un président et un secrétaire. Bruna dit que l'assemblée n'est que la continuation de celle du 16 et que celui qui devait la présider étant absent, il faut appeler à la présidence le doyen d'âge, que c'est la règle. Mathurin Robert, Fauvel et autres disent qu'ils se moquent des règles, qu'ils veulent le curé Rollin. Le parti Bruna demande le scrutin. A ce mot, Mathurin Robert crie qu'il n'en a pas besoin et (se dirigeant vers la porte) qu'on n'a qu'à sortir, que la question se décidera dehors de la bonne manière, et il est appuyé par Fauvel, Benjamin Guondein, J.-B. Richard et J.-J. Maillot. Morau, un de ceux qui ne sont pas armés, dit : « Sortons, pour voir de quoi ces gens-là sont capables. » Le curé Rollin vient dans la mêlée, empêche qu'on ne sorte; ensuite s'étant porté dehors, il rentre en assurant que les choses ont changé de face, que l'on consent à nommer le président au scrutin, à ouvrir l'assemblée par l'appel nominal. On rentre, on procède à l'appel sur une liste si mal faite que le quart de l'assemblée n'y figure pas. Le curé Rollin est élu président.

Pendant que le secrétaire lit le procès-verbal du commencement de la séance, un grand bruit se fait entendre du côté du presbytère. Tout le monde s'y porte. Bocquin avait demandé la lecture du procès-verbal du 16, pour y faire des observations. C'était de lui, de sa réclamation que l'on parlait. Il est averti, il arrive. A peine il a paru que des cris furieux s'élèvent. Fauvel lui dit : « Vous mettez toujours le trouble dans l'assemblée ; il faut que cela finisse. Suivez-moi, si vous avez du cœur ; nous nous placerons à cinquante pas ; je veux vous exterminer aujourd'hui. » Bocquin lui répond avec calme ; Fauvel, plus irrité encore, le couche en joue trois fois, et l'aurait tué — est-ce bien sûr ? — si on ne l'en eût empêché. On s'indigne, on crie : Voilà bien pourquoi ces bruits de révolte ont été semés ; il faut savoir quels en sont les auteurs, et dénoncer au procureur du roi ceux qui provoquent les citoyens au combat. Beaucoup s'en vont avec Bruna. Pendant que le curé Rollin cherchait à les retenir, on entendait Mathurin Robert, qui, sorti ce jour-là de sa réserve habituelle, se démenait près du clocher, criant : « Qu'on plante deux pavillons ; nous verrons qui des deux partis abattra l'autre. » Qu'il plante donc lui-même un pavillon, qu'il commence, s'il a sérieusement envie de se battre ; mais non, il s'en ira, comme toujours, bornant ses exploits à des rodomontades.

Apparences de soumission de Saint-André. — Le 6 janvier 1791, une assemblée se tient en présence de Chermont, dont les efforts, à ce qu'il paraît, produisent un certain effet ; car, le 7, trente-six habitants, sachant ou ne sachant pas signer, déclarent « que leur intention est de se conformer exactement à tous les décrets de la nation qui auront été adoptés par l'assemblée coloniale, particulièrement à celui concernant l'organisation des gardes nationales adopté par toutes les paroisses de l'île ».

Assemblée tumultueuse, scène risible. — Le 23 janvier, nouvelle assemblée. Cent vingt à cent trente habitants sont autour de l'église. La messe dite, le curé Rollin les invite à entrer. L'ordre du jour est la formation des compagnies de la garde nationale. Bocquin, qui n'a pas peur du fusil de Fauvel, représente que déjà plusieurs assemblées ont eu lieu sans lecture des procès-verbaux antérieurs, ce qui est contraire à la loi; il demande qu'on les lise tous à partir du 13 décembre dernier. Le curé lui objecte qu'il s'agit en ce jour non plus de la municipalité, comme antérieurement, mais de la garde nationale. « L'un n'empêche pas l'autre, réplique Bocquin. Par la raison même que nous allons nous former en garde nationale, nous avons besoin de savoir ce qui s'est passé dans les assemblées précédentes, pour ne pas nous exposer à prêter serment entre les mains d'officiers municipaux qui n'auraient pas été régulièrement élus. J'insiste donc sur la lecture des différents procès-verbaux, celui du 16 décembre notamment; car il s'en faut de beaucoup qu'il constate des opérations en bonne forme. » Le curé s'émeut, car cette critique l'atteint, son élection ayant eu lieu ce jour-là; il donne sa démission de premier officier municipal. « Votre démission n'a rien à faire ici, lui réplique Bocquin; vous n'avez pas encore été reconnu. A qui du reste la donnez-vous? A une assemblée qui ne sait pas encore si vous avez été élu, qui ne pourra le savoir que lorsqu'elle aura sous les yeux un procès-verbal régulier qui le constate. » Le curé prend feu, il ne se possède plus, et lance à Bocquin ces mots peu parlementaires, comme on dirait aujourd'hui : « Vous êtes un imbécile. » On se figure l'effet produit, les éclats de rire mêlés aux cris de fureur, tout le désordre qui suit une pareille apostrophe. Enfin une

Avril 1791.

accalmie se faisant, le curé demande si l'on regarde les officiers municipaux comme dûment élus. Oui, dit une voix, une seule, celle de Mathurin Robert; les autres gardent le silence. Rollin dépose sa démission sur la table et se retire, toute l'assemblée avec lui. Cependant, au lieu de rentrer chez eux, les signataires de la déclaration du 7 et quelques-uns des leurs se réunissent chez Casimir Fin, pour procéder à la formation d'une seconde compagnie, la première étant déjà formée. On nomme les officiers de cette seconde compagnie, et, comme on n'est pas assez nombreux pour en former une troisième, il est convenu que l'on prendra jour pour une autre réunion, en faisant courir une liste dans les maisons. En attendant, le parti opposé, qui ne s'endort pas, se réunit et nomme les siens, Mathurin Robert en tête.

Un autre jour, dans une assemblée convoquée pour l'élection d'un juge conciliateur, le parti Welment déclare que ce juge est inutile, qu'on ne le nommera pas, et il se retire, paralysant ainsi toute opération. Les Bruna, de leur côté, après avoir fait la promesse, que nous connaissons, de se conformer aux décrets de l'assemblée coloniale, s'assemblent illégalement et nomment une nouvelle municipalité, malgré un décret du 12 février, qui confirme les élections du 16 décembre.

Vains efforts de l'assemblée coloniale pour ramener Saint-André. — L'assemblée coloniale s'adresse, le 14 avril, aux municipalités de Sainte-Suzanne et de Saint-Benoît, et les prie de faire une tentative pour ramener le calme chez leurs voisins de Saint-André; en même temps, elle demande au gouverneur une nouvelle proclamation des décrets concernant les assemblées paroissiales, les gardes nationales et l'administration de la justice. Mais tout Sainte-Suzanne n'est pas disposé à intervenir dans le sens qui lui est indiqué; une partie de ses habitants, par l'organe de Tourris, protestent, à l'exemple, disent-ils, de plusieurs paroisses de

Juillet 1791.

l'île, contre le travail de l'assemblée coloniale, qui ne peut que faire tomber la colonie dans la plus grande anarchie. A Saint-Benoît, au contraire, J.-B. Hubert Montfleury écrit que ses amis et lui, apprenant les protestations dirigées par certaines communes contre l'assemblée, croient devoir consigner leur adhésion à ses décrets dans un acte formel; ils ont dû comprendre que, après une déclaration de ce genre, ils n'avaient qu'à s'abstenir de toute intervention à Saint-André.

Chevalier, premier officier municipal. — Le 17 juillet, nouvelle assemblée à Saint-André. Il n'y a pas encore de maire; c'est Chevalier qui en remplit les fonctions. On nomme d'abord quatre députés : François Richard, Odon Monnier, Pierre-Jean Welment et Gourdet, puis l'on s'ajourne à quinzaine pour l'élection du maire et des officiers municipaux; mais on a omis de prêter le serment prescrit, on a voté à haute voix sur appel nominal, aucun électeur n'est inscrit sur le rôle de la garde nationale. Quarante-sept habitants protestent et se retirent. L'assemblée coloniale casse ces élections, ordonne qu'elles seront recommencées, et loue les quarante-sept qui ont refusé de prendre part à des opérations illégales.

Dans l'assemblée du 31 juillet, on discute de neuf heures du matin à trois heures de l'après-midi sans pouvoir se constituer. Le parti Chevalier se retire en s'ajournant à quinzaine; l'autre parti reste en place et nomme une municipalité avec Pignolet pour maire.

Pignolet, maire. — Le 14 août, jour indiqué par Chevalier, il pleut à torrents; l'assemblée se réunit le 22. Il fait beau le 22, mais la tempête est dans les esprits. Lecture est donnée de deux arrêtés de l'assemblée coloniale des 6 et 10 août, dont l'un annule les élections du 17 juillet et l'autre approuve la municipalité constituée le 31 avec Pignolet

Août 1791.

pour maire. L'assemblée paroissiale déclare « que les élections du 17 ayant été faites par la majorité des habitants, elle y persiste et les maintient; que, quant au serment, la constitution n'étant pas encore faite, elle attendra, pour le prêter, que la loi lui soit parvenue ; que, quant à l'arrêté qui établit la garde nationale avec soumission à la discipline et punition de vingt-quatre heures de prison, il blesse les droits des citoyens par des dispositions militaires; que la force publique habituellement en exercice comme obéissante n'aurait ni voix délibérative, ni influence sur la législation ; que les dispositions militaires ne conviennent nullement à l'état purement agricole de la colonie, les habitants ne pouvant être sans préjudice détournés de leurs travaux; que de plus, la sûreté intérieure dépend de la présence du maître au milieu de ses esclaves ; en conséquence, elle proteste contre les arrêtés du 6 et du 10 août, regarde comme irrégulières les élections du 31 juillet, nomme pour maire Chevalier, et l'invite à prendre les fonctions de juge conciliateur, que la loi lui attribue. »

Chevalier refuse de rendre les papiers de la municipalité. — Voici maintenant le parti opposé. Le 26 août, le conseil municipal étant assemblé en la maison de M. Casimir Fin, le maire (Pignolet) donne lecture d'une réponse qu'il vient de recevoir de Chevalier à la lettre d'invitation qu'il lui a écrite de se trouver à la séance du conseil municipal et de rendre au greffe de la municipalité les papiers qui sont entre ses mains. Chevalier refuse de rendre ces papiers. Le conseil décide que le maire lui écrira de nouveau.

Bâtons ferrés. — Le 27 août, Pignolet écrit à l'assemblée coloniale :

« Jamais séance n'a été plus orageuse que celle du 22. Les sieurs François Richard, Mathurin Robert, J.-B. Richard et Jacques Fauvel, soutenus par quarante et quelques person-

Septembre 1791.

nages, n'ont pas permis à l'officier municipal d'expliquer les motifs de la convocation. Il a toujours été interrompu par des clameurs. A deux reprises, M. Chevalier leur a fait observer combien ils avaient tort, mais sans succès. Armés de bâtons ferrés, ils étaient déterminés à maintenir par la force leurs élections illégales, disant que l'assemblée coloniale n'avait pas plus le droit de rejeter les députés de leur choix, que de les forcer à s'inscrire sur les rôles de la garde nationale. »

L'assemblée dénonce Saint-André au pouvoir exécutif. — Assemblée coloniale, séance du 8 septembre 1791. « L'assemblée, ayant pris lecture d'un écrit signé de cinquante-sept citoyens de Saint-André, auquel ont adhéré quatre autres citoyens, et sur lequel sont dénommés cinquante-trois comme n'ayant pu signer;

« Considérant que cet écrit manifeste une rébellion criminelle envers ses décrets et une désobéissance dangereuse envers le représentant du roi,

« Décrète que ledit écrit sera dénoncé au chef du pouvoir exécutif, avec invitation d'aviser aux moyens de rappeler à l'obéissance et à la soumission ceux des citoyens de la paroisse Saint-André qui s'en écartent par leur conduite inconstitutionnelle et répréhensible. »

Le gouverneur, reproduisant cet arrêté dans une proclamation, invite les habitants de Saint-André à obéir.

Mathurin Robert arme les siens. — Pignolet à Chermont, commandant pour le roi.

« Monsieur le commandant,

« J'ai différé de vous rendre compte du résultat de votre proclamation et de l'effet de la lecture des lettres du roi sur le parti opposé, parce que, ayant été instruit de ses mouvements et de ses projets, j'ai voulu avant tout en être bien informé.

Septembre 1791.

« Le fait est, Monsieur le commandant, que le sieur Mathurin Robert avait ameuté son monde, et que tous étaient armés. Tous les préparatifs ont été faits nuitamment. La maison du sieur Gillot Picard avait un faisceau d'armes considérable, et le gros de la petite armée y était. Un peloton était posté dans les hauts de l'habitation du sieur Welment, un autre dans l'enclos de la dame Richard, un autre dans l'emplacement du sieur Chevalier; de sorte que, si nous avions eu le projet, comme ils le pensaient, d'aller chercher le pavillon et les papiers de la municipalité chez le sieur Chevalier, qui les retient, nous nous faisions tailler en pièces. »

Mesures de défense prises par Pignolet. — « Je ne prévoyais pas assurément, quand j'ai commandé un piquet de trente hommes, que les choses fussent portées à ce point. Ayant su, le dimanche d'avant, que le sieur Mathurin Robert avait dit qu'il fallait s'opposer à la lecture de la lettre du roi et au *Te Deum*, je pris seulement les précautions que je crus nécessaires pour maintenir le bon ordre. Il est vrai que le choix de ce piquet était imposant, et je crois fort que sa présence a dû dérouter un peu le parti opposé.

« Je me rendis à l'église, et je n'y vis que notre monde, à trois ou quatre de ces gens-là près, qui portèrent l'indécence au point de se retirer, lorsque le curé se mit en devoir de faire la lecture des pièces qu'on leur avait annoncées le dimanche précédent. Les femmes mêmes de ce parti suivirent cet exemple. Le sieur Chevalier seul est resté, et s'est donné en spectacle par ses haut-le-corps et ses mouvements affectés à chaque paragraphe de la lettre.

« Pendant ce temps, le gros du parti se tenait chez le sieur Gillot Picard, immobile et dans un silence qui étonnait tout le monde. Notre piquet était sous les armes, et j'avais fait poser des sentinelles aux portes de l'église. »

Novembre 1791.

Les gens de Mathurin Robert disparaissent. — « Immédiatement après la lecture de la lettre du roi, on chanta un *Te Deum,* qui fut accompagné de six salves de mousqueterie et des cris réitérés de : Vive le roi! Tout s'est bien passé et ces messieurs en ont été pour leurs honteux préparatifs, qui heureusement n'étaient pas connus de tout le monde, sans quoi il m'eût été impossible de contenir la fureur de nos gardes nationaux, qui, l'après-midi, firent bien sentir à quelques-uns de ce parti que, s'ils avaient pu pénétrer leurs intentions hostiles, les choses ne se seraient pas passées aussi tranquillement. Ils voulaient, à toute force, aller chercher le pavillon, et, s'il ne s'était pas trouvé parmi eux quelques hommes sages, ils exécutaient leur projet. Lorsqu'ils surent ce qui s'était passé, ils se portèrent précipitamment chez le nommé Gillot Picard. Heureusement l'ennemi avait levé le pied; il en restait quatre ou cinq qui payèrent pour les autres. »

L'assemblée enjoint à Chevalier de rendre les papiers ; il les garde. — Le 10 novembre 1791, l'assemblée coloniale, dérogeant à son arrêté du 2 septembre, en ce qu'il ordonne que Chevalier remettra au greffe de la municipalité les papiers qui lui appartiennent, arrête qu'il remettra ces papiers et le pavillon à l'assemblée administrative du district; que cette assemblée le fera sommer par son procureur général syndic, et, en cas de refus, le dénoncera aux tribunaux.

La sommation est faite; Chevalier persiste dans son refus; Advisse, procureur général syndic, requiert le substitut du procureur général du roi de provoquer le tribunal de la juridiction à informer sur le délit qui lui est dénoncé. Le 25 juin 1792, la situation est la même.

CHAPITRE VII

LÉGISLATION

RÈGLEMENT

Pour la formation des assemblées paroissiales, l'organisation des municipalités, de l'assemblée coloniale et des assemblées administratives.

26 novembre 1790.

L'assemblée coloniale.

Considérant que l'Assemblée nationale a décrété, le 12 novembre 1789, qu'il y aurait une municipalité dans chaque ville, bourg, paroisse ou communauté de campagne;

Considérant que les décrets de l'Assemblée nationale sur l'organisation des municipalités et des assemblées administratives ont été envoyés officiellement dans cette colonie;

Que l'Assemblée nationale a autorisé le 8 mars l'assemblée coloniale à mettre à exécution la partie desdits décrets qui peut s'adapter aux convenances locales, sauf la décision définitive de l'Assemblée nationale et du roi sur les modifications qui auraient pu y être apportées et la sanction provisoire du gouverneur pour les arrêtés de l'assemblée coloniale;

Considérant que l'établissement des municipalités formé par l'assemblée générale le 23 juillet dernier a été accepté avec satisfaction et reconnaissance par toutes les paroisses; que si, depuis, il est survenu, dans une paroisse, quelques troubles et divisions, c'est par des causes particulières et des mécontentements personnels;

Déclare ratifier l'établissement desdites municipalités,

décrète qu'elles continueront d'exister et qu'il en sera formé où il n'y en a point encore et décrète ce qui suit :

SECTION PREMIERE
DE LA FORMATION DES ASSEMBLÉES PAROISSIALES

Les assemblées de paroisse seront convoquées huit jours à l'avance par le corps municipal, qui en indiquera le lieu et l'objet.

Les citoyens actifs auront seuls le droit de voter.

Les qualités nécessaires pour être citoyen actif sont : d'être Français ou devenu Français, d'être majeur de vingt-cinq ans ; d'être propriétaire d'un immeuble dans la colonie et domicilié dans la paroisse depuis un an, et, à défaut de propriété, d'être domicilié depuis deux ans dans la colonie, dont un an dans la paroisse ; de n'être point dans l'état de domesticité.

Les personnes sans propriété feront preuve qu'elles sont attachées à une habitation, ou qu'elles ont une profession.

Tout militaire en activité conservera son domicile et pourra exercer les fonctions de citoyen actif, s'il a les qualités requises, et s'il ne se trouve pas en garnison dans la colonie.

Tout militaire ayant servi seize ans sans interruption sera citoyen actif après un an de domicile, sans être assujetti à aucune autre condition pour être éligible.

Aucun banqueroutier, failli, débiteur insolvable ne pourra être citoyen actif.

Il en sera de même des enfants qui auront reçu et qui retiendront une portion des biens de leur père mort insolvable sans payer leur part virile de ses dettes, excepté les enfants mariés, et qui auront reçu des dots avant l'insolvabilité de leur père.

Les assemblées paroissiales inscriront chaque année dans un tableau ceux qui auront atteint vingt et un ans après leur avoir fait prêter le serment civique. Nul ne pourra être électeur ou éligible s'il n'est porté sur ce tableau.

Les assemblées paroissiales seront juges de la validité des titres de ceux qui prétendront être portés au tableau.

Aucun citoyen actif ne pourra être exclu des assemblées paroissiales; il y assistera sans armes. Une garde de sûreté ne pourra y être introduite sans le vœu de l'assemblée, si ce n'est qu'on y commette des violences, auquel cas l'ordre du président suffira pour appeler la force publique, auquel cas aussi le président pourra lever la séance.

Nul citoyen actif ne pourra exercer ses droits dans plus d'un endroit, et dans aucune assemblée personne ne pourra se faire représenter par un autre.

L'assemblée paroissiale sera ouverte par le maire, ou par un officier municipal, ou par tel autre désigné par le corps municipal.

Chaque assemblée paroissiale, aussitôt qu'elle sera formée élira son président et son secrétaire au scrutin individuel à la pluralité relative des suffrages. Jusque-là le doyen d'âge tiendra la séance; les trois plus anciens après le doyen recueilleront les suffrages et dépouilleront le scrutin en présence de l'assemblée et remettront le résultat du suffrage au président, qui le proclamera.

Immédiatement après et avant de procéder à une autre élection, il sera prêté par le président et le secrétaire en présence de l'assemblée, et ensuite par les membres de l'assemblée entre les mains du président, le serment de maintenir de tout leur pouvoir la constitution du royaume et celle qui sera décrétée par cette colonie, d'être fidèle à la nation, à la loi et au roi, soumis aux décrets de l'assemblée coloniale sanctionnés, de choisir en leur âme et conscience les plus dignes de la confiance publique et de remplir avec zèle et courage les fonctions civiles et politiques qui pourront leur être confiées.

Les membres de l'assemblée paroissiale prêteront individuellement le serment patriotique. Le président prononcera la formule et les citoyens actifs, appelés l'un après l'autre, répondront : Je le jure.

Il sera procédé ensuite à un seul scrutin de liste simple et à la pluralité relative des suffrages, à la nomination de trois scrutateurs, qui recevront et dépouilleront les scrutins subséquents. Celui-ci sera encore recueilli et dépouillé par les trois plus anciens d'âge.

Les trois plus anciens d'entre ceux qui sauront écrire pourront seuls écrire, au premier scrutin, en présence les uns des autres, le bulletin de tout citoyen actif qui ne pourra l'écrire lui-même, et, lorsqu'on aura nommé des scrutateurs, ces scrutateurs pourront seuls, après avoir prêté le serment de bien remplir leurs fonctions et de garder le secret, écrire les bulletins de ceux qui ne sauront pas écrire, dans l'assemblée, sur le bureau.

Les assemblées paroissiales seront convoquées pour le premier dimanche de juin, à l'effet de nommer les électeurs qui devront élire le procureur général syndic de chacune des assemblées administratives et son substitut.

Après cette nomination, les assemblées paroissiales se prorogeront au premier dimanche de juillet pour procéder aux élections des députés de l'assemblée coloniale, des membres des assemblées administratives et les municipalités.

Les présidents, secrétaires et scrutateurs élus le premier dimanche de juin resteront en fonctions jusqu'à ce qu'il ait été procédé aux différentes élections ci-dessus mentionnées.

SECTION DEUXIÈME

FORMATION ET ORGANISATION DES MUNICIPALITÉS

Il y aura une municipalité dans chaque paroisse.

Le chef du corps municipal s'appellera maire.

Les citoyens qui seront élus pour les places de la municipalité s'appelleront officiers municipaux.

Les officiers municipaux, procureur de la commune, secrétaire-greffier, trésorier et notables ne pourront être choisis que parmi les citoyens éligibles de la paroisse.

Pour être éligible il faudra joindre aux conditions prescrites pour être citoyen actif celle de domicile de fait dans la paroisse depuis deux ans.

Il suffira du domicile de fait depuis un an à celui qui sera domicilié dans la colonie depuis cinq ans.

Les parents et alliés aux degrés de père et de fils, de beau-père et de gendre, de frère et de beau frère, d'oncle et de neveu, ne pourront être en même temps membres du corps municipal, ni procureurs de la commune.

Les curés et vicaires des paroisses ne seront point éligibles aux charges municipales; ils pourront seulement être membres du conseil de commune.

Les citoyens qui occupent des places de judicature ne pourront être membres du corps municipal.

Nul citoyen ne pourra exercer en même temps les fonctions municipales et les fonctions militaires, même de la garde nationale.

Les maires seront élus à la pluralité absolue des voix, au premier, au second ou au troisième tour.

Les autres membres du corps municipal seront élus au scrutin de liste simple. Si au premier tour il n'y a pas un nombre suffisant de citoyens élus à la pluralité absolue des voix, on procédera à un second tour de scrutin. Si le nombre nécessaire n'est pas obtenu, il sera fait un troisième tour et cette fois la pluralité relative suffira.

Les citoyens élus seront proclamés par les officiers municipaux en exercice.

Les membres des corps municipaux à Saint-Denis et à Saint-Paul seront au nombre de six y compris le maire, et dans les autres paroisses au nombre de trois.

Il y aura dans chaque municipalité un procureur de la commune, élu dans la forme prescrite pour le maire.

Le secrétaire-greffier sera élu au scrutin individuel à la pluralité relative des suffrages; de même, le trésorier.

Les citoyens actifs nommeront au scrutin de liste simple et à la pluralité relative un nombre de notables double de celui des membres du corps municipal, lesquels notables formeront, avec le corps municipal, le conseil général de la commune.

Chaque corps municipal composé de plus de trois membres sera divisé en conseil et en bureau.

Le bureau sera composé du tiers des officiers municipaux, y compris le maire; les deux autres tiers formeront le conseil.

Les membres du bureau seront choisis par le corps municipal tous les ans et pourront être réélus pour une seconde année.

Le bureau sera chargé des soins de l'exécution et borné à la simple régie dans les municipalités de trois membres, où l'exécution sera confiée au maire seul.

Le maire présidera le conseil général, le corps municipal et le bureau.

Dans la municipalité de trois membres, celui des officiers municipaux qui aura réuni le plus de suffrages remplacera le maire absent.

A Saint-Denis et à Saint-Paul celui des officiers municipaux qui formera le bureau conjointement avec le maire sera seul en son absence chargé de la régie et de l'exécution.

Le procureur de la commune sera remplacé par un notable désigné annuellement par le conseil général au scrutin individuel et à la pluralité absolue.

Le secrétaire-greffier absent sera remplacé par un citoyen majeur choisi par le corps municipal.

Le conseil municipal s'assemblera au moins une fois par mois. Il commencera par arrêter le compte du bureau, et, après cette opération, les membres du bureau auront séance et voix délibérative avec ceux du conseil.

Lorsque le conseil municipal recevra les comptes du bureau, il sera présidé par le premier élu du conseil.

La présence des deux tiers au moins des membres du conseil sera nécessaire pour recevoir les comptes du bureau et celle de la moitié plus un des membres du corps municipal pour les autres délibérations.

En cas de partage lors de la reddition des comptes du bureau, les trois premiers notables seront appelés.

Le procureur de la commune sera entendu sur tous les objets au conseil général et au corps municipal et au bureau. Il sera chargé de défendre les intérêts et de poursuivre les affaires de la communauté.

Les délibérations des assemblées municipales seront transcrites sur un registre.

Les officiers municipaux et les notables seront élus pour deux ans et renouvelés par moitié chaque année.

Le maire restera deux ans en exercice ; il pourra être réélu pour deux autres années ; ensuite il ne sera permis de le réélire qu'après deux années. Il en sera de même pour le procureur de la commune, le secrétaire-greffier et le trésorier.

Les corps municipaux auront deux espèces de fonctions à remplir, les unes propres au pouvoir municipal, les autres propres à l'administration générale de la colonie et déléguée par elle aux municipalités. Ces fonctions sont, etc.

Les municipalités ne pourront établir aucune imposition, en répartir aucune au delà des sommes et des temps fixés par l'assemblée coloniale, ni faire aucun emprunt sans être autorisées par elle.

Les impositions nécessaires pour dépenses locales, après avoir été délibérées par le conseil général seront consenties par une assemblée paroissiale et approuvées par l'assemblée coloniale, sur l'avis de l'assemblée administrative.

Les corps municipaux seront subordonnés à l'assemblée administrative du district pour ce qui concernera les fonctions déléguées par l'administration générale.

Toutes les délibérations pour lesquelles, vu leur importance, la convocation du conseil général est nécessaire et ne seront exécutées qu'avec l'approbation de l'assemblée coloniale, sur l'avis de l'assemblée administrative.

Les comptes de la régie des bureaux seront arrêtés définitivement par l'assemblée administrative.

La police administrative et contentieuse sera, jusqu'à l'organisation de l'ordre judiciaire, exercée par les municipalités.

Les condamnations aux amendes prononcées par le corps municipal seront exécutées provisoirement sans préjudice de l'appel direct au conseil supérieur.

Le bureau et le maire seul dans les municipalités composées de moins de trois membres pourront juger sans appel tous les délits légers, notamment ceux des esclaves.

Le maire et les officiers municipaux ne pourront être destitués que par suite de forfaiture jugée.

Les corps municipaux ne pourront être troublés dans leurs fonctions par aucun acte du pouvoir judiciaire.

Les citoyens actifs prendront, sans déplacement et sans frais, communication des comptes et délibérations du corps municipal.

Les plaintes dirigées contre un corps municipal seront exposées à l'assemblée administrative, qui y fera droit.

Les citoyens ont le droit de se réunir sans armes pour rédiger des pétitions, sous la condition d'avertir les officiers municipaux et de ne députer que dix citoyens pour présenter ces pétitions.

Les maire, officiers municipaux, procureur de la commune, secrétaire-greffier, trésorier et notables ne recevront dans aucun cas, ni appointements, ni honoraires, ni émoluments, sauf aux paroisses à payer un commis au secrétariat, si elles le jugent convenable.

Les corps municipaux auront, chacun dans leur territoire, en toute cérémonie publique, la préséance sur les officiers et corps civils et militaires, immédiatement après l'assemblée coloniale et l'assemblée administrative.

SECTION TROISIÈME

ORGANISATION DE L'ASSEMBLÉE COLONIALE

Chaque paroisse nommera directement ses députés à l'assemblée coloniale, à raison de un pour cinquante citoyens actifs, la dernière cinquantaine étant censée complète par le nombre de vingt-cinq. Les paroisses où il y aura moins de cinquante citoyens nommeront toujours un député.

Ces élections se feront au scrutin de liste simple et à la pluralité absolue.

Il y aura un suppléant pour deux députés, deux pour trois.

Pour être éligible, il faudra être citoyen actif, domicilié de fait dans la paroisse depuis deux ans, avoir été propriétaire pendant un an dans la colonie, n'avoir pas cessé de l'être pendant plus d'une année, et l'être à l'instant de l'élection.

Dans les paroisses où il y aura trois députés au moins à nommer, un tiers pourra être pris parmi les non-propriétaires; de même pour les suppléants.

Il sera procédé le premier dimanche de juillet prochain à l'élection de nouveaux députés et suppléants.

La durée de la législature actuelle finira quarante jours après le premier dimanche de juillet; les législatures suivantes seront de deux ans.

Les membres de l'assemblée coloniale pourront être élus une seconde fois, puis réélus après une intervalle de deux ans au moins.

Les pouvoirs seront vérifiés par la législature présente, dix jours après le premier dimanche de juillet, cinq jours après la clôture du procès-verbal d'élection, pendant lequel temps les réclamations pourront être produites.

Les membres de l'assemblée, après cette vérification des pouvoirs de ceux qui leur succéderont, détermineront le lieu où siégera l'assemblée pendant la législature suivante, lequel lieu pourra être changé dans tous les temps.

Les officiers municipaux, le procureur de la commune, le secrétaire-greffier et le trésorier ne pourront être en même temps membres de l'assemblée coloniale.

Les places de judicature et les fonctions militaires autres que celles de la garde nationale sont incompatibles avec celles de député à l'assemblée coloniale.

Les curés sont éligibles à l'assemblée coloniale.

La liberté des députés ne pouvant être gênée par aucun mandat particulier, les paroisses adresseront directement à l'assemblée leurs pétitions et instructions.

Les députés élus seront regardés comme représentants de la colonie entière, non d'aucune paroisse en particulier.

Ils ne pourront être destitués que pour forfaiture jugée.

Ils ne recevront ni appointements, ni émoluments, ni honoraires.

L'assemblée coloniale tiendra deux sessions, de six mois en six mois.

A l'ouverture de chaque session, l'assemblée élira son président au scrutin individuel à la pluralité absolue, et ses secrétaires au scrutin de liste simple et à la pluralité relative.

Le président restera en fonctions quinze jours ; les secrétaires seront renouvelés par moitié tous les quinze jours.

Un président et un vice-président seront nommés pour rester en fonctions d'une session à l'autre, ouvrir les paquets, en accuser réception et convoquer extraordinairement l'assemblée.

Le droit de faire des lois et règlements pour l'administration intérieure de la colonie appartiendra à l'assemblée coloniale seule; ils seront mis à exécution avec la sanction du gouverneur, sauf la sanction définitive de l'Assemblée nationale et du roi.

Le pouvoir exécutif ne pourra faire aucune loi.

L'assemblée coloniale préparera les lois relatives aux rapports extérieurs, lesquelles ne pourront être exécutées même provisoirement qu'après sanction de l'assemblée nationale et du roi.

L'assemblée coloniale décrétera les impositions nécessaires à l'administration générale intérieure ; elle décrétera celles relatives aux paroisses.

Elle donnera seule toute permission pour l'affranchissement des esclaves.

Elle surveillera toutes les parties de l'administration et dénoncera toutes plaintes aux délégués du pouvoir exécutif.

Elle n'aura pas besoin de la sanction du gouverneur pour les règlements concernant sa police intérieure.

Elle ne nommera à aucune place hors de son sein.

Les lois et règlements provisoires décrétés par l'assemblée coloniale seront présentés au gouverneur avec invitation d'en ordonner la transcription pure et simple.

SECTION QUATRIÈME

ORGANISATION DES ASSEMBLÉES ADMINISTRATIVES

Il y aura une assemblée administrative au Vent, une autre Sous-le-Vent; elles seront nommées directement par les paroisses.

Chacune sera composée d'un nombre de membres égal à celui des paroisses du district.

Ces élections se feront à la suite des élections des députés.

Les conditions d'éligibilité sont les mêmes que pour les charges municipales.

Les membres des corps municipaux, les curés et vicaires, les citoyens remplissant les places de judicature ou exerçant les fonctions militaires autres que celles de la garde nationale ne pourront être membres des assemblées administratives.

Chaque assemblée administrative sera permanente et les membres en seront renouvelés par moitié tous les ans; ils pourront être réélus une première fois, mais ne pourront l'être une seconde fois qu'après deux ans au moins.

Chaque assemblée aura un procureur général syndic et un substitut élus par des assemblées spéciales d'électeurs, une pour chaque district, désignés par les paroisses de la manière et dans les proportions établies pour les députés à l'assemblée coloniale.

Le procureur général et son substitut seront deux ans en fonctions et pourront être réélus pour deux ans puis une seconde fois après deux ans d'intervalle.

Ils n'auront pas voix délibérative, mais seront entendus sur toutes les affaires.

Il ne sera pas formé de directoire dans les assemblés administratives, vu le petit nombre de leurs membres.

Elles tiendront quatre sessions, de trois mois en trois mois.

Elles rendront exécutoires les rôles d'impositions dans les paroisses.

RÈGLEMENT PROVISOIRE

Concernant l'Administration de la Justice.

15 décembre 1790.

L'assemblée coloniale,

Considérant, suivant les expressions de l'Assemblée nationale dans ses instructions du 28 mars, « quelles sources de prospérité n'offriront pas au patriotisme des assemblées coloniales les diverses parties du travail qui leur est confié ; l'établissement d'un ordre judiciaire simple, assurant aux citoyens une justice impartiale et prompte ; une administration remise aux mains de ceux qui y sont intéressés, etc. »

Qu'elle ajoute que : « Les frais d'une justice compliquée, les longueurs et les artifices de la chicane, les déplacements occasionnés par le ressort trop étendu de certains tribunaux, ne peuvent convenir à des hommes incessamment occupés d'une culture avantageuse et du commerce de ses productions ; »

Considérant que la juridiction de première instance en cette île était absolument onéreuse à la colonie, tant par les épices, vacations, frais de voyages et autres droits que percevaient les officiers de ce tribunal, que par les frais immenses qu'exigeaient les procureurs et les huissiers ;

Considérant que ce tribunal est insuffisant pour rendre une justice également prompte aux habitants des différents quartiers de cette île ;

Que les habitants ont exprimé, par les instructions données à leurs députés, le vœu qu'il fût établi un nouvel ordre judiciaire;

Que l'assemblée coloniale se propose d'en soumettre un plan à la législature française et au roi;

Voulant néanmoins soulager la colonie et même la nation des frais immenses occasionnés par les contestations portées en première instance;

Considérant que la suppression des épices est opérée de fait, mais que ce n'était qu'une petite partie de la charge qui pesait sur les habitants,

Décrète ce qui suit :

CHAPITRE PREMIER

JUGES CONCILIATEURS

Il sera nommé, dans toutes les paroisses, par les citoyens actifs, par la voie du scrutin, à la pluralité absolue, un citoyen qui fera les fonctions de juge conciliateur.

Nulle personne ne sera admise à plaider sans un certificat du juge conciliateur attestant qu'il n'a pas été possible d'amener les parties à des voies amiables.

Ce certificat sera délivré dans la quinzaine; il ne sera nécessaire que si les deux parties sont domiciliées dans la même paroisse.

Les fonctions de juge conciliateur seront de deux ans et pourront être continuées.

CHAPITRE DEUXIÈME

JUGE, PROCUREUR DU ROI ET GREFFIER DE LA JURIDICTION

Les épices demeurent supprimées.

Il sera attribué au juge pour légalisation de tous actes, 3 livres.

Dans toutes les opérations en ville (autres que celles d'audience) il sera alloué au juge 12 livres pour chaque vacation de trois heures; hors de la ville, dans le district du quartier, 6 livres par heure.

Hors du district du quartier, il sera alloué pour frais de voyage :

Pour Sainte-Marie	18	livres.
— Sainte-Suzanne	24	—
— Saint-André	30	—
— Saint-Benoît	36	—
— Sainte-Rose	48	—
— Saint-Paul	40	—
— Saint-Leu	72	—
— Saint-Louis	90	—
— Saint-Pierre	100	—
— Saint-Joseph	120	—

En outre, pour chaque jour de séjour, 36 livres.

Il sera alloué au procureur du roi les cinq sixièmes des frais et vacations du juge; au greffier, les deux tiers.

Il sera alloué au greffier, pour les premières expéditions des sentences, 40 sous par rôle de 22 lignes à la page et de 15 syllabes à la ligne; pour les secondes expéditions et toutes autres, 30 sous par rôle.

Pour toute sentence rendue par le juge sur le décret volontaire, il sera alloué au juge 36 livres, au procureur du roi 30 livres, au greffier à raison des rôles comme ci-dessus; en outre, au greffier :

Pour l'affiche à l'auditoire, l'enregistrement et l'expédition, 24 livres;

Pour la réception de chaque opposition, ensemble l'expédition, 4 livres;

Pour mainlevée de chaque opposition, 2 livres;

Pour extrait de chaque opposition, 2 livres;

Pour chaque certificat portant qu'il n'a été fait aucune opposition, 2 livres.

Dans les ventes d'immeubles d'une même succession, il ne sera fait qu'une affiche pour chaque publication et qu'un procès-verbal d'enchères et d'adjudication, quel que soit le nombre des terrains.

CHAPITRE TROISIÈME
COMMIS-GREFFIERS ET NOTAIRES

Chaque paroisse aura un commis-greffier, lequel pourra être notaire, choisi par le conseil général.

Le commis-greffier, partout hors Saint-Denis, assistera le juge qui se sera transporté dans le quartier.

Il apposera les scellés sur réquisition et ne pourra les lever qu'avec une permission du juge.

En cas d'absence d'un héritier, le commis-greffier pourra apposer les scellés sans réquisition, en appelant les deux premiers notables du conseil général.

Lorsque les commis-greffiers assisteront le juge, il leur sera alloué, dans le lieu de leur résidence, 4 livres par heure, et, lorsqu'ils en sortiront, 30 livres par jour.

Les notaires auront le droit de faire tous inventaires, partages et autres actes de juridiction volontaire, exclusivement aux officiers de la juridiction non requis.

Les parties seront néanmoins libres de faire procéder auxdits actes par les officiers de la juridiction.

Il est attribué aux notaires les mêmes droits et vacations qu'aux commis-greffiers.

CHAPITRE QUATRIÈME
DES PROCUREURS

Les procureurs postulants, ainsi que les gradués, continueront à poursuivre les affaires tant en la juridiction qu'au conseil.

Pourront les parties plaider elles-mêmes, ainsi que leurs fondés de pouvoirs.

CHAPITRE CINQUIÈME
DES HUISSIERS

Au quartier Saint-Denis résideront les huissiers audienciers au conseil et en la juridiction et deux huissiers ordinaires.

Ils auront un bureau ouvert tous les jours de huit heures à onze, de deux à cinq pour y recevoir, par l'un d'eux, les pièces à signifier, qu'ils se distribueront.

Dans les autres quartiers il y aura au plus deux huissiers qui y auront leur domicile et leur résidence. Ils seront choisis et proposés par le conseil général; les autres seront supprimés dans trois mois.

Les huissiers auront un registre coté et paraphé par le maire où ils enregistreront les pièces qu'ils recevront, les noms des parties, la date des pièces, celle du jour de la réception, l'objet des demandes, sans préjudice des reçus qu'ils donneront.

Ils enregistreront jour par jour leurs opérations.

Ils feront signer sur ce registre le second huissier (si le cas est) ou les témoins et recors, et feront viser le registre tous les huit jours par le maire, lequel constatera le nombre des articles. Ils le communiqueront aux parties intéressées.

Ils énonceront dans leurs exploits le lieu de leur résidence et les distances parcourues, à partir de l'église de la paroisse. Il leur sera alloué 5 livres pour la première lieue, 4 pour les autres, aller et retour compris.

Faute de recors, ils se feront assister d'un autre huissier, qui signera sur l'original et la copie.

Les recors toucheront les deux tiers de la taxe de l'huissier.

L'huissier assistant aura le même salaire que l'huissier porteur des pièces.

Outre les frais de voyage, il sera alloué à l'huissier porteur des pièces :

Pour exploit simple, original et copie, 3 livres;

Pour exploit libellé, protêt, etc., 5 livres;

Pour saisie-exécution, enlèvement de meubles, saisie-arrêt avec assignation, etc., 7 livres 10 sous;

Pour saisie réelle de maison et emplacement, 15 livres;

Pour saisie réelle d'une habitation avec établissement, 25 livres;

Pour chaque copie, un tiers du prix de l'original;

Pour procès-verbal de publication et d'affiches, 2 livres.

Dans la résidence des huissiers et la banlieue jusqu'à une demi-lieue il ne sera payé aucuns frais de voyage, et à l'huissier assistant et aux recors moitié de la taxe du porteur de pièces.

Pourront les parties se servir de tel huissier à leur choix hors du quartier où l'exploit doit se faire, en prenant les frais de transport à leur charge.

Aucun huissier ne pourra exiger les frais d'une procédure qu'il n'en ait fait viser l'état par le juge conciliateur ou le maire de la paroisse où il aura été acte.

CHAPITRE VIII

PREMIÈRE ASSEMBLÉE COLONIALE
LE CONSEIL SUPÉRIEUR

Octobre 1790.

Ouverture de l'assemblée coloniale. — Le jeudi 28 octobre, l'assemblée coloniale ouvre sa session à la loge des francs-maçons de Saint-Denis. Elle se compose comme suit, après vérification des pouvoirs :

Saint-Denis : Bertrand, Greslan, Lebouq, Santussan, Jullienne, Simillier, Chandemerle. — Suppléants : Bellon, Gonnefroy, Desveaux, Tellot, Lavoquer, Douyère fils.

Saint-Joseph : Dumont, Cyprien Hoareau.

Saint-Leu : Besnard, Séverin Aubert. — Suppléants : Despierres, Ricquebourg, Boiscourt.

Saint-Louis : Gastellier, Lafosse, Gilles Fontaine. — Suppléants : Barbarin, Pierre Bilon, Laurent Fontaine, Pierre Ferrère, Gilles Payet, Alexis Payet, François Lallemand, Antoine Legros, François Hoareau.

Sainte-Marie : Laporte, Salomon Dromane, Isidore Dromane.

Saint-Paul : Chauvet, Barrois, Caffarel, Desaunay, d'Egmont, Villentroy. — Suppléants : Desjardins, Gilbert, Le Marchand.

Saint-Pierre : Frappier, Rougemont, Falaise, Merlo aîné, Deheaulme.

Sainte-Rose : Léon, Barré. — Suppléant : Ozoux cadet.

Sainte-Suzanne : Tourris, Adam. — Suppléants : Carré, Benoît, Ronin, Ozoux.

Octobre 1790.

(Je ne garantis pas cette liste, qui est évidemment mauvaise.)

Aucun membre de Saint-Benoît ne se présente.

Les élections de Saint-André sont invalidées, et seront recommencées le 7 novembre. La paroisse n'ayant que deux cent quarante votants n'aura que quatre députés.

L'assemblée décide que les veuves et les filles majeures ne seront pas comprises parmi les citoyens actifs.

Le 1er novembre, elle arrête qu'elle attendra jusqu'au 9 pour déterminer le lieu où se tiendront ses séances, deux paroisses n'étant pas encore représentées.

Le 2 novembre, elle se divise en quatre bureaux :

Premier (rédaction des pétitions à l'Assemblée nationale et projets de constitution) : Greslan, Besnard, Santussan, Rougemont, Le Marchand, Barré. — Deuxième (règlements de police, municipalités et assemblées administratives) : Bertrand, Barrois, Lafosse, Simillier, Chandemerle, Dumont. — Troisième (la commune) : Villentroy, Caffarel, Frappier, Dromane, Adam, Laporte. — Quatrième (extraits des arrêtés et règlements de l'assemblée générale) : Chauvet, d'Egmont, Merlo, Tourris, Bilon, Falaise.

Le 9 novembre, la députation de Saint-Benoît se présente : Joseph Hubert, Champierre de Villeneuve, Saint-Rémy, Fondaumière, d'Ambelle et Aguier. Leur élection est validée. Pour Saint-André, l'assemblée, sur cinq élus, admet François Richard, Odon Monnier, Lécolier, Jolimont Morau; le cinquième, Chevalier Magré, est reconnu suppléant avec Bourdier, Bocquin Désorchères, Louis Mazure, Pierre-Jean Welment.

L'assemblée coloniale siégera à Saint-Paul. — La question de savoir dans quelle commune siégera l'assemblée étant à l'ordre du jour, 22 voix sur 36 se prononcent pour Saint-Paul, 13 pour Saint-Denis, 1 pour Saint-Joseph. D'Ambelle,

Novembre 1790.

Aguier, Fondaumière, Champierre de Villeneuve se démettent, leurs affaires ne leur permettant pas d'aller à Saint-Paul. L'assemblée décide qu'ils seront remplacés par leurs suppléants, Ricquebourg, Richer, Villeneuve aîné, Justamont. Joseph Hubert reste à son poste. Villentroy s'excuse de ne pouvoir aller à Paris.

Transport à Saint-Paul des papiers de l'assemblée générale. — Le 18 novembre, les citoyens de Saint-Paul, apprenant l'offre faite par les citoyens de Saint-Denis d'escorter la malle contenant les papiers de l'assemblée générale, se mettent en route, au nombre d'environ cinquante, pour aller au devant de leurs concitoyens. On se rencontre à la Grande-Chaloupe, limite des deux quartiers. Tirol, capitaine de la garde nationale de Saint-Denis, dit que, depuis longtemps, les habitants de Saint-Denis cherchent l'occasion d'exprimer à ceux de Saint-Paul les sentiments d'estime et d'affection qui sont dans leurs cœurs, que cette occasion ils la trouvent en leur remettant le précieux dépôt des premiers travaux de la représentation coloniale. Prieuré, capitaine de la garde nationale de Saint-Paul, répond que Saint-Paul reçoit le dépôt confié à sa garde comme un gage de l'union qui fera le bonheur de la colonie. Des cris sont poussés de : Vive la Colonie! Vivent les Députés! Vive l'Assemblée coloniale! Un repas aussi gai qu'amical est servi sur l'herbe du ravin, et, à une heure de l'après-midi, chacun reprend la route de son quartier.

L'assemblée coloniale à Saint-Paul. — Le 23 novembre 1790, à huit heures du matin, une salve de vingt et un coups de canon annonce à Saint-Paul la reprise des travaux de l'assemblée coloniale. Après la messe du Saint-Esprit, les députés se rendent à la municipalité, où une salle a été disposée pour les recevoir; la garde nationale, drapeau déployé, forme la haie sur leur passage et présente les armes;

Novembre 1790.

les tambours battent aux champs. Le maire Desjardins, s'avançant à la tête des officiers municipaux et des notables, dit que Saint-Paul est heureux de posséder les pères de la colonie, et promet soumission respectueuse à leurs décrets; Simillier, doyen d'age, répond que l'assemblée est heureuse de la réception qui lui est faite, présage de l'union de tous, du succès de ses travaux pour le bonheur de la colonie. L'assemblée continuant sa marche, une nouvelle salve est tirée au moment où elle entre dans la salle de ses séances. Il nous manque des frères, dit le président; mais sacrifions-nous pour le bonheur de tous, et nos frères nous reviendront.

Vingt-quatre membres seulement sont présents. Ils arrêtent que le président restera quinze jours en fonctions et pourra être réélu après un intervalle de quinze jours. Greslan est élu. Il lit la formule du serment, qui est ainsi conçue : « Je jure d'être fidèle à la nation, à la loi et au roi ; de maintenir de tout mon pouvoir la constitution du royaume et celle qui sera décrétée pour cette colonie ; d'observer avec la plus grande soumission les décrets de l'assemblée coloniale sanctionnés, et d'exercer avec zèle et courage les fonctions civiles et politiques qui me seront confiées. » Chaque membre de l'assemblée prête serment à l'appel de son nom.

Le même jour, Buffard et Parny Montchéry sont reconnus comme suppléants pour Saint-Joseph.

Le 24 novembre, à la séance du matin, il est donné lecture d'une lettre de Richer, député suppléant de Saint-Benoît, qui se démet parce que, son quartier ne voulant pas être représenté et se disposant à rappeler ceux qui se sont déjà rendus à l'assemblée, sa bonne volonté deviendra inutile. Joseph Hubert déclare qu'il ne sait rien de pareil. Lecture est faite d'une lettre de Justamont qui annonce qu'il ne se rendra pas à l'assemblée.

Une assemblée paroissiale a été tenue le 21 à Sainte-Suzanne. Sur la démission de Tourris, député, de Carré,

Décembre 1790.

Benoît, Ronsin et Ogone, suppléants, les habitants ont nommé Auguste Léon député, Desisles, Maillot et Montaulard, suppléants. Ces élections sont validées.

Le règlement intérieur est adopté. Un article disant que, en cas de partage, un membre désigné à cet effet aura voix prépondérante, Simillier est désigné.

Les séances suivantes se tiennent soit au gouvernement, soit à la municipalité.

Le 24 et les jours suivants sont consacrés à la discussion des règlements concernant les municipalités, les assemblées primaires, l'assemblée coloniale et les assemblées administratives.

L'assemblée ratifie l'établissement des municipalités.— Le 26,

« L'assemblée coloniale,

« Considérant que l'établissement des municipalités dans chacune des paroisses de la colonie *a été accepté avec satisfaction et reconnaissance par toutes les paroisses, que l'opposition de Saint-André tient à des causes particulières*,

« Déclare ratifier l'établissement desdites municipalités. » (Retenir les mots soulignés.)

Le 29, Bellier de Villentroy renouvelle la déclaration qu'il a déjà faite à Saint-Denis de l'impossibilité pour lui de quitter la colonie. L'assemblée lui donne acte de cette déclaration, et, considérant qu'elle ne peut accepter la démission d'un membre de l'Assemblée nationale, ni juger de la validité de son élection, elle arrête que les pièces relatives à Villentroy seront envoyées à Paris et présentées à l'Assemblée nationale par Bertrand, premier suppléant.

Le 6 décembre, Du Trévou, secrétaire-greffier de la municipalité de Saint-Benoît, annonce que sa paroisse a nommé des députés, qu'elle est loin des dispositions annoncées par Richer le 20 novembre. Ces élections sont validées

Décembre 1790.

le 7 décembre et donnent à l'assemblée Seré de La Ville-marterre, Bellier Beaumont, Périer d'Hauterive, Beaulieu, députés ; Du Trévou, J.-B. Dulac, Bouquet, Bresson aîné et Benoît Dalleau, suppléants.

Question du serment à prêter par les tribunaux. — La gravité de cette question exige que nous la reprenions dès son origine.

Le 15 juillet 1790, le conseil supérieur, invité par l'assemblée générale à venir prêter le serment civique devant les représentants de la colonie, avait gardé le silence. Le 24, une adresse sur le même sujet resta également sans réponse. Le 18 septembre, cette adresse, renouvelée, est portée par une députation ; le conseil ne daigne pas recevoir la députation et fait prendre l'adresse à la porte par un huissier. Dix jours après, le 28,

« Le conseil supérieur,

« Considérant que les magistrats de cette colonie ont déjà prêté serment comme citoyens en la personne de leurs représentants à l'assemblée générale, et comme juges lorsqu'ils ont été investis de leurs fonctions ;

« Considérant qu'il faudrait une loi pour imposer aux juges de cette colonie l'obligation de prêter de nouveau serment, et que cette loi n'existe pas ;

« Considérant qu'exiger arbitrairement un nouveau serment des magistrats, ce serait faire suspecter le serment qu'ils ont déjà prêté et alarmer leur conscience ;

« Déclare n'y avoir lieu à délibérer sur l'invitation contenue à l'adresse du 15 juillet, à l'adresse du 24 juillet, à une autre adresse sans date de l'assemblée générale de cette colonie. »

L'adresse du 15 juillet au conseil supérieur pouvait être la conséquence naturelle du mouvement d'enthousiasme qui avait saisi l'assemblée à la lecture des décrets venus de la métropole ; il fallait que toute la colonie, que les corps consti-

Décembre 1790.

tués surtout prissent part à l'exaltation de sa joie. Il n'en a plus été de même le 24 juillet, encore moins le 18 septembre. Les transports s'étaient calmés ; mais le silence dédaigneux du conseil supérieur et le souvenir des griefs antérieurs irritant les amours-propres, l'orgueil se dressa contre l'orgueil, et les appels réitérés au serment ne furent plus que des représailles, une lutte à qui resterait le plus fort, une satisfaction donnée au besoin de la vengeance dissimulée sous un devoir à remplir, celui de faire rentrer le conseil dans ses attributions judiciaires. Les considérants du conseil sont irréfutables ; mais il avait semé le vent, il récoltait la tempête.

L'assemblée prorogée reprend brusquement ses séances et demande une expédition d'une délibération du conseil supérieur sur son arrêté du 26 novembre. — Le 11 décembre, « l'assemblée coloniale, considérant que la continuité de ses séances ne laisse aux comités aucun loisir pour leurs travaux, arrête qu'elle se prorogera du 24 de ce mois au 24 janvier 1791 ; » mais au moment où, le pied à l'étrier, chacun s'apprête à regagner sa demeure, soudain retentit à l'arrière un bruit étrange, prévu peut-être, surprenant néanmoins, et qui force à retourner la tête ; il part du conseil supérieur. On rentre en séance, et aussitôt,

« L'assemblée coloniale, informée par la voix publique que le conseil supérieur n'a pas transcrit purement et simplement sur ses registres le décret qu'elle a rendu le 26 novembre dernier, sanctionné par M. le gouverneur,

« Décrète à l'unanimité :

« Que M. le gouverneur sera requis de se faire délivrer sur-le-champ, par le greffier du conseil, une expédition en forme de la délibération du conseil supérieur du 8 de ce mois, sur le décret de l'assemblée coloniale du 26 novembre, portant confirmation de l'établissement des municipalités, telle et ainsi que la délibération de ce tribunal a été enregistrée, pour ladite expédition être aussitôt envoyée à l'assemblée coloniale, et, dans le cas de refus de la part du greffier, faire convoquer sur-le-champ un conseil extraordinaire; décrète que, dans le cas où le conseil supérieur ou tous autres feraient opposition à la prompte remise de l'expédition, M. le gouverneur est autorisé et invité à employer tous les moyens qui sont en son pouvoir; déclare à l'assemblée coloniale qu'elle s'ajourne extraordinairement pour l'instant de la réception de la délibération dont il s'agit. »

L'assemblée coloniale blâme le conseil supérieur.

15 décembre 1790.

« L'assemblée coloniale,

« Considérant que le conseil supérieur de cette île a cru pouvoir, par un arrêt du 8 de ce mois, délibérer sur un décret de l'assemblée coloniale sanctionné par le gouverneur, et envoyé à la transcription sur ses registres; que, par suite de cette délibération, il s'est permis d'attaquer, par des observations injurieuses, la véracité des représentants de la colonie, comme si l'assemblée coloniale avait besoin, pour faire passer ses décrets, de la garantie de quelques individus sans autre pouvoir que celui d'appliquer la loi;

« Considérant qu'aucun tribunal ne peut se permettre de délibérer sur les décrets des représentants du peuple, puisque, s'il pouvait délibérer, il pourrait changer, ce qui mettrait dans ses mains le pouvoir législatif;

« Que l'assemblée eût puni par le silence du mépris cet acte inconsidéré et inconstitutionnel du conseil supérieur, si ce tribunal n'avait affecté de rendre son arrêt public en le faisant enregistrer audience tenante au tribunal de la juridiction;

« Par ces motifs, l'assemblée improuve la conduite du conseil supérieur, déclare son arrêt du 8 injurieux et atten-

Décembre 1790.

tatoire au respect dû à l'Assemblée nationale, de laquelle l'assemblée coloniale tient ses pouvoirs, au roi représenté par le gouverneur qui sanctionne les décrets de l'assemblée; décrète que le présent décret sera envoyé au gouverneur avec invitation de le sanctionner, d'en ordonner la transcription pure et simple sur les registres des tribunaux, de l'adresser aux municipalités pour être transcrit sur leurs registres, lu, publié et affiché partout où besoin sera. »

L'assemblée demande au gouverneur la sanction et la transcription de son arrêté de blâme.

Saint-Paul, le 16 décembre 1790.

« Monsieur le gouverneur,

« L'assemblée a reçu la lettre que vous m'avez fait l'honneur de m'écrire le 13 de ce mois, et à laquelle était jointe l'expédition de la délibération du conseil supérieur du 8. Elle vous prie de vouloir bien sanctionner le décret ci-joint et de le faire transcrire sur les registres des tribunaux et des municipalités.

« L'assemblée se voit en ce moment provoquée indécemment par des observations injurieuses de ce tribunal, et nous n'avons pu voir, Monsieur le gouverneur, sans en être vivement touchés, que vous ayez paru vouloir donner quelque poids à ses observations par cette réflexion « que, en effet, bien des habitants disent que, à certains égards, les municipalités ne paraissent pas convenir à la localité, et que, entre autres, la paroisse de Saint-André ne s'y est pas soumise ». Nous n'ignorons point qu'il existe, dans cette colonie comme dans tout le reste de l'empire français, des hommes opposés à la révolution actuelle, les uns avilis par la servitude, les autres jaloux de conserver des honneurs et des privilèges dus souvent à de basses intrigues, les autres de bonne foi, mais asservis à d'anciens préjugés. Les cours de judicature particulièrement, corps aristocrates, ont vu

Décembre 1790.

avec peine échapper de leurs mains les pouvoirs qu'ils s'étaient arrogés, corps plutôt rivaux qu'ennemis du despotisme.

« Dans cette colonie, le conseil supérieur, faible image des parlements, tient, comme eux, à l'ancien régime. Prenant part ci-devant à l'administration et à la législation, ils ne peuvent tranquillement se voir réduits aux seules fonctions de juges.

« Ce ne sont pas ces corps qui ont déterminé en France la révolution qui va faire son bonheur et sa gloire ; nous ne les consulterons pas non plus ici pour établir une constitution convenable à la prospérité de la colonie. Nous sommes bien assurés qu'un régime aussi favorable à la liberté et aux droits des citoyens que celui des municipalités ne peut leur être agréable.

« Lorsque l'assemblée, dans les considérations qui précèdent son décret confirmant l'établissement des municipalités, a avancé que toutes les paroisses l'avaient reçu avec satisfaction, elle n'a rien dit qui ne fût conforme à la vérité. La paroisse de Saint-André a paru se refuser depuis à cet établissement; nous l'avons dit, et nous avons dit aussi comment elle avait été amenée à cette espèce de scission. Peut-elle balancer l'unanimité du vœu des dix autres ?

« Députés par nos paroisses, munis des pouvoirs que nous donnent l'Assemblée nationale et le roi, nous seuls avons le droit de décider quelles parties des décrets de la métropole peuvent s'adapter à nos convenances locales ; vous même, Monsieur le gouverneur, dont le consentement est nécessaire à l'exécution de ces décrets, vous n'avez pas le droit de présenter une seule observation ; et cependant des hommes sans mission osent se permettre de blâmer nos décisions d'une manière aussi injurieuse que déplacée. Notre amour de la paix nous eût fait garder un profond silence sur cet acte de délire de quelques hommes passionnés, s'il n'eût pas été rendu public avec une sorte d'affectation ;

Décembre 1790.

mais il est nécessaire qu'ils soient ramenés à leurs devoirs, qu'ils sachent que les corps législatifs et administratifs ne peuvent jamais être troublés dans leurs fonctions par aucun acte des tribunaux. C'est pour ce motif que l'assemblée a rendu le décret qu'elle envoie à votre sanction. Vous sentirez combien il importe, au début d'une révolution, que les pouvoirs qui régissent la colonie se réunissent pour réprimer de bonne heure les démarches inconsidérées des corps étrangers au gouvernement et à l'administration.

« Caffarel, président. »

Le gouverneur répond que le conseil supérieur est en vacances. — Le gouverneur répond à l'assemblée qu'il a reçu les décrets émanés d'elle ; que le conseil supérieur ayant levé sa séance, lesdits décrets seront envoyés à la transcription sitôt la rentrée du conseil.

L'assemblée décrète que le conseil supérieur tiendra une séance extraordinaire.

« L'assemblée coloniale,

« Considérant qu'il est instant que ses décrets, surtout celui qui règle les frais de justice, soient transcrits et en vigueur ;

« Qu'il est essentiel que le règlement des munipalités et assemblées administratives soit au plus tôt connu des tribunaux,

« Décrète :

« Le conseil supérieur sera tenu de se réunir extraordinairement et de reprendre ses séances pour procéder à la transcription pure et simple des décrets de l'assemblée coloniale, qui pourront lui être adressés successivement, à l'effet de quoi le conseil restera assemblé ;

« Décrète en outre que l'assemblée coloniale restera séante jusqu'à ce qu'elle ait été instruite que le conseil supérieur a fait transcrire les différents décrets qu'elle a rendus ;

« Arrête que le gouverneur sera invité à être présent au conseil supérieur, lorsqu'il ordonnera la transcription des décrets de l'assemblée ;

« Adopte, à l'unanimité moins une voix, le décret de l'Assemblée nationale du 5 novembre 1789 dont suit la teneur : « Tout corps, même en vacations, tribunal, municipalité et corps administratif, qui n'auront pas inscrit sur leurs registres, dans les trois jours après la réception, et fait publier dans la huitaine les lois faites par les représentants de la nation, sanctionnées, acceptées et envoyées par le roi, seront poursuivis comme prévaricateurs et coupables de forfaiture, » et décrète que les tribunaux de la colonie, même en vacations, qui n'auront pas, etc. »

L'assemblée invite le gouverneur à assister à la transcription de l'arrêté de blâme.

Saint-Paul, le 20 décembre 1790.

« Monsieur le gouverneur,

« J'ai mis sous les yeux de l'assemblée coloniale la lettre que vous m'avez fait l'honneur de m'écrire le 18 de ce mois.

« L'assemblée a vu avec étonnement que le conseil supérieur ait levé sa séance, et vous trouverez ci-joint le décret qu'elle a rendu à cet égard. Vivement affectée des effets que pourraient avoir les observations que le conseil supérieur s'est permis de faire, si elle n'eût réprimé cet écart, elle désire n'avoir pas d'autres torts à punir. Persuadée que votre présence et votre caractère de chef des tribunaux peuvent empêcher de nouvelles démarches inconsidérées, l'assemblée vous invite à assister à la délibération que prendra le conseil pour ordonner la transcription sur ses registres des décrets que vous avez sanctionnés.

« Vous penserez aussi qu'il est inconcevable que, dans le

moment actuel, le conseil ne soit pas constamment assemblé. Le but de nos travaux ne serait qu'imparfaitement atteint, si l'exécution des lois souffrait le plus léger retard, par suite des vacances du conseil. »

Le gouverneur prie l'assemblée de retirer son arrêté. — Le gouverneur, le 21 décembre, accuse réception de l'arrêté du 20, et désire que l'assemblée veuille bien le retirer, en considération de ce qui pourrait en résulter de fâcheux pour la colonie; il la prie de s'en rapporter à lui, comme chef des tribunaux, pour improuver les observations du conseil, et s'assurer qu'à l'avenir les décrets de l'assemblée seront transcrits purement et simplement. Il formule l'ordre suivant.

Le gouverneur ordonne que, à l'avenir, les décrets de l'assemblée coloniale seront transcrits purement et simplement.

22 décembre 1790.

« Prosper de Chermont, chevalier des ordres de Saint-Louis et de Saint-Lazare, colonel du régiment de l'île de France, commandant pour le roi à l'île Bourbon, en cette qualité chef des tribunaux établis en conformité des décrets des 8 et 28 mars 1790,

« Sur ce qui nous a été représenté par l'assemblé coloniale que le conseil supérieur, en ordonnant la transcription de son arrêté portant ratification de l'établissement des municipalités, y avait fait des observations, nous ordonnons que, à l'avenir, tous les décrets de l'assemblée coloniale revêtus de notre sanction seront transcrits purement et simplement sur ses registres, sans qu'il puisse y apporter aucune observation ou motif quelconque. »

Factum du procureur général essayant de justifier le conseil supérieur. — Voici une pièce sans date, sans signa-

Décembre 1790.

ture, mais écrite tout entière de la main du procureur général Azéma :

Observations sur l'arrêté de l'assemblée coloniale du 15 décembre.

« Il paraît que c'est moins les observations du conseil que la publicité dont elles ont été suivies qui ont si sensiblement affecté l'assemblée coloniale, qui, sans cette circonstance, eût réduit son ressentiment au silence. Mais si elle eût réfléchi sur les dispositions de cette cour qui en accompagnent l'envoi à la juridiction, elle aurait vu qu'elles n'en prescrivent pas la lecture à l'audience aux officiers de ce tribunal. C'est donc à tort qu'elle est accusée d'avoir affecté de lui donner de la publicité.

« M. le procureur général, consulté sur ce fait, a rapporté à M. le gouverneur que, chargé par sa place de faire parvenir à la juridiction les expéditions de l'arrêté et de l'arrêt de sa transcription sur les registres du conseil, il en fit remise lui-même à son substitut, et lui observa que la transcription s'en ferait également sur les registres de son siège sans qu'il fût besoin d'en faire lecture à l'audience, ne s'agissant que d'une transcription et non d'un enregistrement. M. de Beaumont, lieutenant de juge, qui se trouvait présent à la remise et à l'observation répondit qu'il en ordonnerait la lecture, malgré tout ordre contraire.

« M. le procureur général, pénétrant l'intention coupable du lieutenant de juge, qui, pour se venger d'un arrêt de discipline rendu contre lui depuis quelques jours, cherchait l'occasion de compromettre la cour avec l'assemblée coloniale, lui défendit, au nom du conseil, de l'effectuer, et chargea fortement son substitut de s'y opposer, autant qu'il serait en lui, à son exécution.

« Celui-ci, inquiet de ses dispositions, fut le trouver le matin avant l'audience, et lui rappela les menaces de M. le procureur général et les termes précis de l'arrêt du

Décembre 1790.

conseil, qui ne lui donnait d'autre mandement que la transcription pure et simple des deux expéditions. Ces avertissements néanmoins ne touchèrent pas M. de Beaumont; il en ordonna la lecture à l'audience malgré les conclusions du ministère public, qui ne la requérait pas. Ce fait, comme on le voit, ne peut être imputé qu'au lieutenant de juge, et il y a toute apparence qu'il en sera rendu compte au conseil.

« On observe que l'assemblée coloniale ne peut que dénoncer les délits du pouvoir judiciaire, et ne peut, comme lui, infliger des peines autres que celles affectées à sa discipline intérieure; celle qu'on prononce contre une cour souveraine, en ordonnant qu'elle porte sur ses propres registres un monument de son humiliation, qu'elle surcharge encore de sa publicité dans toutes les paroisses, doit être mise dans la classe des peines les plus rigoureuses.

« On ne pense pas que M. le gouverneur, comme chef de ce tribunal par représentation de Sa Majesté, prérogative qui lui est spécialement conférée par la dernière disposition du décret de l'Assemblée nationale du 28 mars dernier, se porte à sanctionner un arrêté qui, en frappant si rudement sur les officiers qui le composent, dont il fait partie lui-même, ne peut les avilir aux yeux de toute la colonie, surtout que lorsque la publicité reprochée ne vient pas de son fait; mais, pour empêcher qu'il ne soit fait à l'avenir aucunes remarques sur les arrêtés de l'assemblée coloniale qu'il aura sanctionné, il doit pourvoir à ce que, dans les arrêts d'enregistrement ou de transcription, il ne soit inséré aucune modification, ni restriction, ni observation, ni aucune clause qui puisse porter atteinte auxdits arrêtés. »

Si le calme de cette justification est de meilleur goût que l'emportement de l'assemblée coloniale et la violence acerbe de son style, aucune trace n'y apparaît de cette sensibilité qui fait bondir l'homme de cœur sous l'humiliation et l'outrage; une fustigation à coups redoublés, on ne la sent que pour discuter les droits de l'assemblée qui l'applique, pour implorer la protection, la compassion intéressée du gouverneur. Faut-il s'étonner après cela de ne trouver ni sincère, ni généreuse une argumentation inspirée par la crainte d'un châtiment? Certes l'assemblée se plaint de la publicité donnée à l'arrêt du conseil; mais ce n'est là qu'un reproche accessoire sur un fait secondaire aggravant le fait principal. Ce qui la blesse avant tout, c'est l'examen de l'un de ses décrets et l'observation injurieuse qui en est résulté. Ce grief, évidemment le plus sérieux, dont il se sent lui-même coupable, que son réquisitoire a dû provoquer, le procureur général se garde bien d'en faire la mention la plus légère; il affecte de ne pas en voir la portée, et ne s'en prend qu'à la lecture ordonnée par la juridiction; il charge de toute la responsabilité de cette offense le lieutenant de juge, pour lequel les devoirs de la confraternité lui commandaient d'essayer au moins une excuse; puis, se croyant couvert par une démonstration fournie aux dépens de l'un des siens il donne satisfaction à l'assemblée dans les derniers mots de son factum, où abordant, mais sans l'avouer, le véritable point à discuter, il reconnaît les torts du conseil par une phrase où l'humilité de la défaite, la plénitude de la soumission se trahissent sous des formules réitérées d'obéissance, sous un appel à des mesures qui ne permettent plus qu'à l'avenir *aucune remarque, aucune modification, ni restriction, ni observation, ni aucune clause ne puissent porter atteinte aux décrets* d'un pouvoir né d'hier, dont il faut subir l'irritante supériorité.

Le conseil retire ses observations sur le décret du 26 novembre. — Enfin, le 10 janvier 1791, le conseil supérieur, faisant droit aux réquisitions de son procureur général, ordonne que les observations insérées dans son arrêt du 8 décembre demeureront non avenues, et l'assemblée coloniale (c'est elle qui parle) *usant d'indulgence*, retire son décret du 15 décembre.

Janvier 1791.

Voilà donc vidée cette question de la transcription pure et simple. Il en restait deux autres, la sanction de l'organisation judiciaire et le serment à prêter par les magistrats, questions où l'assemblée coloniale va se trouver en face de la même opposition; car, si c'est le gouverneur qui sanctionne, c'est évidemment le conseil supérieur qui l'inspire ici, et qu'il veut ménager.

Je trouve aux archives une pièce sans date, ni signature, qui me paraît être une note remise au gouverneur pour l'engager à ne pas sanctionner un arrêté qui lui était présenté. Cette pièce est ainsi conçue :

« Les magistrats actuels, lorsqu'ils ont été installés dans leurs offices, ont prêté le serment d'exécuter et de faire exécuter toutes les lois du royaume, et celles particulièrement faites pour ces colonies.

« Exerçant les mêmes offices, ils ne sont pas tenus à un nouveau serment.

« Leurs pouvoirs leur ont été délégués par le roi et non par le peuple.

« Quand, par de nouvelles commissions, il les tiendront du peuple, ils seront assujettis à tel serment qu'il instituera.

« Les magistrats actuels exécutent de nouvelles lois faites par l'Assemblée nationale, même celle coloniale; mais ce sont toujours des lois du royaume ou des colonies dont l'observation tient à leur serment.

« L'Assemblée nationale, en faisant passer ses décrets, par la voie du pouvoir exécutif, à tous les tribunaux de la France, n'a pas exigé des officiers qui la composent de nouveau serment. En conséquence de celui qu'ils avaient déjà prêté, ils étaient tenus à l'exécution de ces lois nouvelles.

« Quand les tribunaux, en cette colonie, seront réformés en conformité de l'organisation du pouvoir judiciaire, et que ce sera le peuple qui nommera aux places, ceux auxquels elles seront déférées prêteront le serment institué par l'Assemblée nationale.

Janvier 1790.

« L'exiger actuellement des officiers qui ne tiennent pas de lui leurs pouvoirs, c'est s'emparer d'une autorité qu'on n'a pas, c'est usurper celle du roi qui les a revêtus de leurs offices, c'est tourmenter leur conscience, c'est les forcer peut-être à être parjures.

« On ne voit dans l'intention de l'assemblée d'autre esprit que celui de vouloir humilier, et non de concourir à cet accord et à ce bien général à qui ce serment est bien indifférent.

« Quant au voyage de Saint-Paul, on observera que c'est une peine, et que toute peine ne peut être encourue, surtout d'après la nouvelle constitution, que lorsqu'elle est prononcée par quelque loi.

« Du reste, on renvoie à l'arrêt qui sert de réponse à l'invitation au conseil de prêter dans le temps le nouveau serment.

« Au surplus, la question est vidée par l'Assemblée nationale elle-même, qui, n'ayant pas exigé un nouveau serment des anciens tribunaux a jugé qu'ils ne le devaient pas. »

Sur une autre feuille et d'une autre encre, bien que d'une écriture qui se rapproche beaucoup de celle du morceau qu'on vient de lire, je trouve une note que je suppose donner l'arrêt mentionné ci-dessus par le paragraphe : *Du reste on renvoie*, etc. Voici cette note :

« Le pouvoir législatif et le pouvoir exécutif ne peuvent être réunis.

« La magistrature tient au pouvoir exécutif, donc le serment qui constitue la magistrature ne peut être exigé et reçu que par le pouvoir exécutif.

« Donc l'assemblée coloniale, considérée comme législative sous quelque rapport, ne peut ordonner, ni recevoir le serment.

« Le magistrat ne doit son serment qu'à la constitution définitive, qui ne peut émaner que de l'Assemblée nationale.

Février 1791.

« L'assemblée coloniale ne peut faire que des arrêtés provisoires ; donc elle ne peut en faire pour exiger le serment, qui est une chose définitive. »

Viennent maintenant trois lignes, dans lesquelles se retrouvent et l'écriture et l'encre du premier morceau ; les voici :

« En supposant que l'Assemblée nationale rejetât un semblable arrêt, le serment ordonné n'en serait pas moins prêté. »

L'assemblée persiste à exiger le serment. — Le gouverneur ayant écrit dans le sens de la note ci-dessus, l'assemblée coloniale lui répondit :

Saint-Paul, le 15 février 1791.

« Monsieur le gouverneur,

« L'assemblée coloniale ne s'est pas écartée des principes en décrétant que tout fonctionnaire public sera tenu de prêter serment à la constitution, et nous ne croyons pas que vous puissiez refuser votre sanction à la partie de son décret qui doit faire un des articles de la constitution de cette colonie.

« L'assemblée n'a jamais prétendu astreindre à se rendre au lieu de ses séances à Saint-Paul ceux de MM. du conseil qui pourraient être retenus par quelque incommodité ; en disant le conseil supérieur, elle entend assez de membres du tribunal pour qu'ils puissent être regardés comme le tribunal entier.

« Rien ne nous démontre que l'Assemblée nationale ait donné au chef des tribunaux le pouvoir de recevoir le serment. Le représentant du roi est chef des municipalités comme des tribunaux ; les municipalités ont cependant prêté serment devant leur commune et le prêteront désormais devant le corps municipal qu'elles remplaceront. Le conseil supérieur, qui, s'il n'a pas été nommé par le peuple,

Février 1791.

ne doit pas moins se regarder comme délégué par lui, ne peut aujourd'hui prononcer le serment civique que devant le corps qui représente la colonie entière.

« Buisson, président. »

Saint-Paul, le 26 février 1791.

« Monsieur le gouverneur,

« L'assemblée coloniale a vu avec surprise que vous persistez dans l'opinion que le serment civique ne doit pas être exigé du conseil supérieur. Vous aviez cru ci-devant qu'il aurait pu le prêter devant le chef des tribunaux, et aujourd'hui vous pensez qu'il ne le doit pas absolument ; vous aviez égard alors à l'incommodité du voyage et à la mauvaise santé de quelques-uns de ses membres, et maintenant c'est leur conscience que vous craignez qui ne soit tourmentée.

« De quel œil la colonie peut-elle voir des magistrats que vous, Monsieur le gouverneur, croyez assez mauvais citoyens pour pouvoir prononcer avec répugnance le serment de maintenir la constitution et d'obéir à la loi, et même pour devenir parjures, en cherchant sans doute à renverser la constitution et en désobéissant à la loi ?

« Nous n'entendons pas bien la distinction que vous apportez entre le provisoire de nos décrets et le définitif des serments. Tout bon citoyen doit maintenir de tout son pouvoir la constitution française et celle que l'Assemblée nationale décrétera pour la colonie ; tout bon citoyen doit obéissance à la loi. Le serment de s'y soumettre est bien dans l'esprit des décrets de l'Assemblée nationale.

« Pour ce qui est des *décrets* de l'assemblée coloniale que vous appelez *arrêtés*, l'Assemblée nationale a bien réservé l'expression de décret aux actes du Corps législatif ; mais l'assemblée coloniale exerçant des fonctions législatives peut affecter le terme de décret à ses lois provisoires.

« Louis Laisné, président. »

Mars 1791.

Le 8 mars, le gouverneur annonce qu'il persiste dans son refus de sanction.

Protestations diverses contre les décrets d'organisation; réponse de l'assemblée. — L'assemblée ayant terminé son travail sur l'organisation judiciaire, l'envoya aux municipalités, en les invitant à présenter leurs observations. Il en vint un petit nombre. Cette organisation fut ensuite adressée au gouverneur avec prière de la sanctionner, sans toutefois la mettre encore à exécution. C'est ainsi que cette question et celle du serment vont se rencontrer dans la correspondance du gouverneur et de l'assemblée coloniale. Les réclamations d'un certain nombre de citoyens et le refus des administrateurs de faire des avances pour les émoluments des nouveaux juges paralysèrent longtemps l'assemblée. Sur ces réclamations elle dit, dans une adresse du 2 juillet à l'Assemblée nationale :

« M. Gillot-l'Etang a signé une adresse à l'Assemblée nationale dans le mois d'octobre 1790, au nom de quatre-vingt-dix-neuf habitants de Saint-Denis. Parmi ces quatre-vingt-dix-neuf, se trouvent des absents représentés ici par des agents d'affaires sans titre pour exercer leurs droits politiques; des citoyens morts ou partis depuis les procurations données; beaucoup de veuves et de filles majeures sans droits politiques. Plusieurs de ceux qui protestent à Saint-Denis protestent également dans d'autres communes.

« Dans le plan de constitution que nous avons proposé, nous avons voulu que les intérêts des citoyens fussent gérés par ceux d'entre eux qu'ils auraient choisis; que les juges fussent élus; qu'il n'y eût point de cour souveraine, afin de soustraire la colonie au despotisme des gens de loi et des praticiens; que les habitants dignes et capables fussent éligibles à tous les emplois. Les protestants, eux prétendent que les municipalités et le régime électif ne conviennent pas; ils veulent un seul tribunal supérieur, des juges inamovibles nommés par le roi, ou plutôt le ministre; que ces juges et nos administrateurs soient pris hors de la colonie; ils veulent éloigner les créoles des places les plus honorables, les vouer à l'ignorance. L'attachement à l'ancien ordre de choses est la source des protestations.

« S'il y a du trouble dans la colonie, il n'existe que dans les paroisses que les protestants agitent. Une assemblée de vingt-sept à vingt-huit citoyens de Sainte-Marie refuse d'exécuter les décrets de l'assemblée coloniale sanctionnés. Parmi ceux qui affichent ainsi la désobéissance aux lois se trouvent un conseiller et un assesseur au conseil supérieur, le procureur général et son substitut, et un adjoint du lieutenant de juge, dont les noms sont en tête de la protestation du 30 mai. Au bas du procès-verbal de Sainte-Marie se trouve la signature d'un conseiller, et c'est sur la motion de son fils que les protestations sont arrêtées. Les curés de Sainte-Suzanne et de Sainte-Marie prennent part à toutes les menées, assemblent chez eux les mécontents, sans observer les formalités prescrites. »

Suite de la question du serment et question de l'organisation judiciaire; l'assemblée soutient qu'elle ne sort pas de ses droits.

Saint-Paul, le 14 mars 1791.

« Monsieur le gouverneur,

« L'assemblée n'aperçoit dans votre refus de sanction qu'une délicatesse et la craintre d'outrepasser vos pouvoirs; elle espère vous prouver qu'elle a le pouvoir d'organiser l'ordre judiciaire et que cette organisation peut être mise provisoirement à exécution avec votre sanction.

« L'Assemblée nationale, par son décret du 8 mars, déclare que chaque colonie est autorisée à faire connaître son vœu sur la constitution, la législation et l'administration qui lui

Mars 1791.

conviennent; que les intérêts des colonies nécessitent pour elles un régime particulier, qui ne peut être préparé que d'après des notions locales.

« L'assemblée coloniale a donc le droit de préparer les plans de constitution, de législation et d'administration qu'elle croit convenir à la colonie, en se conformant à des bases générales indiquées par les articles 17 et 18 des instructions du 28 mars. Ces bases ne sont relatives qu'au pouvoir législatif et au pouvoir exécutif; il n'y est nullement question des pouvoirs judiciaires et administratifs. L'Assemblée nationale dit que, au delà de ce qui constitue les rapports des colonies à la métropole, elle n'a voulu imposer aucune limite à la liberté des assemblées coloniales; que celles-ci apercevront la distinction des fonctions législatives et exécutives, judiciaires et administratives, qu'elles examineront comment il convient de les organiser. Plus loin : Quelle source de prospérité n'offre pas au patriotisme des assemblées coloniales l'établissement d'un ordre judiciaire simple, etc.

« Il est donc hors de doute que l'assemblée coloniale a le droit d'organiser les pouvoirs judiciaires et administratifs sur les bases énoncées aux instructions, en se soumettant à la décision définitive de la législature française et du roi.

« Les instructions disent que les lois destinées à régir intérieurement les colonies peuvent et doivent se préparer dans leur sein et être exécutées provisoirement avec la sanction du gouverneur. Peut-on dire que l'organisation de l'ordre judiciaire ne regarde pas le régime intérieur des colonies ?

« Plus loin, en énumérant les diverses parties confiées aux assemblées coloniales, l'Assemblée nationale énonce l'établissement d'un ordre judiciaire simple, etc.

« Vous voyez, Monsieur le gouverneur, que nous sommes chargés d'établir un nouvel ordre judiciaire, que les lois préparées sur cet objet, tenant au régime intérieur, peuvent

Mars 1791.

être exécutées avec votre sanction. Pourquoi nous la refusez-vous. Vous craignez d'outrepasser vos pouvoirs ; mais ne devez-vous pas plutôt craindre de les outrepasser en refusant d'acquiescer à l'exécution de lois conformes aux instructions de l'Assemblée nationale ?

« Et qui sont donc ces magistrats que l'on ne pourrait, dites-vous enlever aux citoyens sans occasionner une crise ? Ils ont affiché un éloignement marqué pour la révolution. Si vous n'avez pas consenti à ce qu'ils furent astreints au serment civique, c'est que vous avez craint qu'ils ne s'y refusassent. A l'exception de deux seuls, ils ont affecté de s'éloigner des assemblées de paroisse pour ne pas prêter ce serment comme citoyens actifs. Il en est même qui l'ont refusé nettement en pleine assemblée. S'ils ont la confiance des citoyens, ils seront élus ; s'ils ne l'ont pas, quel mal peut-il résulter de leur éloignement ?

« Nous n'avons arrêté que les premières bases de notre travail ; avant d'aller plus loin, nous attendons les lumières que nous avons demandées aux citoyens de toutes les municipalités.

« BELLIER, président. »

Objections du gouverneur.

22 mars 1791.

« Je ne puis qu'applaudir au parti que prend l'assemblée de s'assurer encore mieux des vœux des quartiers avant de procéder à l'organisation d'un nouvel ordre judiciaire.

« Je conviens que l'assemblée peut établir tout ce qui tient à l'intérieur et que l'ordre judiciaire peut paraître y être compris. Mais comment ne pas être embarrassé quand on pense que les tribunaux qui existent sont établis d'après les édits du conseil d'État ; que les officiers qui les composent tiennent leurs offices de l'État, que plusieurs se sont expatriés pour venir les occuper, et que, puisque c'est une propriété qu'ils tiennent de la métropole, leur existence paraît tenir aux relations extérieures, et à des objets sur lesquels nous ne pouvons prononcer même provisoirement ?

« Une considération importante pour la colonie, c'est que, dès qu'elle nommera ses juges, elle les paiera.

« Bien des citoyens zélés pour la constitution professent mon opinion sur l'établissement d'un nouvel ordre judiciaire et pensent qu'il serait convenable d'attendre que les décrets sur cet objet nous arrivassent officiellement. Je pourrais ajouter combien on aperçoit de difficultés dans l'établissement de plusieurs tribunaux et la nomination des juges suivant les articles constitutionnels du décret; mais j'aime mieux laisser parvenir à l'assemblée tout ce qu'elle pourra recueillir de l'opinion des bons citoyens. »

Réponse de l'assemblée.

Saint-Paul, le 26 mars 1791.

« Monsieur le gouverneur,

« Si les décrets de l'Assemblée nationale, sanctionnés par le roi, donnent à l'assemblée coloniale le pouvoir d'établir provisoirement tout ce qui tient au régime intérieur de la colonie, les édits du roi et les arrêts du conseil d'État doivent disparaître. En établissant de nouvelles lois, il est impossible de ne pas toucher aux anciennes.

« Il est difficile de concevoir qu'on puisse regarder comme une propriété le droit de nous juger.

« La difficulté que vous nous montrez dans la finance nécessaire pour salarier les juges, ne doit pas nous arrêter ; car on ne peut, sans un ordre exprès du roi, enlever à la colonie les sommes affectées à cette dépense. Les juges nommés par la colonie appartiendraient-ils moins à la nation que ceux nommés par le roi ou par les administrateurs? Nous maintenons impossible qu'on doive abuser de l'état peu fortuné de cette colonie pour la tenir plus longtemps sous un régime vicieux.

Avril 1791.

« L'assemblée coloniale, Monsieur le gouverneur, vous prie de vouloir bien vous expliquer d'une manière positive sur le consentement qu'elle vous demande ; elle ne peut s'empêcher de vous faire observer que, en refusant votre sanction, vous devenez responsable de tous les événements qui peuvent résulter du désordre et de l'anarchie dans lesquels les obstacles qu'elle éprouve constamment de votre part toutes les fois qu'il s'agit du conseil supérieur, tendent à plonger la colonie. La décision que demande l'assemblée coloniale est d'autant plus instante que, frappée d'inertie par vos refus, elle devra alors se hâter de rendre compte de sa position à l'Assemblée nationale, et il serait infiniment douloureux pour elle d'avoir à peindre le représentant du roi dans cette colonie comme contraire à la régénération de l'empire dont elle a le bonheur de faire partie.

« Léon, président. »

Le gouverneur cède.

Saint-Paul, le 2 avril 1791.

« Monsieur le gouverneur,

« L'assemblée coloniale a vu avec beaucoup de satisfaction que vous étiez déterminé à sanctionner le décret concernant l'ordre judiciaire. Elle me charge de vous assurer que lorsqu'elle a annoncé l'intention de dénoncer des faits d'après lesquels l'Assemblée nationale aurait jugé, il n'a pu entrer dans le cœur d'un seul de ses membres aucun sentiment indigne du caractère de représentants dont ils s'honorent. Pénétrée de ses devoirs et du respect qu'elle doit au souverain, elle n'a pu vouloir usurper des pouvoirs qui ne lui sont pas délégués, ainsi que la dernière phrase de votre lettre semble l'en accuser...

« Léon, président. »

Les tribunaux prêtent le serment civique. — Plus tard, cinq mois après, la municipalité de Saint-Denis écrit à l'assemblée coloniale :

25 septembre 1791.

Septembre 1791.

« M. le procureur général du conseil supérieur de cette île ayant donné avis à M. le maire que les membres des tribunaux désiraient prêter le serment civique, il s'est empressé de convoquer le conseil général de la commune de cette paroisse pour recevoir ce serment. Nous avons l'honneur de vous adresser ci-joint expédition du procès-verbal qui en a été dressé le jeudi 22 de ce mois.

« Delutrac, maire. »

Concluons. Les tribunaux ne devaient pas un nouveau serment, par la seule et unique raison, qui est la bonne, qu'ils en avaient déjà prêté un, et que ni le roi qui l'avait reçu, ni l'Assemblée nationale ne leur en demandaient un second. J'ai vu se succéder quatre gouvernements, ennemis les uns des autres, sans qu'aucun serment ait été renouvelé par ceux qui continuaient les mêmes fonctions. En réalité, si l'assemblée insiste, c'est qu'elle veut humilier l'orgueil du conseil supérieur ; si le conseil résiste, c'est qu'il essaie d'échapper à l'humiliation ; si le gouverneur hésite à donner sa sanction, c'est par complaisance pour les magistrats et pour ne point participer à une violence inutile, et tous, gouverneur, assemblée coloniale et conseil supérieur subtilisent à l'envi afin de ne pas avouer leurs véritables motifs. Enfin l'orgueil s'abaisse à un compromis. Après avoir soutenu, avec raison, qu'il ne devait pas un second serment, le conseil s'humilie à le prêter, à condition que ce ne soit pas devant l'assemblée coloniale qui l'a exigé ; il le prêtera devant le conseil municipal, qui cependant l'a singulièrement blessé en prenant le pas sur lui. C'est probablement Chermont qui aura ménagé cet arrangement, dans lequel le conseil a été sacrifié à l'assemblée.

CHAPITRE IX

DISCORDE A SAINT-LOUIS ET A SAINTE-MARIE
SUJETS DIVERS

Janvier 1791.

Saint-Louis s'agite. — Saint-André n'a pas le privilège de l'effervescence. A l'autre extrémité du diamètre de l'île, Saint-Louis est également en ébullition. Un poste existait à l'Étang-Salé, sur le bord de la mer. Pierre-Dominique Hoarau, major de la garde nationale, et son frère François Hoarau, officier municipal, suivis d'un groupe nombreux, plus de soixante personnes, dit-on, se présentent un beau jour aux hommes de garde, leur ordonnent de se rendre au poste de l'église, ferment la porte, et s'en vont, non pas chez le maire, pour lui faire un rapport, mais chez eux, comme s'ils étaient maîtres après Dieu des choses de la paroisse. Pourquoi ce coup de main, ce soulèvement d'une partie de la population contre l'autre? Que serait-il advenu si l'Étang-Salé, moins sage ou plus énergique, avait repoussé cette invasion qui le privait de son poste? Le maire, l'abbé Lafosse, qui est en même temps curé de la paroisse, se plaint, et il a raison; mais il offense là des personnages qui probablement déjà ne sont guère de ses amis et qui vont attendre l'occasion de se venger.

Au commencement de janvier 1791, l'abbé Lafosse écrit à Legrand, procureur de la commune :

« Monsieur, le maïs dont j'ai l'honneur de vous parler est le maïs que j'ai prêté à M. Pascalis. Je désire avoir mon compte pour savoir si je puis disposer d'un peu de maïs en charité. L'état de nos biens qu'on nous demande (1) ne peut

---

(1) Voir plus loin *Biens curiaux*.

interrompre le cours des bonnes œuvres. La nation aura ce qui restera. Supposé que notre corps soit détruit et que conséquemment nos biens retournent au domaine, la grande difficulté sera pour les noirs ; car la constitution française reconnaît tout homme libre essentiellement. Conséquemment l'Assemblée nationale ne pourra jamais décréter la vente des hommes pour éteindre une partie des dettes de l'État, encore moins pour enrichir une colonie qui coûte tant et ne veut rien donner.

« Lafosse, prêtre. »

Legrand montre cette lettre adressée à lui seul pour affaire de son service. Les Hoarau s'en emparent et l'exploitent. Le 7 janvier, François écrit à Legrand lui-même :

« Monsieur, contre le vœu de mon cœur, les obligations de ma charge me forcent à instruire l'assemblée coloniale de la conduite peu réfléchie de M. Lafosse, mon collègue et mon pasteur. La tranquillité de l'île en général et celle du quartier en particulier y sont singulièrement intéressées.

« M. Lafosse, aussitôt qu'il a connu l'arrêté de l'assemblée coloniale à l'effet de demander à MM. les curés de l'île l'inventaire des biens de chaque cure, s'est permis de dire indistinctement à qui a voulu l'entendre que l'Assemblée nationale ayant décrété que tous les hommes étaient libres essentiellement, elle ne pouvait autoriser la vente des esclaves pour payer les dettes de la nation, encore moins pour enrichir cette colonie, qui a tant coûté à l'État, et qui ne lui a jamais rien rendu. D'après ce, M. Lafosse a ajouté qu'il allait donner la liberté aux soixante à quatre-vingts esclaves qui sont attachés à la cure. Ces discours insidieux ont jeté l'alarme parmi tous les habitants, qui sont effrayés de cette disposition du pasteur et maire, et, par une suite naturelle de celle où peuvent être les esclaves de ce quartier, dont au moins les trois quarts sont créoles. Les craintes de MM. les habitants sont d'autant mieux fondées, que tous les noirs de l'habitation de M. Boucher, il y a

Janvier 1791.

quelques années, allèrent tous marrons sous de vains prétextes et portèrent avec eux les malades sur leurs cadres. Il y a deux mois, quatre-vingt-dix des noirs de M. Pascalis furent six jours dans le bois, parce que leur maître les avait fait travailler le lundi 1ᵉʳ novembre, le vicaire d'alors ayant annoncé le dimanche que c'était la Toussaint, fête gardée. Toute la paroisse sait, pour l'avoir vu, la peine que M. Lafosse lui-même a eue pour contenir les esclaves de la cure, accoutumés à ne faire en partie que ce qu'ils voulaient. Ils se sont aussi presque tous absentés pendant quelques jours. A côté de l'habitation de la cure sont cent vingt à cent trente esclaves créoles à Mᵐᵉ Nativel, ayant le même génie que ceux de la cure, qui, par la proximité, se voient nuit et jour. Voilà donc, sur ces quatre habitations contiguës, plus de six cents esclaves, qui, agités par le désir d'une liberté plus nuisible pour eux qu'avantageuse, peuvent faire beaucoup de mal à ce quartier, et causer un très grand désordre à la colonie. S'il fallait absolument et nécessairement les rendre libres, il vaudrait mieux les renvoyer dans leurs pays et les blancs rester à cultiver eux-mêmes la terre.

« François Hoarau,
officier municipal. »

Dès les premiers mots de cette lettre, on pouvait voir ce que machinait François Hoarau ; *mon cœur, les obligations de ma charge, mon collègue et mon pasteur* préparaient visiblement une perfidie. Il a entre les mains la lettre du curé, ou du moins il l'a eue ; il la sait par cœur, ou peu s'en faut ; il la reproduit exactement, quelquefois textuellement, et cependant il se garde d'en parler ; à l'entendre le curé n'écrit pas, mais parle à tout venant. La lettre vraie, telle quelle, ne lui suffit pas ; il lui faut quelque chose de plus, et comme

Toujours par quelque endroit fourbes se laissent prendre,

il se laisse prendre par ces mots : *D'après ce, M. Lafosse a ajouté,* qui trahissent le point, l'endroit précis où lui

Janvier 1791.

François Hoarau ajoute un passage inventé, mensonger, dont il a besoin pour le développement de sa calomnie. Le grain semé germera, donnera des fruits. Lafosse désormais est un homme dangereux, dont il faut suspecter les ordres, surveiller les démarches. S'il paraît quelque part, ayez les yeux sur lui; si des noirs l'accompagnent, jetez le cri d'alarme.

Le nommé Armand, noir de la cure, étant à l'église, assis sur un banc, Louis Técher, officier de garde, lui dit : « Fais-moi place, mon ami. » Le noir répond : « J'attends mon maître, qui est à l'autel; quand il sortira, je vous donnerai ma place. » Sur cette réponse, Louis Técher va chercher un homme du poste et ordonne de prendre le noir. Celui-ci résiste en disant des injures au garde national. Jean-Rémy Rivière se met de la partie, reçoit deux coups de poing et crie main-forte. Jean-Marie Payet, Georges Hoarau, Louis Técher et Gabriel Le Perlier s'emparent avec beaucoup de peine du récalcitrant, qui, dans la lutte, déchire la culotte de Louis Técher et jette à bas Jean-Marie Payet. On parvient cependant à l'emmener; on le met au bloc. Le major averti ordonne d'informer le curé, Lafosse, en sa qualité de maire et comme propriétaire de l'esclave.

Rivière va trouver le curé, qui lui dit de faire venir Armand et ceux qui s'en plaignent. Il sort de l'église; des curieux attendaient à la porte. « Eh bien ! qu'a dit le curé? — Il a dit d'ôter son noir du bloc et de le conduire au presbytère. — Non, non; qu'il écrive un ordre ou qu'il vienne lui-même. » Lafosse, sortant, s'adresse à un groupe et demande qui se plaint. « Moi, dit Julien Nativel; je l'ai vu frapper des blancs. — En ce cas, Messieurs, il est bien où il est. — Portez-moi une plainte, si vous exigez une autre punition. » Et il s'en allait vers le presbytère avec Bellon, Paul Lauret et Ferrère, lorsque Françoise, une de ses négresses, sœur du prisonnier, l'aborda et se mit à lui faire un récit tout à l'avantage de son frère, qu'on aurait accablé de coups, disait-elle. Craignant que le malheureux ne fût en danger, le curé pria ceux qui l'accompagnaient de venir au corps de garde. Ils y allèrent, sans remarquer qu'une foule de noirs, de négresses montaient aussi, attirés sans aucun doute par la curiosité. Voyant venir cette multitude, les gens du poste perdent la tête, s'imaginent qu'une émeute commence, que le curé vient forcer le poste à la tête de sa bande, de celle du citoyen Boucher, et tous ensemble se mettent à crier à l'alarme. Les habitants qui, après la messe, s'en retournaient chez eux, reviennent sur leurs pas, les noirs s'enfuient. Le curé arrive au poste ; il a beaucoup de peine à se faire ouvrir la porte ; il entre enfin, interroge son noir, reconnaît qu'on ne l'a pas maltraité comme a dit Françoise, et s'en va.

Le lendemain, le conseil général de la commune étant assemblé, le maire dénonce la conduite tenue à son égard, et le conseil reconnaissant qu'il n'a fait qu'user de ses droits, blâme les gens du poste qui ont poussé le cri d'alarme. Le maire néanmoins donne sa démission. Il saisit d'une plainte l'assemblée coloniale, à laquelle François Hoarau l'a dénoncé, à laquelle arrive bientôt après le procès-verbal d'une assemblée de Saint-Louis, qui, sur la motion du même François Hoarau, a décidé que Lafosse ne peut rester curé de la paroisse, ni même y garder son domicile.

L'assemblée coloniale ayant chargé un comité de l'examen de cette affaire, le comité observe « que la lettre du curé Lafosse contient une opinion qui ne peut avoir, même en cette colonie, aucun effet dangereux que par la publicité ; que, conséquemment, celui qui a publié cette opinion doit être regardé comme plus coupable que celui qui l'a écrite ; que cette publicité ne peut être regardée que comme un abus de confiance de celui à qui la lettre a été adressée ; que la délibération de la paroisse de Saint-Louis a contribué à répandre des propos qu'il eût été plus prudent de

Mars 1791.

taire à ceux qui les ignoraient; que du reste cette paroisse a fait preuve d'une animosité répréhensible en rendant un jugement sans témoignage et sans preuve; il estime qu'il y a lieu que François Hoarau et Dominique Hoarau soient mandés à la barre de l'assemblée pour y rendre compte de leur conduite; que trois commissaires soient nommés pour procéder à une information. »

Saint-Leu intervient et ramène le calme. — La commune de Saint-Leu intervient; elle envoie Jean-Baptiste Martin Saint-Lambert à Saint-Louis, avec mission de ramener la paix; le maire Dennemont lui écrit, le 9 mars 1791 :

« Ne négligez rien pour réussir, mon cher Saint-Lambert. Il est essentiel d'arrêter la procédure. Une paix générale peut seule conduire à ce résultat. Personne ne doit être exempt du bonheur d'en jouir. La satisfaction que procurera une heureuse tranquillité ne sera pas complète, si quelqu'un en est privé. Il faut que tout le monde y participe. Pour moi, je le répète, mon avis est qu'il faut arrêter la procédure à quelque prix que ce soit. Voilà le point essentiel. On me répondra peut-être que la chose est impossible sans telle condition. Il n'en faut aucune dans le moment. La paix! la paix! Si l'on est indifférent à ce besoin et que l'on continue le procès, il s'ensuivra un jugement, et alors il ne sera plus temps de réfléchir. Faites les plus vives instances; priez, suppliez, n'ayez rien à vous reprocher. Soyez pour le général et non pour personne en particulier. Nous devons ignorer si quelqu'un a des torts, s'il y a des coupables, s'il y a des innocents. Il nous suffit de savoir que nos frères sont dans l'agitation pour que nous volions à leur secours. Je donnerais ce que j'ai de plus cher pour que vous parveniez à les réconcilier. Adieu.

« Votre frère et ami,

« Dennemont. »

Juillet 1791.

Certes voilà une belle lettre, et qui repose de vilaines choses. Le 15 mars, Bellier, président de l'assemblée coloniale, pouvait écrire au gouverneur :

« Par l'entremise de la municipalité de Saint-Leu, les deux partis qui divisaient Saint-Louis se sont rapprochés; la paix et l'harmonie s'y rétablissent. Le curé s'est réconcilié avec ses paroissiens; ils sont tous convenus d'oublier leurs torts réciproques. L'assemblée verrait avec le plus grand plaisir que cette affaire n'eût aucune suite. »

Les troubles renaissent à Saint-Louis. — Encore un souhait qui s'en est allé à vau-l'eau, comme tant d'autres. Le 15 juillet, le maire Pascalis et les officiers municipaux de Saint-Louis envoyaient à l'assemblée coloniale des lettres du curé Lafosse à Pascalis, qu'ils dénonçaient comme peu respectueuses envers le premier magistrat de la commune. « M. Lafosse, disaient-ils, loin de se renfermer dans son ministère, reparaît sur la scène, comme s'il n'avait aucun reproche à se faire. Il apostrophe, dans nos assemblées primaires, les citoyens en charge, toujours prêt à suivre son caractère véhément et insubordonné. » On ajoutait qu'il s'était rendu de mauvaise grâce à l'église pour bénir le nouveau pavillon français, qu'il disait publiquement que le pavillon, sur lequel il avait simplement jeté quelques gouttes d'eau bénite, n'était pas bénit; il avait refusé de signer le procès-verbal.

Lafosse répondait : « Veut-on que je garde le silence, lorsque, dans une assemblée primaire, on ose me contester le droit de voter, sous prétexte que j'ai été dénoncé à l'assemblée coloniale? Et pourquoi dénoncé? Parce que la municipalité se regarde comme injuriée dans une lettre qui n'est pas de moi, mais qu'elle m'attribue. J'ai protesté; on m'a menacé de m'arrêter, et peut-être l'aurait-on fait, si je n'avais pris le parti de la retraite. Quant à ce qui concerne le pavillon, c'est une calomnie. Le pavillon a été porté au

Juillet 1791.

pied de l'autel et bénit par moi. A la vérité, M. Pascalis m'ayant invité à signer le procès-verbal, j'ai cru devoir le prier de m'en exempter, parce que, en signant, j'attesterais implicitement que j'avais donné la bénédiction consacrée par le rite de l'Église, tandis que, n'ayant pas trouvé les oraisons propres, je me suis contenté de bénir d'une manière quelconque, jusqu'à ce que, me les étant procurées, je réitère la cérémonie. Tout le monde l'a si bien entendu, qu'un plaisant s'est écrié : « Eh bien! s'il n'est pas baptisé, il est au moins ondoyé. »

« On n'aime pas à me voir exiger rigoureusement le serment prescrit, et trouver des faux dans les procès-verbaux ; c'est la seule raison qui porte à me faire écarter. Si l'assemblée coloniale veut bien surprendre l'obligation que j'ai contractée par mon serment de soutenir la constitution, volontiers, pour la paix, je me condamne à la retraite; autrement j'irai aux assemblées, et, dussè-je en être la victime, j'exigerai l'exécution littérale des décrets de l'assemblée coloniale. »

Le curé Lafosse se condamner à la retraite! Il en serait le premier puni. La retraite ne va pas à son tempérament; il lui faut l'action, l'action quand même, jusqu'à mettre deux pistolets à sa ceinture, et à marcher à la tête de sa paroisse révoltée *contre les décrets de l'assemblée coloniale*. On le verra bien un jour. Quant à présent, il se donne le plaisir de taquiner la municipalité qui prête le flanc à ses agaceries et lui rend en violences ce qu'il jette en malices.

Mais, me dira-t-on, tout cela est bien peu intéressant. Ces querelles, ces disputes d'homme à homme, qui n'aboutissent à rien de sérieux, méritent-elles que le souvenir en soit conservé, sont-elles dignes de l'histoire? Je réponds que l'histoire n'est pas un roman qui invente pour plaire ; elle donne ce qu'elle trouve, rien de plus, rien de moins, là-bas César et Pompée se disputant le monde, ici Lafosse et Pas-

Juillet 1791.

calis agitant leur village. Ici elle s'adresse, il ne faut pas qu'on l'oublie, à un petit nombre de lecteurs heureux, quand même, de retrouver des noms connus d'hommes, de localités, et les événements qui ont occupé leurs pères, passionné leurs communes. Si, dans les faits que je reproduis, le pays est peint tel qu'il était, si l'on y reconnaît la physionomie de l'époque, ne suis-je pas arrivé à mon but? Je l'ai dit, dans ma préface, j'écris pour mes enfants et mes amis; j'ai pensé que, pour eux, comme pour moi, tout ce qui se rattache à notre parcelle de terre perdue au milieu de l'Océan, peut avoir son intérêt. Que d'autres dédaignent certains détails qui nous touchent, je le comprends; ils n'ont qu'à fermer ce livre que j'ai rempli de choses qui me vont au cœur, choses petites, mesquines, peut-être, mais

<blockquote>Guenille, si l'on veut, ma guenille m'est chère.</blockquote>

La discipline militaire laisse à désirer. — « Le soldat, dit le maire de Saint-Denis dans une lettre au gouverneur, du 30 janvier 1791, traite le citoyen de Turc à More; il affecte de le provoquer, court la nuit dans les rues et pénètre dans les emplacements, armé d'un sabre, d'un gourdin et même déguisé, à la recherche des négresses qu'il débauche. Hier, un citoyen a été insulté, bousculé, accablé de propos injurieux, en plein jour, dans une rue. »

Une scène plus regrettable encore s'était passée le 26 du même mois. Les soldats du régiment de Pondichéry, ayant des motifs d'irritation contre un citoyen nommé Étienne Lallemand, l'avaient conduit ou attiré à la caserne, forcé de se mettre à genoux et de faire des excuses. De là, réunion en assemblée des habitants de Saint-Denis, plainte formulée au procès-verbal contre les soldats, envoyée à Saint-Paul par une députation à l'assemblée coloniale, qui la transmet au gouverneur, en lui rappelant la responsabilité qu'il encourt. Le gouverneur, de son côté, a déjà fait faire une enquête par La Reinaudie, major de place; mais aucune

Février 1791.

punition n'a été infligée. L'assemblée s'en étonne et demande une peine, principalement pour l'officier de service qui a semblé autoriser la violence exercée contre Lallemand.

Places d'honneur supprimées dans les églises. — Le 3 février 1791, l'assemblée arrête qu'aucun corps, dans la colonie, n'aura de places distinctives dans les églises, sauf le droit réservé au gouverneur, comme représentant le roi, et au président de l'assemblée coloniale, comme représentant la colonie.

Joseph Hubert affranchit Jean-Louis. — Le 12, Joseph Hubert demande l'autorisation d'affranchir son jardinier Jean-Louis, pour les soins dévoués que cet esclave a donnés au premier giroflier. L'assemblée, en accordant l'autorisation, remercie Joseph Hubert des services qu'il a rendus à la colonie.

École des Requiem. — Le 16, l'assemblée autorise Jean Requiem, Jean-François Requiem, son fils, et Françoise Larché, femme de Jean et mère de François, à ouvrir une école à Saint-Denis.

École de l'abbé Bellon. — En 1791 (sans date plus précise, mais nous y reviendrons), une société de personnes instruites propose l'établissement, à Saint-Denis, d'une maison d'éducation, sous la direction de l'abbé Bellon, au haut de la rue de l'Église. La caserne n'est pourtant pas disponible.

Des citoyens de Saint-Denis refusent de payer leurs contributions. — Il s'agit de contributions consenties par l'assemblée paroissiale et approuvées par l'assemblée coloniale. Alors, le 27 février 1791,

Juillet 1791.

« L'assemblée coloniale,

« Vu le décret du 17 décembre 1790 portant que les impositions nécessaires aux dépenses locales seront délibérées par le conseil général de la commune, puis consenties par les citoyens actifs de la paroisse ; que la répartition et la perception de ces impositions seront faites avec l'approbation de l'assemblée coloniale ;

« Considérant que, par le décret du 17 décembre, elle a attribué aux citoyens un droit que la constitution du royaume ne leur accorde pas, celui de consentir personnellement leurs contributions d'après une délibération commune ; que, d'après l'attribut de ce droit extraordinaire, elle a dû penser qu'il ne pouvait plus y avoir aucune difficulté sur la perception des contributions ainsi consenties ;

« Considérant avec douleur qu'elle a trop favorablement jugé des intentions de quelques-uns de ses concitoyens,

« Arrête :

« L'arrêté approuvant les contributions consenties par l'assemblée paroissiale de Saint-Denis est rapporté. Les rôles seront rendus exécutoires par les assemblées administratives. Les municipalités feront poursuivre les contribuables en retard. »

Installation du pavillon national à Saint-Paul. — « L'an 1791, le 14 juillet, le corps municipal s'est assemblé en présence d'un grand nombre de citoyens. Le maire a prié le commandant de la garde nationale d'envoyer un détachement prendre le pavillon national du port, envoyé de Saint-Denis par M. Duvergé, qui était dans les bâtiments du roi, ce qui a été exécuté. Pendant ce temps, on a délivré au porte-drapeau l'étendard de la garde nationale. Les compagnies se sont ordonnées et ont reçu au milieu d'elles le pavillon et l'étendard. On s'est rendu à l'église, où, après la messe, le pavillon a été présenté au pied de l'autel par M. le maire. M. Davelu, curé, a bénit le pavillon, et à

Juillet 1791.

l'instant il a été fait une décharge de vingt et un coups de canon. Immédiatement après, le pavillon bénit a été porté, accompagné de MM. les prêtres et du corps municipal, entre deux haies formées des compagnies de la garde nationale et d'un grand nombre d'habitants de tout âge et de tout sexe jusqu'au pied du mât de pavillon. Au moment où il a été hissé, il a été fait une seconde décharge de vingt et un coups de canon. Le maire a prononcé un discours très civique et très patriotique. Il a terminé son discours par les cris de : *Vive la nation! Vive le roi! Vive le roi!* Ces cris ont été répétés par tous les assistants avec un patriotisme vraiment démontré. Ensuite on est retourné dans le même ordre, tambours battant, jusqu'à l'église, où M. le curé a entonné le *Te Deum*, qui a été chanté avec harmonie et majesté.

« Les compagnies de la garde nationale sorties de l'église, avec le corps municipal, M. le maire a fait part du désir qu'avait M. de Lort de voir son fils, âgé de dix-sept à dix-huit mois, admis dans la compagnie dont il faisait partie. L'acceptation ayant été faite de son fils dans la compagnie de M. Prieuré, M. de Lort a prononcé, à la tête du corps, entre les mains de M. le maire, le serment civique pour son fils, et a promis de l'élever dans toutes les vertus patriotiques.

« Ensuite on s'est rendu à la maison commune, où le drapeau a été replacé. »

Le même jour, la même fête a été célébrée à Saint-Denis, mais sous la brise et la pluie.

Discorde à Sainte-Marie. — Il s'agit, dans cette commune, de nommer deux députés et un suppléant à l'assemblée coloniale, un membre de la chambre administrative, un officier municipal, trois notables et le procureur de la commune. L'assemblée paroissiale est convoquée cinq fois, du 1er mai au 10 juillet 1791 ; à chaque fois les procès-verbaux

Juillet 1791.

constatent des protestations, et l'assemblée coloniale annule les opérations. La plus grande partie de la commune s'est séparée du maire, Jean-Baptiste Deguigné, raide, cassant, qui reste avec 22 électeurs contre 32. De part et d'autre, on s'adresse au gouverneur; on le prie de venir; peut-être sa présence amènera-t-elle un rapprochement. Chermont, qui paraît incliner vers les 32, qui, du reste, a pu voir à Saint-André que la raison est impuissante contre les entêtements populaires, peu jaloux d'entendre des criailleries sans résultat, se borne à quelques conseils et se tient à distance.

CHAPITRE X

DEUXIÈME ASSEMBLÉE COLONIALE
COLLÈGE DE L'ABBÉ BELLON — SUJETS DIVERS

Août 1791.

Ouverture de la deuxième assemblée coloniale. — La deuxième assemblée coloniale s'ouvrit à Saint-Paul le 16 août 1791. Son premier soin fut d'écrire à Joseph Hubert, dernier président de la précédente législature, une lettre que nous citons, parce qu'elle contient un résumé, en même temps qu'une appréciation des travaux accomplis jusque-là par les représentants de la colonie, et qu'elle se termine par un témoignage personnel adressé à un homme que de grandes qualités et de grands services entouraient de l'estime du pays tout entier.

L'assemblée coloniale à Joseph Hubert.

Saint-Paul, le 16 août 1791.

« Monsieur,

« La reconnaissance a été le premier sentiment des membres qui composent en ce moment l'assemblée coloniale. C'est à vous, Monsieur, qui avez si dignement présidé l'assemblée dans les dernières séances de la première législature, que nous présentons l'hommage dû à nos prédécesseurs.

« En effet, que ne devons-nous pas à ceux qui, en exécution des décrets et instructions des 8 et 28 mars, ont posé les bases de notre heureuse révolution, malgré les obstacles qu'ils ont rencontrés dans cette pénible carrière, et qui nous remettent les rênes de cette colonie, après y avoir maintenu une paix si nécessaire au bonheur de ses habitants.

« Les droits des citoyens recouvrés sont, nous le savons, un bienfait de la mère patrie ; mais la liberté transportée dans notre île pouvait faire naître des orages dont l'idée seule fait frémir. L'assemblée coloniale a su l'y naturaliser pour ainsi dire, et c'est aux principes modérés qui ont caractérisé ses délibérations que nous sommes redevables de la tranquillité dont jouissent aujourd'hui les habitants de cette colonie.

« En réfléchissant un instant sur les écueils qui environnaient l'assemblée coloniale et qu'elle a surmontés, l'homme qui n'est pas ingrat se rappellera avec sensibilité qu'aucun acte de sévérité n'a été exercé, que les peines ont été adoucies, que les droits des citoyens ont été respectés et même étendus ; il se rappellera avec reconnaissance que les députés, économes de la fortune publique, ont sacrifié la leur, et se sont à peine permis les dépenses indispensables ; qu'ils ont conservé aux citoyens le droit de choisir, sans degré intermédiaire, ceux qui doivent préparer les lois de cette colonie, et que les pétitions qu'ils ont adressées à l'Assemblée nationale ont reçu l'approbation de ceux mêmes qui protestaient contre l'envoi qui en a été fait ; l'homme qui n'est pas ingrat se rappellera encore que les mêmes députés ont décrété l'organisation des nouveaux tribunaux, afin de procurer à cette colonie une justice prompte, rapprochée et dépouillée de tous moyens de despotisme et d'oppression, telle enfin qu'elle convient à des hommes incessamment occupés d'une culture avantageuse.

« Voilà, Monsieur, ce que vous avez fait, et nous ne pouvions le taire. Retiré dans vos foyers et rendu aux cultures que vous aviez abandonnées, jouissez, ainsi que vos collègues, de l'estime publique que vous avez si bien méritée, et de cette précieuse liberté que vous avez assurée à la colonie et aux citoyens qui vous avaient honorés de leur confiance.   « GRESLAN, président. »

Novembre 1791.

L'assemblée coloniale et la municipalité de Saint-Denis sont logées aux Étuves. — L'assemblée coloniale vint se fixer à Saint-Denis le 1er novembre 1791. Des dispositions faites aux Étuves permirent de lui livrer ce bâtiment, qu'elle devait occuper avec la municipalité de Saint-Denis, l'une prenant le haut, l'autre le bas ; mais elles convinrent d'alterner, et finirent cependant par s'apercevoir que mieux valait avoir chacune son local particulier, en sorte que l'assemblée coloniale prit le bout oriental de l'étage.

Prorogations. — Le 23 novembre, l'assemblée fixa la fin de sa session au 20 décembre ; mais elle arrêta ses travaux le 7, plusieurs de ses membres prévoyant qu'il leur serait impossible de venir aux séances jusqu'au 20 décembre.

Le 12 mars 1792, l'assemblée coloniale, après avoir invité les habitants de la colonie à faire connaître leurs observations sur la constitution, la législation et l'administration de l'île, et, pour donner à son comité de revision le temps de préparer les travaux dont il était chargé, s'ajourna du 17 mars au 4 juin. Le 4 juin, vingt-quatre membres étaient présents ; mais plusieurs s'étant démis, on n'était plus en nombre le lendemain pour délibérer.

Bruits de révolte. — Le 12 juin, la municipalité de Saint-Denis, inquiétée par des rapports qu'on ne cessait de lui faire sur un complot qui devait éclater le 23, demanda au gouverneur quatre pièces de canon. Le 19, l'assemblée coloniale mit la force publique à la disposition du gouverneur. Ainsi s'expliqua plus d'une fois le peu d'empressement des députés à se rendre aux séances, en laissant dans les campagnes leurs familles qu'aucune police ne protégeait contre des attentats possibles.

Le 21 juin 1792, l'assemblée coloniale invita les municipalités à faire arrêter les vagabonds, les gens sans aveu et les suspects.

Août 1792.

L'assemblée s'adjoint vingt-deux membres. — Le 20, elle avait décidé que, à partir du 22 août suivant, elle serait augmentée de vingt-deux membres pour la revision de la constitution, augmentation qui ne fut pas approuvée à l'île de France.

Malartic, gouverneur général des deux îles, et Du Plessis, gouverneur particulier de Bourbon. — Le 12 juin 1792, fut renouvelé le vœu, déjà exprimé le 1er octobre 1790, du maintient de Chermont au gouvernement de l'île. Mais, le 20 décembre précédent, une commission de gouverneur général des îles de France et de Bourbon et de commandant général des établissements français au delà du cap de Bonne-Espérance, avait été donnée par Louis XVI à Anne-Joseph-Hippolyte de Malartic, lieutenant général des armées, en remplacement de Cossigny, et une commission de gouverneur particulier de Bourbon à Jean-Baptiste Vigoureux Du Plessis, maréchal des camps et armées du roi, ancien gouverneur de l'île de Saint-Vincent.

Commissaires civils. — Un rapport, présenté à l'Assemblée nationale législative le 7 janvier 1792, par Aubert Journu, député de la Gironde, rappela que, le 18 août précédent, l'Assemblée nationale constituante avait décrété l'envoi aux îles de France et de Bourbon de deux commissaires civils pour organiser le nouveau régime de ces colonies, proposer des réformes, etc. Ce décret ne faisant aucune mention de nos établissements en Asie, Journu demandait que le nombre des commissaires fût porté à quatre avec des instructions plus étendues. Sa proposition fut adoptée par un décret du 15 janvier, et une proclamation du roi du 1er février annonça la nomination de :

Jean-François Le Boucher, Daniel l'Escalier, Marc-Antoine-Pierre Tirol, Joseph-Pierre Du Morier.

Août 1792.

Les colonies placées loin de la métropole, loin de sa direction et de sa surveillance, ont besoin, en effet, d'un contrôle exercé sur les lieux. C'est donc une idée juste que celle qui a conduit à la création des commissaires civils ; mais, au lieu d'en faire simplement des inspecteurs voyant tout, rendant compte de tout et ne paralysant rien, on en a fait une doublure de l'autorité locale, ayant besoin eux-mêmes d'être inspectés, puisqu'ils agissaient, une superfétation, puisque les administrateurs étaient maintenus au-dessous d'eux avec leurs attributions, une gêne par le droit de réquisition, par le droit de se mêler de toutes choses. Il y eut donc là une institution mal comprise, à laquelle il fallut renoncer, que l'on reprit plus tard, et qui même aujourd'hui n'a pas trouvé son organisation définitive.

Loi qui donne deux députés à Bourbon. — Le 22 août 1792, l'Assemblée nationale, fixant le nombre des députés que chaque colonie devait avoir à la Convention nationale, donna deux députés et un suppléant à l'île Bourbon.

Disette de subsistances. — Le 27 août 1791, les entrepreneurs de boucherie représentent qu'ils éprouvent de grandes difficultés à se procurer des bœufs et même les porcs nécessaires au service, le nombre de ces animaux, des premiers surtout, étant considérablement diminué par suite de maladies et d'une exportation fréquente de viande salée, Duvergé demande à Dupuy qu'il soit défendu aux habitants de tuer autant de bœufs ; l'assemblée veut qu'on laisse aux propriétaires toute leur liberté. Voilà en présence la routine et le progrès. Il était temps qu'on en finît avec les préjugés de ces administrateurs qui, ensevelis dans leurs bureaux, loin du travail qui fait la prospérité d'un pays, s'imaginent que l'intelligence et l'activité humaines se règlent par des arrêtés, peuvent être comprimées sans perdre leur ressort.

Septembre 1791.

Le 10 septembre suivant, la municipalité de Saint-Denis s'effraya de la nouvelle que six cents hommes de troupes de ligne seraient prochainement envoyés à Bourbon. S'adressant à l'assemblée coloniale, elle lui représenta « que la rareté des bœufs, du cochon salé, du saindoux et surtout du blé ne permettait pas de se dissimuler les inconvénients qui résulteraient d'une augmentation subite et considérable de bouches à nourrir. Le seul moyen serait de disperser les troupes dans les paroisses les plus considérables de l'île. Cent hommes étaient plus que suffisants pour garder les portes, et, même en temps de guerre, on n'en laissait que soixante à quatre-vingts. »

Il est certain que la colonie pouvait produire plus de grain et de viande qu'elle n'en donnait; mais il aurait fallu qu'un mouvement commercial, qu'on avait toujours gêné, lui assurât des débouchés pour les quantités qui eussent excédé ses besoins propres. Ce mouvement n'existant pas, elle se portait vers le coton et le café qu'elle trouvait à vendre au dehors, et se bornait, quant à la culture des vivres, à ce qu'elle consommait chez elle ou fournissait à l'île de France. Toute surprise de ce côté ne pouvait donc être qu'inquiétante, mais, comprenons-le bien, inquiétante seulement pour l'administration. Les plaintes si souvent formulées par Duvergé n'étaient justifiées que par la détresse de son service, auquel les producteurs s'empressaient peu de livrer leurs denrées au prix d'un tarif toujours le plus étroit possible. Les familles, au contraire, vivaient dans l'abondance, grâce aux ressources infinies des campagnes dans un pays essentiellement agricole, et au soin qu'on avait de garder en magasin des provisions pour l'année, largement suffisantes, mais sans excès inutile. Si l'on allait demander des grains ou de la viande à un propriétaire, sa réponse était qu'il n'en avait pas, et, en effet, il n'en avait que pour lui et pour les siens; mais, en totalisant les petits superflus que chacun s'était réservés par

Décembre 1791.

prudence, on pouvait, à un moment donné, trouver un secours important à fournir, par exemple, à l'île de France. Il en est ainsi dans tout pays où il n'y a que des ressources particulières, les ressources générales n'ayant pu se former sous une compression qui étouffe la liberté de l'association et pousse à l'isolement.

La lettre suivante de Duvergé au ministre de la marine nous dira quels embarras l'administration s'était créés, en se mêlant de tout, de choses qui ne la regardaient pas, lampes des postes municipaux, la soupe des gardes nationaux de service, plantations des habitants.

30 décembre 1791.

« J'ai eu l'honneur de vous exposer que j'étais obligé de continuer de la caisse et des magasins du roi des dépenses qui regardaient le gouvernement intérieur. Elles consistent en la nourriture des noirs de commune et celle des habitants de garde dans les différents quartiers, en luminaire des corps de garde, appointements, solde, nourriture et habillement des inspecteurs et gardes de police et en loyer de leurs bureaux. J'ai souvent fait des observations à cet égard; on m'a toujours opposé que la colonie ne pouvait y pourvoir elle-même, vu les difficultés qu'on éprouvait pour la perception des impositions.

« J'avais perdu de vue que les habitants de garde à Saint-Pierre recevaient leurs vivres en pain. Des certificats de fournitures m'ayant averti, j'ai écrit à M. Lefebvre de Chantraine, garde-magasin, de prévenir M. Sanglier, maire, que les vivres ne seraient plus avancés à la garde qu'en maïs, comme dans les autres paroisses. M. Sanglier lui a répondu que la municipalité exigeait que le pain continuât à être fourni, jusqu'à réception d'ordres de France. J'ai chargé le garde-magasin de continuer le pain jusqu'à nouvel ordre. Je m'en félicite, car la municipalité de Saint-Pierre s'est plainte du premier ordre à l'assemblée administrative, qui a représenté à M. de Chermont que son exécution pouvait causer du trouble, même une insurrection de la part des habitants de la paroisse.

« J'ai envoyé pour semailles vingt milliers de blé à la municipalité de Saint-Louis et vingt cinq milliers à celle de Saint-Pierre, en les priant de les faire rentrer elles-mêmes lors de la récolte, afin de ne pas grossir les quantités de grains dues depuis plusieurs années par divers habitants à qui elles ont été prêtées. La récolte étant faite, je les leur ai demandées ; elles ne m'ont pas répondu, et j'ai su que celle de Saint-Pierre entendait que le roi supportât les frais d'embarquement, de transport et de débarquement et les déchets, et qu'elle avait remis au garde-magasin les obligations des habitants, pour qu'il en fît lui-même le recouvrement. J'en ai aussi fait remettre plus de cent milliers aux maires de la partie du Vent pour être prêtés à leurs habitants pour semailles. »

Cette lettre est des plus curieuses. On y voit, je ne dis pas l'impuissance à laquelle le despotisme peut réduire un gouvernement, nous savons cela, mais ce qu'il a produit dans ce genre à Bourbon, où l'administration, pour avoir voulu garder tout le pouvoir entre ses mains, a fini par être contrainte de tout prendre à sa charge, les affaires particulières en même temps que les affaires publiques ; résultat d'autant plus sensible chez nous que l'autorité s'y trouvait confiée à un homme bienveillant, mais timide, peureux, incapable de regarder en face des bouderies d'enfants en lisière, qui ne se demandait pas si telle chose était due, mais si l'on réclamait, qui se préoccupait d'une ridicule menace d'insurrection. Il se plaint d'une situation très ennuyeuse, sans doute ; mais qui l'a faite ? Il se plaint des habitants, mais qui les a élevés ? C'est ainsi que, en France, sur un tout autre théâtre, les mêmes causes produisaient les mêmes effets. La noblesse et le clergé qui, depuis des siècles, détenaient tous les moyens d'action, science, pouvoir, richesses, qui avaient usé et abusé de toutes les forces divines et humaines pour façonner le peuple à leur gré, s'étonnaient de voir un beau jour ce peuple mal élevé se retourner contre ses éducateurs.

De quelle manière se faisait la police sanitaire.

29 janvier 1792.

Rapport de M. Gérard, chef de poste de la garde nationale soldée du quartier Saint-Paul, sept heures du matin.

« Hier, 28 du courant, vers les quatre heures de l'après-midi, il avait envoyé un homme de garde rapporter au bureau qu'il y avait un petit navire qui arrivait au mouillage ; quelque temps après il a vu le chirurgien de santé aller à bord du navire avec le pilote du roi, et tout aussitôt, comme d'usage, il avait placé une sentinelle au bord de la mer. Au retour de la santé, la sentinelle a demandé au chirurgien s'il n'y avait rien de nouveau à bord ; le chirurgien lui a répondu qu'il n'avait pas de compte à lui rendre. En même temps est descendu le capitaine dudit navire, et la sentinelle s'est retirée au poste et lui a rapporté ce que dessus. Peu de temps après, est débarquée de ce même navire une quantité d'environ cinquante noirs nouveaux, qui sont entrés dans le quartier, sous la conduite de M. Antoine Chauvet et d'un autre monsieur qu'il ne connaît pas. M. Gérard a ajouté qu'il n'avait pas fait de rapport au bureau municipal, parce qu'il avait cru que le chirurgien et le capitaine étaient venus en rendre compte et a signé.

« Signé : Gérard, Troussaël, membre du bureau municipal ; Sirieys fils, commis-greffier, pour le secrétaire. »

« Nous, chirurgien-major de l'hôpital du roi en ce quartier Saint-Paul, nous nous sommes transporté à bord du brick la *Surprise*, commandé par M. Vaillant, pour y faire la visite de santé ; nous ne nous sommes point aperçu qu'il y eût aucune espèce de maladie contagieuse à bord dudit navire. En foi de quoi j'ai délivré le présent pour servir comme de droit.

« Fait à Saint-Paul, le 29 janvier 1792.

« Signé : FITAU. »

« Reçu à huit heures et demie du matin au bureau de police.

« Ce 29 janvier 1792.

« Signé : GERMAIN. »

Le 2 février, lettre au gouverneur, signée de Le Marchand, maire, et Guyot, procureur de la commune, lui envoyant le rapport du chef de poste, plus l'*espèce* de procès-verbal du chirurgien, envoyée au bureau de police le 29, quand le débarquement de cinquante noirs a eu lieu le 28, sans aucune intervention de l'autorité locale, dans un moment où la variole régnait à Madagascar.

Saint-Joseph sans fonctionnaires. — A Saint-Joseph, au mois de mars 1792, plusieurs des fonctionnaires élus se démettent ; les habitants ayant demandé que la paroisse fût annexée à Saint-Pierre, ne remplacent pas les démissionnaires ; par la même raison, les fonctionnaires non démis s'abstiennent de toute activité, la commune reste sans administration, sans police.

Beurnouville. — Les deux lettres ci-dessous peuvent avoir de l'intérêt à cause d'un personnage qui a été mêlé aux affaires de la colonie, et qui même a joué un certain rôle en France.

9 mars 1792.

L'assemblée coloniale à Bertrand, député de la colonie.

« L'assemblée vous prie de désavouer formellement l'assertion faite par M. Beurnouville dans son projet de constitution extérieure pour le département des colonies françaises au delà du cap de Bonne-Espérance, présenté à

Mars 1792.

l'Assemblée nationale le 21 décembre 1790, laquelle porte ces mots : « *C'est le même qui a dicté mon projet de constitution coloniale pour l'île Bourbon, dont le manuscrit a été reçu avec reconnaissance par son assemblée générale,* » parce que l'assemblée générale n'ayant jamais reçu le manuscrit de ce projet, n'a pu l'approuver, ainsi que les inculpations qui s'y trouvent. Elle vous charge spécialement de réclamer de M. Beurnouville la bannière fédérative donnée à Bourbon par la municipalité de Paris. »

Bannière de la fédération.

Strasbourg, le 31 mars 1792.
A l'assemblée coloniale.

« J'ai eu le bonheur de représenter la garde citoyenne de Bourbon à la fédération nationale du 14 juillet 1790. J'ai prêté en votre nom le serment de vivre libre ou mourir, d'être fidèle à la loi, à la nation et au roi. La commune de Paris a voulu donner aux départements et aux colonies des preuves de son affectueux dévouement, en leur adressant des bannières de la fédération nationale. Depuis le mois d'octobre, je suis chargé de celle qui vous est destinée, et je n'ai pu encore vous la faire parvenir. Je tenais à vous la remettre moi-même ; reconnaissant l'impossibilité de le faire, je charge M. Gérard, négociant à Lorient, de l'adresser à Mme de Beurnouville, qui vous en fera la remise. M. Thévenard, qu'une maladie grave a forcé de quitter le ministère, m'avait destiné à commander la colonie de Bourbon ; le roi y avait consenti, et je n'attendais que le moment de partir, lorsqu'il a été remplacé par le sieur Bertrand de Molleville. Le maréchal de Luckner a bien voulu m'agréer pour son colonel aide de camp, et c'est des bords du Rhin que je vous adresse cette bannière. Je vous adresse la lettre d'avis de M. Bailly, ancien maire de Paris, et l'adresse de tous les citoyens de cette ville à tous les Français.

« Signé : Pierre Riel Beurnouville. »

Juin 1792.

L'assemblée coloniale demande le jardin de l'Intendance pour le collège Bellon; Duvergé refuse. — On n'a pas oublié que, en 1791, l'abbé Bellon avait proposé le plan d'un collège à établir à Saint-Denis. Le 12 juin 1792, l'assemblée coloniale, ayant adopté ce plan, demanda aux administrateurs de prêter à la colonie le jardin de l'Intendance, pour y placer l'établissement projeté. Les administrateurs répondirent que, simples dépositaires de ce jardin, ils ne pouvaient consentir au prêt, qui donnerait lieu à des changements considérables dans la distribution des bâtiments; qu'il y avait là des bassins dangereux pour des enfants, et deux réservoirs de toutes les eaux du quartier, dont le plus grand était démoli jusqu'au ras du sol; que mieux valait attendre l'arrivée des commissaires civils; que cependant, si l'assemblée insistait, le jardin lui serait livré. On reconnaît tout de suite Duvergé à cette énumération de détails minutieux, à ce rejet sur un autre de la responsabilité d'une réponse qu'il pouvait faire lui-même, à ce consentement donné si on lui force la main.

Bellon achète une maison et demande quelques noirs : Duvergé refuse. — Le même jour, le président de l'assemblée écrivit à Duvergé que, d'après les difficultés qu'il avait fait pressentir, M. Bellon avait acquis un emplacement en ville et se bornait à la demande de quelques noirs propres à cultiver le jardin qui en dépendait. Les noirs furent refusés; on en avait un trop petit nombre.

« L'assemblée, dit Duvergé à Dupuy, a mis beaucoup d'importance dans la demande de cet établissement, disant que tel était le vœu de toute la colonie. Elle a qualifié de refus honnête de ma part notre réponse, qu'elle n'a attribuée qu'à moi. Quelques particuliers se sont permis de dire que j'étais retenu par un intérêt personnel, en ce que selon eux, je me faisais un revenu du jardin au bazar, ignorant ou plutôt feignant d'ignorer toute ma délicatesse; que les com-

Juin 1792.

missaires de l'assemblée n'avaient demandé que les bâtiments, entendant que je continuasse à jouir du potager; que, dès mon arrivée, j'ai ordonné d'envoyer journellement à l'hôpital le plus de légumes que l'on pourrait, d'en envoyer aussi au gouvernement et à quelques personnes de l'administration. Ils ajoutaient que mon administration ne serait peut-être pas trouvée aussi pure qu'on le croyait généralement, si elle était bien examinée. De semblables propos sont trop méprisables pour que je m'y arrête. M. Bellon m'a dit que le président s'était trompé sur les motifs de son acquisition; qu'il n'avait cessé de représenter que le local demandé ne pouvait nullement lui convenir; que l'assemblée s'était trompée dans la demande des noirs, qui avait dû se borner à quelques-uns de chaîne. Il m'a assuré que vous aviez fait beaucoup pour le collège de l'île de France. »

Le prêtre et le renard. — La comédie est charmante. Voilà face à face un prêtre et un vieux renard. Ils... rusent à qui mieux mieux. L'un ne veut pas lâcher le jardin, l'autre a bonne envie de l'avoir, tout en disant qu'il n'en veut pas. Et pourquoi n'en voudrait il pas? A cause de la distance pour les externes? Mais les jésuites sont bien allés s'établir à la Ressource, à huit ou neuf kilomètres de Saint-Denis, pour commencer, et, quand plus tard ils sont descendus en ville, ont-ils trouvé trop éloigné le terrain Marrès, situé aussi loin que le jardin de l'Intendance? Acheter un emplacement, quand on n'a pas d'argent, est moins commode que d'en avoir un très beau sans bourse délier; ne pas payer de loyer, c'est quelque chose. L'important, c'est d'engager le gouvernement dans une entreprise; on saura bien ensuite le cajoler, faire agir des influences, obtenir enfin ce que, au début, on s'était bien gardé de dire. L'affaire des noirs est du même genre que celle du jardin. On a demandé bel et bien, Duvergé le dit, des jardiniers et des domestiques. Mais non; c'est une erreur de l'assemblée; on ne

Juin 1792.

voulait que des noirs de chaîne, pour un coup de balai, de temps à autre. Allons donc ! c'est le moine qui ne demande rien pour sa soupe, rien qu'un caillou et un peu d'eau, et qui finit par avoir un potage succulent. Il suffit de crocher un petit morceau, tout petit; les autres viennent à la file. Le dernier trait est délicieux : « *Il m'a assuré que vous aviez beaucoup fait pour le collège de l'île de France.* » Voyez-vous la ténacité, l'adresse, sans avoir l'air d'y toucher. Après avoir essuyé une série de refus, on ne se lasse pas; on a encore un moyen en réserve et des meilleurs; c'est l'amour-propre que l'on pique et Duvergé se laisse prendre, car il répond : « J'imiterai M. Dupuy en tout ce que je pourrai. » Non, il ne se laisse pas prendre; il est aussi fin que son adversaire; il s'en débarrasse par une promesse qu'il ne tiendra pas, bien résolu à ne faire que ce qui lui conviendra.

Le terrain acheté par Bellon d'un sieur Martin, c'est le lycée actuel, moins le petit collège et l'infirmerie; le jardin qui en dépendait, pour lequel on demandait des noirs, c'est l'emplacement Béret qu'occupe aujourd'hui le procureur général, possédé antérieurement par M. Achille Bédier. J'ai vu, dans mon enfance, une conduite d'eau à ciel ouvert qui partait de la cuvette de la grande pompe, traversait la place du Jardin-du-Roi, coupait la rue Dauphine, entrait dans le jardin en question, sortait à la hauteur de la porte actuelle du lycée, traversait la rue du Barachois et allait se perdre dans la cour de notre vieux collège. Le 8 ventôse an III (26 février 1795) une pétition du directeur du collège colonial expose que le citoyen Bédier a acheté le 5 brumaire an III (26 octobre 1794) le terrain qui servait de jardin au collège, et qu'une des conditions de la vente est que l'acquéreur fasse raccommoder à ses frais le canal qui conduit l'eau au collège et mettre le canal en état jusqu'au milieu de la rue qui sépare le collège de ce jardin.

L'état disposait d'un autre jardin, situé dans la vallée de

Novembre 1792.

la rivière, et que nous avons connu sous les noms de ses propriétaires successifs : Telfair, Dupré, Des Molières, Dubézier Bédier, Fournier Bédier, Tallonabreuse Deheaulme et Aubinais. Chermont l'offrit pour le collège ; mais il ne pouvait évidemment convenir à cette destination. Sa situation le plaçait trop loin du centre de la ville ; les bâtiments, qu'on enleva plus tard pour les transporter à l'hôpital, tombaient en ruines, et le terrain lui-même, abandonné aux eaux, formait une sorte de marécage.

L'abbé Bellon ne peut payer sa maison. — L'abbé Bellon ne tarda pas à être embarrassé de son acquisition. Le 9 novembre 1792, il convint avec Martin d'une transaction, que Greslan et Bédier, commissaires de l'assemblée, furent chargés de terminer. Ils firent, le 15, un rapport duquel il résultait que Martin s'engageait à ne demander aucun paiement à Bellon avant le mois de juin 1793, mais, je suppose, moyennant un loyer proposé par Tirol.

Le 29 octobre 1792, Tirol, qui venait de débarquer, offrit à la colonie le jardin de l'Intendance pour le collège. « A ce bienfait, dit la commission intermédiaire dans une lettre au député Bertrand, il a joint celui de donner à la colonie le Jardin du Roi, qui restera destiné à une promenade publique, et dont la surveillance a été remise à la municipalité de Saint-Denis. Une pareille générosité excitant la reconnaissance des citoyens, il a été convenu qu'il serait élevé, dans ce jardin, un arc de triomphe et un obélisque en l'honneur de la nation et du roi pour conserver le souvenir de leurs bienfaits envers la colonie. Ces deux établissements se trouvant séparés par une langue de terre appartenant à un particulier, le commissaire civil et la commission intermédiaire ont jugé qu'il serait intéressant d'en faire l'acquisition pour y former une place d'armes destinée aux exercices militaires de la jeunesse, dont les regards se porteraient vers le monument de la reconnaissance de leurs

Octobre 1792.

pères, spectacle si propre à échauffer dans leurs jeunes cœurs l'amour de la patrie. »

Je ne regrette guère l'arc de triomphe, pas plus que l'obélisque; mais je déplore la négligence qui a laissé plusieurs fois échapper l'occasion d'acquérir à bas prix la langue de terre, nue alors, aujourd'hui couverte de maisons que visait Tirol, derrière le jardin colonial, celui-ci devenu si petit depuis qu'il est si bien cultivé, si riche en pépinières.

L'abbé Delsuc demande à être adjoint à Bellon à l'assemblée coloniale.

Saint-Denis, le 31 octobre 1792.

« Au mois d'avril 1790, époque de mon arrivée à Bourbon, j'exposai à l'assemblée générale les motifs qui me paraissaient devoir la déterminer à élever dans la colonie un établissement d'instruction publique. Je me fondais sur l'expérience que m'avaient donnée trois ans d'exercice au collège royal de Vitry-le-François, où l'on m'avait confié la chaire de littérature. L'exécution offrant des difficultés que mon peu de fortune ne me permettait pas de lever, il fut décidé qu'on aurait recours à la mère patrie. Désirant me procurer les moyens d'attendre le succès des pétitions adressées à l'Assemblée nationale, l'assemblée coloniale obtint pour moi une commission d'assesseur au conseil supérieur. Il y a quatre mois, lorsque M. l'abbé Bellon sollicitait auprès de l'assemblée l'établissement d'une maison d'éducation, je fis une demande qui parut prématurée. Aujourd'hui, je vous supplie, Messieurs, de m'associer provisoirement aux travaux de M. l'abbé Bellon. J'ai l'assurance de son vœu à cet égard.

« Signé : Louis Delsuc. »

La colonie se charge des dettes de l'abbé Bellon.

Commission intermédiaire, séance du 5 novembre 1792.

« La commission arrête que les dépenses arriérées du collège particulier de M. Bellon, prêtre, seront regardées

Février 1793.

comme dettes de la colonie, à compter du 1ᵉʳ juin dernier jusqu'au 1ᵉʳ novembre suivant, à la charge que les effets portés dans l'inventaire seront propriété coloniale; que, pour subvenir à ces dépenses arriérées, il sera fait un emprunt à l'intérêt ordinaire du commerce, dont le remboursement sera effectué sur le produit de la vente des biens domaniaux; que, à l'égard des dépenses à faire du 1ᵉʳ novembre, jusqu'à l'établissement du collège national, elles seront à la charge de M. Bellon, qui percevra le même prix des élèves; que le collège particulier sera surveillé par le procureur général syndic du Vent et par le maire de Saint-Denis, lesquels rendront compte à l'assemblée coloniale. »

Le 6 février 1793, l'assemblée coloniale arrêta que le collège Bellon serait le collège de la colonie. Une lettre de Tirol à l'ordonnateur dit : « L'assemblée coloniale s'étant fait présenter la situation dudit collège, a reconnu qu'il était redevable d'une somme de 16,574 livres, 1 sou et 6 deniers, papier-monnaie. Si on n'acquittait cette somme, cet établissement si précieux ne pourrait se maintenir. J'ai l'honneur de vous requérir de faire payer ladite somme de 16,574 livres 1 sou et 6 deniers au citoyen Domenjod, maire, chargé par l'assemblée coloniale de l'administration du collège. »

Bellon, principal du collège, avait encore la direction d'une imprimerie, dont le matériel était venu de France en même temps que les commissaires civils. Au commencement de décembre 1792, il écrivit à un sieur Barnier de venir l'aider; Barnier vint et trouva la direction de l'imprimerie entre les mains de l'abbé Delsuc.

L'abbé Bellon créa donc son collège le 1ᵉʳ juin 1792. Le 15 février 1793, il devait aux parents, dont il avait reçu des avances, 6,571 livres, à divers 6,114 livres, à son personnel 3,384 livres, pour ses dettes particulières, y compris l'acquisition de l'emplacement et d'une négresse 78,000 livres; total : 94,572 livres. Le 24 août, il écrivit qu'il lui

Juillet 1795.

était impossible de rester encore quinze jours à la tête du collège. Le 7 septembre, le Directoire nomma le citoyen Robert Duvertil directeur du collège, et la citoyenne De Langlard directrice. La colonie, voulant conserver l'établissement, traita avec Honoré Martin et son épouse divorcée Marie-Anne Rivière, qui avaient vendu la maison, se mit au lieu et place de Bellon pour cette acquisition et se reconnut débitrice de ce dernier pour 19,404 livres, en lui accordant 3,250 livres pour six mois et demi de ses appointements à raison de 6,000 livres, plus une indemnité de 3,000 livres. Lorsque Robert Duvertil rendit ses comptes, il fut reconnu que, sous sa direction, les pensionnaires ne coûtaient que 1,200 livres, tandis qu'ils revenaient à 1,600 livres sous l'abbé Bellon. Dans les budgets des années suivantes, le collège est porté, pour ses maîtres, à la somme de 36,000 livres annuellement, jusqu'au moment où il fut fermé le 27 décembre 1797, par suite d'un arrêté du 21 novembre.

Delsuc, principal du collège. — L'abbé Delsuc, l'inépuisable harangueur de toutes les fêtes publiques, était auteur d'un livre ayant pour titre : *Éléments de morale, de politique et de législation, pour servir à l'instruction des élèves du collège colonial de l'île de la Réunion*. Il était arrivé à son but ; car je vois, à la date du 17 mai 1795, l'assemblée coloniale adopter un *règlement du collège colonial*, présenté par l'abbé Louis Delsuc, diacre et principal du collège. Le 4 juillet, l'assemblée arrêta qu'il avait bien mérité de la colonie, et que son ouvrage serait imprimé à cinq cents exemplaires.

CHAPITRE XI

MALARTIC, DU PLESSIS ET TIROL

Juin 1792.

Arrivée de Malartic à l'île de France. — Le 17 juin 1792, le lieutenant général Anne-Joseph-Hippolyte de Malartic arrive à l'île de France et prend le gouvernement général des deux îles.

Du Plessis annonce sa prochaine arrivée à Bourbon et l'introduction de la variole à l'île de France. — Le 19 juin 1792, le général Jean-Baptiste-Vigoureux Du Plessis écrit de l'île de France à Duvergé qu'il a reçu sa nomination au gouvernement de l'île Bourbon; que la corvette la *Minerve*, commandée par Magon de Médine, est expédiée pour porter ses paquets et prévenir l'administration de Bourbon qu'un navire de traite a introduit la variole à l'île de France, mais si légère, si bénigne que c'est à désirer de l'avoir. « Trente et un de ces mêmes noirs, ajoute-t-il, ont été exportés dans votre île par trois de nos négociants, MM. Bauché, Jue et Martin. On a sur-le-champ coupé toute communication; il n'y a aucun danger; nos craintes sont disparues aussitôt qu'enfantées, et c'est par pure délicatesse que nous l'annonçons à Bourbon. On n'a qu'à nous indiquer un lazaret; nous y subirons tous la quarantaine; mais vous pouvez dire que nous n'avons eu aucune communication avec les malades. »

L'assemblée lui écrit de ne pas venir. — C'était d'une légèreté inconcevable ou d'un égoïsme profond. Nous verrons plus tard s'il n'y avait aucun danger. L'assemblée coloniale

Juin 1792.

voulut bien se borner à croire que son correspondant ne se doutait pas de la frayeur que les habitants de la colonie avaient de la variole, et des extrémités auxquelles ils étaient capables de se porter, si l'on permettait la moindre communication avec un navire provenant d'un lieu infecté. Elle lui répondit, le 21, que sa lettre, tout en faisant espérer que le mal circonscrit ne s'étendrait pas, la contraignait néanmoins à prescrire des mesures pour préserver Bourbon, qu'elle allait s'occuper d'établir un lazaret, et le priait de prendre connaissance d'un règlement du 10 mars dernier, dont elle lui envoyait une copie.

Ce règlement disait, article 10 : « Tout navire qui viendra d'un endroit infecté de maladies contagieuses, dans le cas même où il n'existerait à son bord aucun symptôme de ces maladies, ne pourra obtenir la libre communication avec la terre qu'après l'expiration de quarante jours francs, à compter de celui de son départ dudit endroit. »

Quelques-uns se récrieront contre la dureté de cette disposition. Il est dur, en effet, de repousser des malheureux, même pour sauver une population; mais rappelons-nous que la variole avait dépeuplé la colonie en 1729; qu'une seconde apparition, moins terrible, il est vrai, que la première, avait laissé cependant de tristes souvenirs; que le vaccin n'était pas connu (1), et que le commerce n'exigeait, à cette époque, ni la fréquence, ni la rapidité des communications de nos jours.

Lorsque, dans le cours d'une traversée plus ou moins longue, une maladie contagieuse se déclare à bord d'un navire, sans que rien ait permis de l'éviter, c'est là un de ces accidents fortuits où la solidarité humaine fait un devoir de ne pas laisser son prochain aux prises avec le mal qui

---

(1) Le vaccin fut porté de l'Inde à l'île de France par le capitaine de navire Desglos. Le conseil de santé de Port-Louis rendit compte de cet événement à l'administration coloniale par un rapport du 30 germinal an XI (19 avril 1803), signé de son secrétaire Séquart, un nom destiné à une grande illustration. Jenner ne révéla sa découverte qu'en 1798.

Juin 1792.

le frappe. Une société intelligente, prévoyant les cas de cette nature, a soin d'établir des lieux d'isolement pourvus, largement pourvus des moyens d'offrir une hospitalité convenable, et d'un service organisé de telle sorte que rien ne se fasse attendre des secours dus aux internés. Mais si deux îles étant situées en vue l'une de l'autre, en relations journalières, chacune parfaitement instruite des ressources de l'autre, de ses préoccupations et de ses lois, un voyageur s'avise de braver ces préoccupations et ces lois, de venir volontairement, de propos délibéré, exposer une population saine au fléau qui désole celle qu'il a quittée, aucune considération ne peut contraindre à le recevoir; le droit est de lui laisser tout entières les conséquences et la responsabilité de l'égoïsme ou de la légèreté qui inspire sa conduite. Ses intérêts, les nôtres peuvent en souffrir; ce n'est pas une raison pour que nous fassions beau jeu de notre existence. Ajoutons ici que, le 24 juin, avant même que la variole prît un caractère alarmant, l'assemblée coloniale de l'île de France avait arrêté qu'il ne serait permis à aucun navire de partir pour Bourbon.

L'assemblée coloniale, craignant que la maladie ne fût déjà introduite, chargea son comité de constitution de préparer un arrêté sur les moyens d'en empêcher la propagation, arrêté qui s'ajouterait, comme chapitre deuxième, au règlement du 10 mars. Des recherches, faites par la municipalité, donnèrent la certitude qu'aucun des trente et un esclaves venus de l'île de France n'était atteint. Néanmoins le projet de lazaret ne fut pas abandonné; il fut seulement contrarié par le défaut d'argent, par des bruits de révolte qui provoquaient des arrestations, mettaient sur pied la garde nationale, occupaient toutes les séances de l'assemblée, renvoyant ainsi à un autre instant des mesures à prendre contre un mal éventuel, alors surtout qu'on était loin de prévoir que Du Plessis viendrait si tôt réclamer un lazaret destiné non pas à lui, mais aux malades de l'intérieur.

Juillet 1792.

L'assemblée s'ajourne en laissant des pouvoirs à un comité. — Plusieurs de ses membres ayant été rappelés chez eux par leurs affaires, l'assemblée, incomplète et désirant donner quelque loisir à son comité de revision, suspendit ses séances le 28 juin, laissant à ce comité, avec les pouvoirs nécessaires, le soin de la représenter au besoin.

Du Plessis annonce qu'il vient. — Le 29 juin, le senau le *Courrier des Deux-Iles*, commandé par Ripaud Montaudevert, arriva sur la rade de Saint-Denis avec : 1º une lettre de Du Plessis, datée du 28, et annonçant que, informé par la lettre de l'assemblée en date du 21 des mesures prises pour le recevoir, il partirait le 30 de l'île de France, amenant un officier d'artillerie et dix hommes du même corps; 2º une pétition signée de seize habitants de Bourbon, retenus à l'île de France, exposant le préjudice qui résultait pour eux de leur absence, et priant l'assemblée coloniale de les instruire de ses dispositions.

Le comité écrit à Du Plessis de ne pas venir. — Le comité, stupéfait de l'interprétation donnée par Du Plessis à sa lettre du 21, de cette précipitation à venir malgré le règlement du 10 mars qu'on lui avait adressé, pensa cependant qu'il ne partirait pas de l'île de France avant le retour du senau, et la réception par les habitants de Bourbon de la réponse qu'ils attendaient. Ceux-ci ne s'étaient pas mépris; car ils disaient : « Nous voyons avec peine que, pour retourner dans nos foyers, il nous faudra courir le risque d'une quarantaine à bord dans une saison où la mer est agitée sur nos côtes. » Il leur fut répondu qu'il n'était pas possible de faire droit à leur demande, que le premier devoir était de repousser un fléau redoutable. La réponse à Du Plessis était conçue dans le même sens.

Du Plessis et Tirol sont sur la rade de Saint-Denis à bord de la « Minerve »; le comité requiert l'éloignement de

Juillet 1792.

la corvette. — Le 2 juillet, à cinq heure du soir, la *Minerve* est signalée. Le comité expédie à Du Plessis pour le cas improbable où il serait à bord, un duplicata de la lettre à lui adressée le 29. Deux heures après, le canot envoyé revient portant: 1º Une lettre de Du Plessis, datée du bord, annonçant son arrivée, celle de nombreux passagers, tous en bonne santé, comme l'atteste un certificat du chirurgien-major de la corvette. Il ne s'agit plus, dit-il, que de dispositions à prendre pour son débarquement, celui de ses compagnons de voyage et de leurs effets; quelques précautions que l'assemblée prescrive, on s'y soumettra. 2º Une seconde lettre également datée du bord, répondant à celle du comité du 29. Du Plessis est tout surpris qu'on n'ait pas établi un lazaret pour le recevoir. Qu'on leur permette seulement à lui et aux autres de descendre, et ils iront se bâtir des logements à la Ravine-à-Jacques. 3º Une lettre des passagers, tout affligés de la situation qui leur est faite; ils supplient l'assemblée de ne pas leur infliger des rigueurs inutiles. 4º Des lettres des commissaires civils peu conformes aux trois précédentes et donnant l'état exact de l'épidémie à l'île de France. En conséquence, le comité requiert le gouverneur d'ordonner que la corvette la *Minerve* s'éloigne à l'instant des côtes de Bourbon, et, en répondant à Du Plessis, il lui envoie copie de sa réquisition.

Malartic et Dupuy s'étonnent du renvoi de la corvette. — Le 10 juillet arriva un both de l'État portant la lettre que voici, de Malartic et Dupuy à Chermont et Duvergé:

8 juillet 1792.

« La manière dont a été renvoyée la corvette a singulièrement affecté tous ceux qui y étaient embarqués. Nous vous prions instamment de mettre leurs observations sous les yeux de MM. les députés de l'assemblée coloniale de Bourbon.

« Nos deux îles sont malheureusement trop fondées à re-

Juillet 1792.

douter la petite vérole, pour que nous n'applaudissions pas à des précautions scrupuleuses ; mais n'est-il pas un moyen terme entre des mesures sévères et une interdiction absolue, qui deviendrait elle-même un autre fléau ? Il est cruel de refuser l'hospitalité à des citoyens voyageurs qui viennent la réclamer dans leurs propres foyers.

« On assure que l'assemblée coloniale de Bourbon regarderait comme suspectes les quarantaines qui seraient faites dans l'une ou l'autre des deux îles. Mais où aller ? Les Seychelles ont déjà une assez grande population et soutiennent avec raison qu'aucune colonie voisine n'a le droit de les infecter. Rodrigue n'offre aucune ressource et le mouillage n'y permet pas un long séjour. Madagascar a des fièvres mortelles. Il faut donc en revenir à ce que prescrivent la raison et le droit des gens ; il faut chercher le remède à ses maux dans son propre fonds et non aux dépens de son voisin. Que chacune des îles ait son lazaret. »

Les observations que nous avons faites ci-dessus s'appliquent à une partie de cette lettre ; d'autres ont ici leur place. Où aller ? dit Dupuy. C'est à vous, voyageurs, de le savoir. Il vous a plu de quitter une île malgré ses lois, de venir à une autre malgré les siennes, malgré la perspective certaine d'une exclusion ; avant de partir vous deviez savoir où vous iriez. L'hospitalité n'est pas due à la terrible compagne qui s'attache peut-être à vos pas. Vous avez, du reste, un refuge tout voisin, c'est le lieu d'où vous sortez, l'île de France, qui n'a rien à craindre de votre présence, si peu à craindre que vous allez y retourner spontanément. *Il faut,* dit encore Dupuy, *en revenir à ce que prescrivent la raison et le droit des gens, il faut chercher le remède à ses maux dans son propre fonds et non aux dépens de son voisin.* Rien n'est plus juste. Restez donc là où vous êtes, dans votre propre fonds, où vous avez pu prendre des germes morbides et ne venez pas les porter chez vos voisins. En temps d'épidémie, la liberté de voyager, de transporter çà et là sa personne et ses marchandises, est nécessairement restreinte par la possibilité des dangers qu'elle imposerait à autrui. *Que chacune des îles ait son lazaret.* Très bien. A chacun ses misères ; nous garderons les nôtres ; ne nous communiquez pas celles qui vous affligent. Nous recevrons dans nos lazarets ceux qui chez nous se trouveront atteints ; nous y recevrons même les étrangers venus de loin, victimes involontaires d'un accident fortuit ; nous n'y recueillerons pas à nos dépens les égoïstes ou les insensés qui, pour leurs plaisirs ou leurs intérêts, viendront sciemment et de propos délibéré porter la maladie sur notre territoire, sous le prétexte faux qu'un lazaret est une garantie suffisante.

Le both portait encore une lettre des commissaires civils en date du 8, demandant à l'assemblée coloniale de fixer un lieu de quarantaine dans l'île Bourbon ou ailleurs, pour les passagers venant de l'île de France, et d'établir des moyens de communication entre les deux îles sans leur faire courir aucun danger ; enfin une lettre de Du Plessis dans laquelle il cherchait à mettre en contradiction l'assemblée coloniale et le comité.

Le comité rappelle l'assemblée. — Le comité, diminué en nombre par l'absence de quelques-uns de ses membres, ayant tout à la fois à se défendre d'une accusation contre laquelle il ne pouvait se prononcer seul, et à résoudre une question de la plus haute gravité pour le pays, jugea qu'il était à propos de rappeler l'assemblée coloniale. Il répondit cependant, le 10 juillet, aux commissaires civils, et je trouve, dans la lettre que Greslan, président du comité, se chargea de leur adresser, le passage suivant : « *Nous n'avons point manifesté l'intention que les bâtiments fissent leur quarantaine en mer, mais dans tout autre endroit que l'île Bourbon.* » Greslan savait cependant que ce tout autre endroit n'existait pas. De même les commissaires civils avaient dit : « *Nous prions l'assemblée coloniale de*

Juillet 1792.

fixer un lieu de quarantaine dans l'île Bourbon ou ailleurs, et d'établir des moyens de communication entre les deux îles sans leur faire courir aucun danger. » Mais si ce lieu de quarantaine existe quelque part, dites donc où il est ; si le moyen de communication *sans danger* peut être trouvé, dites donc quel il est, et n'essayez pas, vous Greslan et vous commissaires civils, de paraître dire quelque chose sans rien dire, de vous délivrer d'une charge qui vous incombe à vous comme aux autres, si elle est possible, et de la rejeter sur autrui.

Une tentative de lazaret pour les provenances extérieures avait été faite, en 1775, à l'occasion d'une traite amenée par un sieur Bonne-Grâce, et dans laquelle des cas de variole s'étaient produits. Les noirs furent séquestrés à la Ravine-à-Jacques ; on crut prendre toutes les précautions nécessaires pour les y maintenir ; mais plusieurs s'échappèrent avant le temps prescrit, il y eut même à ce sujet un procès criminel, et c'est depuis cette époque que la résolution fut prise de ne recevoir à terre les passagers d'aucun bâtiment parti d'un lieu infecté.

L'assemblée décrète des mesures sanitaires rigoureuses. — L'assemblée, ayant repris ses séances, arrêta, le 18 juillet : 1° que les quarantaines, pour les vaisseaux de l'île de France, ne se feraient ni à l'île Bourbon, ni à l'île de France, ou dans les îles circonvoisines, comme l'île de la Passe, l'île Plate, l'îlot du Morne et autres ; 2° que, si un vaisseau avait communiqué, pendant sa traversée, ou pendant son séjour au lieu de quarantaine, avec un vaisseau venant d'un lieu infecté d'une maladie contagieuse, ou l'ayant à son bord, il ne pourrait obtenir la libre communication qu'après quarante jours à compter de celui où il aurait communiqué avec ledit navire ; 3° que la quarantaine d'un vaisseau venant d'un lieu infecté ne compterait que de l'instant où les passagers et les effets auraient été débarqués dans un lieu exempt de tout soupçon, lesdits vaisseaux et effets aérés, fumigés et lavés selon leur nature pendant la durée de la quarantaine ; 4° que toutes ces opérations seraient constatées par des procès-verbaux dans la forme prescrite par les ordonnances ; 5° que lesdits vaisseaux, passagers et effets seraient encore soumis à la vérification et aux précautions qui auraient lieu à l'île Bourbon.

En outre, l'assemblée écrivit, le 19, au directoire de l'île de France, pour le prier de veiller à ce que les sacs de la poste ne continssent que des lettres, recommandation motivée par ce fait qu'un paquet, adressé à Mme Routier par le both de l'État, contenait une pièce de mousseline ; elle lui dénonça le vaisseau la *Jeune-Américaine* qui, venant de l'île de France, avait mouillé sur l'une de nos côtes, dans un lieu isolé, et y avait débarqué quatre hommes et un officier ; elle le pria enfin de donner la plus grande publicité au règlement du 10 mars et aux articles additionnels du 18 juillet. Le 20, elle décida qu'il y aurait des lieux de vérification, l'un à Saint-Denis, l'autre à Saint-Paul, pourvus chacun d'un lazaret.

L'assemblée s'ajourne au 30 juillet. — Ces mesures prises l'assemblée chargea un comité de préparer les règlements de police qui en découlaient ; puis, déclarant qu'elle était satisfaite de la conduite tenue, en son absence, par son comité de revision, elle lui adjoignit quelques membres et composa ainsi un comité intermédiaire, auquel, en s'ajournant au 30, elle laissa des instructions qui peuvent se résumer ainsi : « Se conformer strictement au règlement du 10 mars et aux articles additionnels du 18 juillet ; établir des lieux d'isolement à Saint-Denis et à Saint-Paul ; se croire autorisé, si le fléau était introduit, à employer tous les moyens qu'il jugerait convenable. »

Lettre des commissaires civils demandant que l'assemblée coloniale se retire au mois d'août. —. Sous la date du 28 juillet, les commissaires civils écrivirent ce qui suit à l'assemblée coloniale :

« Monsieur le président,

« Le travail de l'organisation coloniale, qui est l'objet principal de notre mission, a une telle importance, qu'on ne saurait s'entourer de trop de lumières pour le produire. Il est ordonné aux commissaires civils d'éclairer cette organisation. Nous nous sommes décidés à faire partir incessamment l'un de nous pour l'île Bourbon.

« Nous pensons que la prorogation de l'assemblée au delà du terme réglé dans la loi qui l'a constituée serait sujette à de grandes objections ; que l'addition projetée des vingt-deux membres, pour l'objet de la revision de vos travaux, n'est pas légale ; qu'une assemblée n'a pas le droit de se constituer elle-même d'une manière différente de celle dans laquelle elle a été formée par la loi et par le choix de ses commettants.

« Il convient donc, et nous requérons formellement qu'il soit ordonné, dans le temps prescrit, qui est, *à ce qu'on nous assure, le commencement d'août*, une convocation des assemblées primaires de tous les cantons de Bourbon, à l'effet de nommer une nouvelle assemblée coloniale, pour être investie, par le vœu des habitants, non seulement du pouvoir de reviser le travail d'organisation que vous avez préparé, mais encore de toutes les fonctions attribuées par la loi aux assemblées législatives et représentatives. Il faut que les membres de l'assemblée actuelle ne soient point exclus de la prochaine, si le vœu de leurs concitoyens les y porte.

« A mesure qu'un titre ou telle partie principale de l'organisation sera convenue avec celui de nous qui doit résider auprès de vous, il aura soin de nous l'adresser, et nous serons exacts à lui faire parvenir le travail du même genre qui se fera ici. L'organisation arrêtée aura son exécution provisoire avec la sanction du gouverneur de Bourbon.

« Signé : Dumorier, L'Escalier, Tirol, Le Boucher. »

Juillet 1792.

Le 30 juillet, l'assemblée qui s'était ajournée à cette date, ne se trouva pas en nombre pour délibérer. Des circulaires, adressées le 31 du même mois et le 3 août aux absents ne produisirent aucun effet. Aussi voyons-nous, à la date du 7 août, la résolution suivante :

« La commission intermédiaire,

« Considérant que l'assemblée coloniale aurait dû se réunir dès le 30 juillet pour établir des lieux de quarantaine ; que, malgré deux invitations, l'assemblée n'est pas encore complète ; que la réunion devient de plus en plus urgente pour recevoir les personnes actuellement en quarantaine extérieure ; que le retard des députés ne peut être causé que par la croyance que l'assemblée est dissoute ou suspendue, ainsi que le bruit en a couru ; que cette nouvelle n'a pu se fonder que sur une fausse interprétation des lettres écrites le 28 juillet par les commissaires civils au gouverneur et à l'assemblée ; que ces lettres ne prescrivaient pas la dissolution de l'assemblée avant le temps prescrit par la loi ; que d'ailleurs les expressions qui ont été mal interprétées n'étaient fondées que sur une erreur où l'on avait induit les commissaires civils ;

« Arrête qu'une proclamation du gouverneur rassurera les bons citoyens, déconcertera les intrigants, engagera les députés absents à reprendre leurs fonctions. »

Le gouverneur s'empressa de se rendre au désir de la commission intermédiaire, et, le 13, l'assemblée put enfin délibérer.

L'administration cherche un lieu d'isolement. — Pendant cette longue interruption des séances, au milieu des circonstances les plus graves, l'administration n'était pas restée inactive. L'assemblée avait arrêté, le 23 juillet, que l'isolement et le lazaret de Saint-Denis seraient établis à la Petite-Ile. Là se trouvaient le camp des noirs de l'État, le parc à bœufs du génie, la poudrière, la redoute et le cime-

Juillet 1792.

tière, qui pouvaient se trouver isolés, devenir inaccessibles, dans une épidémie ; c'étaient des inconvénients à considérer. Il y en avait d'autres. Il fallait chercher un emplacement pour le camp. Les Sables, où jadis on l'avait placé, sous la brise, loin de l'eau, ne convenant pas, et celui de la commune, au Butor, soulevant les mêmes objections, on songea au terrain acheté, près du jardin, par Crémont, en 1777, pour un hôpital, et alors cultivé par la veuve de Dumesgnil-Rolland, ancien officier de marine ; mais il était bien loin du port. « La translation du camp sur ce terrain serait coûteuse ; après quoi il faudrait installer le lieu de quarantaine pour les effets, les marchandises et les traites de noirs, et le lazaret pour les personnes attaquées de maladies contagieuses, ce qui exigerait des dépenses excessives en meubles, ustensiles, linge, médicaments, provisions, chirurgiens, employés, etc. »

On reconnaît Duvergé à ces détails qui peignent son anxiété, à cet *et cœtera*, qui allonge une énumération déjà complète ; on le reconnaîtra mieux encore à ces mots plus significatifs : « *Où prendre de l'argent ? Messieurs, donnez-nous des ordres.* » Cette lettre aux administrateurs en chef était du 26 juillet. Le 27, il écrivait : « Nous nous sommes décidés à transporter le camp des noirs sur le terrain acheté par M. de Crémont. » Et, le 4 août : « Nous n'avons encore rien fait pour le camp ; plusieurs personnes blâment notre choix. » Voilà l'homme chargé en partie des destinées de la colonie ; ainsi l'avaient fait quarante ans d'obéissance dans les bureaux ; le caractère était anéanti ; il ne restait plus que le paperassier, avec la faiblesse, la ruse et l'entêtement.

On se décide pour la Ravine-à-Jacques. — La résolution une fois prise d'établir la vérification et le lazaret sur la Plate-Forme, il fallait, pour que l'internement fût effectif, que le débarquement s'opérât au pied même du plateau. On

Juillet 1792.

alla donc étudier le rivage de l'embouchure de la rivière à la Pointe-des-Chiendents, particulièrement vis-à-vis le chemin taillé dans le rempart, et l'on reconnut que le débarquement y était impossible, toute cette partie n'étant pas protégée contre les vents généraux par la Pointe-des-Jardins ; qu'il n'était possible d'opérer que sur le pont Labourdonnais ou dans un voisinage très rapproché, ce qui compromettrait l'isolement sanitaire que l'on avait en vue. Au contraire, une visite faite à la Ravine-à-Jacques donna lieu à un rapport favorable. La gorge y était étroite et inégale, mais offrait de l'eau, du bois, l'éloignement de toute communication, une grande facilité pour le débarquement et pour la garde extérieure. En profitant des sinuosités du ravin, on pouvait, par des sapes dans ses deux flancs, obtenir des surfaces d'une assez grande étendue pour des logements d'un côté et un lazaret sur l'autre. Aussi, le 24 août, l'assemblée se décida-t-elle en faveur de cette localité, et l'ingénieur Bourdier fut chargé d'y construire des cases avec des matériaux pris sur les lieux et dans la Grande-Chaloupe. Le lazaret était destiné aux personnes chez lesquelles un mal contagieux se révélerait pendant leur internement ; toute communication restait interdite avec les vaisseaux qui partiraient de l'île de France, même pour faire une quarantaine.

L'assemblée s'ajourne en menaçant ses membres absents. — Le 8 septembre, l'assemblée s'ajourna au 1ᵉʳ octobre par un arrêté ainsi conçu :

« L'assemblée coloniale,

« Considérant que, depuis le mois de juillet, la colonie s'est trouvée dans la position la plus critique, étant sans cesse menacée de l'invasion de la petite vérole, qui désole l'île de France, sa voisine ;

« Considérant que ni la proclamation de M. le gouverneur, ni les invitations réitérées des membres présents

Septembre 1792.

n'ont pu déterminer leurs collègues absents à se rendre à leur devoir ;

« Considérant que ces membres présents, après avoir attendu vainement leurs collègues, sont forcés de s'ajourner;

« Considérant que l'opinion publique doit punir les membres qui, par des motifs non valables, se sont rendus coupables d'indifférence pour la chose commune dans cette circonstance importante;

« Arrête qu'elle dénoncera à l'opinion publique ceux qui, ne s'étant pas rendus à l'assemblée depuis le mois de juillet dernier, sans avoir des motifs valables, ne s'y rendraient pas encore au 1er octobre prochain, afin que les citoyens de la colonie connaissent ceux qui, par une indifférence coupable dans une circonstance aussi urgente, ont entravé les opérations de l'assemblée. »

La variole à l'hôpital de Saint-Denis. — A la fin du mois d'août, le brick la *Catherine* est envoyé à l'île de France, avec recommandation de n'y rien faire autre chose que de prendre des lettres; il revient le 31. Quelques jours après, un jeune mousse de ce brick, du nom de Cayet, entre à l'hôpital. Le conseil de santé reconnaît, le 14, une petite vérole régulière, sans aucun symptôme de malignité. On s'alarme néanmoins et la municipalité demande que Cayet soit transféré en un lieu isolé sous le vent de la ville. Le 19, la commission intermédiaire, considérant que la maladie de cet enfant est la petite vérole vraie, bien que discrète, et non pas la vérette volante endémique dans le pays; qu'avant lui personne n'en avait été atteint dans la colonie; qu'il n'a pu la prendre qu'à bord, où elle n'a pu être introduite que par une contravention formelle aux ordres donnés au capitaine; arrête que la *Catherine* et son équipage seront mis en quarantaine de vérification, que la municipalité fera une enquête et dénoncera les délinquants; que l'assemblée coloniale sera invitée à reprendre ses séances. L'assemblée ne se rendit pas à cette invitation.

Octobre 1792.

Retour de la « Minerve ». — Le 4 octobre, la *Minerve* reparaît sur la rade de Saint-Denis. Elle arrivait de l'île Praslin, l'une des Seychelles; mais, avant d'y aller, en quittant Bourbon, elle était rentrée à Port-Louis, et plusieurs hommes de son équipage avaient succombé à la variole pendant la promenade qu'elle venait de faire.

Duvergé s'empressa d'écrire à Du Plessis : « Sur la demande de l'assemblée, nous avons, M. de Chermont et moi, fait former, à la Ravine-à-Jacques, un établissement de vérification. Entre autres logements, nous en avons particulièrement recommandé deux, l'un pour vous, l'autre pour M. le commissaire civil, aussi commodes que le local, le temps et notre situation fort gênée, sans argent, sans effets, sans ressources, pouvaient le permettre. Tout est prêt. » C'était préparer une déception à Du Plessis, en le berçant d'un espoir prématuré.

Avis favorable du conseil de santé. — Le bureau de santé, aussitôt réuni, formula comme suit un avis favorable au débarquement des passagers :

« Considérant que le capitaine de la *Minerve* n'a eu connaissance que des articles 10 et 11 du règlement du 10 mars et des articles 2 et 3 du règlement additionnel du 18 juillet ;

« Considérant que la quarantaine de la *Minerve* doit se compter du 21 août, époque à laquelle elle a cessé toute communication avec les malades ; que, depuis cette époque, jusqu'au 8 septembre, les effets renfermés à bord ont été aérés, fumigés et lavés selon leur nature, et que le vaisseau a été parfumé et lavé tous les jours à l'eau de chaux depuis le 21 août jusqu'à ce jour ;

« Considérant que le capitaine du vaisseau avait séparé des passagers destinés pour cette colonie ceux d'entre eux qui n'avaient pas eu la petite vérole ;

« Considérant enfin qu'il n'existait plus à bord que des

personnes qui ont toutes été infectées de cette maladie, ainsi qu'il résulte de certificats signés par l'état-major seulement ;

« Considérant néanmoins que ce vaisseau, depuis son départ de l'île de France, a renfermé dans son sein des personnes qui ont été attaquées de la petite vérole, dont les suites ont été des plus funestes ;

« Le bureau de santé a délibéré :

« Qu'il reconnaît que les règlements concernant la quarantaine extérieure ont été exécutés par le vaisseau la *Minerve;* qu'il sera exigé un nouveau certificat du chirurgien, constatant que toutes les personnes présentement à bord ont eu la petite vérole ; que, après examen de ce certificat, les passagers destinés pour cette colonie seront autorisés à descendre au lieu de vérification, nus comme la main, et que, sur les galets, un second examen sera fait de leurs personnes, et que là ils seront passés au vinaigre et parfumés ; qu'ils resteront séquestrés au lieu de vérification pendant trois semaines, pendant lequel temps ils continueront à se frotter de vinaigre et à se parfumer ; qu'il ne sera débarqué aucun effet du vaisseau, qui, une heure après avoir mis ses passagers à terre, sera tenu de mettre à la voile pour continuer une quarantaine de vingt jours en mer, avant de pouvoir descendre au lieu de vérification les effets dont il est chargé ; que, si ce vaisseau a besoin de vivres et d'eau, il lui en sera fourni. »

Avis contraire de l'assemblée administrative. — Vient maintenant l'assemblée administrative du district du Vent, laquelle :

« Considérant que le procès-verbal dressé à bord de la *Minerve* et signé seulement par l'état-major n'est pas suivant les ordonnances ;

« Considérant que les articles 10 et 11 du règlement du 10 mars n'ont pas été suivis ;

Octobre 1792.

« Considérant que les articles 2, 3, 4 du règlement du 18 juillet, et dont M. Du Plessis a écrit qu'il avait eu une parfaite connaissance n'ont pas été suivis;

« Est d'avis que la *Minerve* ne communique pas avec cette île et qu'il lui soit notifié d'aller achever sa quarantaine de vingt-deux jours francs dans un lieu non suspect, attendu qu'elle n'en a fait réellement que dix-huit sur quarante; qu'il lui soit fourni les provisions dont elle aura besoin. »

La commission intermédiaire approuve l'avis de l'assemblée administrative et s'empresse de lui envoyer ses félicitations.

Chermont donne sa démission, puis la retire. — Muni de ces pièces, le procureur général syndic se rend au gouvernement à dix heures du soir, pour les communiquer à Chermont. Les portes de l'hôtel sont fermées, il ne trouve personne; mais, le lendemain matin, à six heures, Chermont le reçoit, déclare que, à son avis, les règlements ont été observés, et qu'il répondra par écrit à la communication qui lui est faite. En effet, quelques instants après, il écrit au président de l'assemblée administrative que, vu l'impossibilité où il se trouve de continuer les fonctions de commandant de l'île Bourbon, il les remet à Fédières, capitaine commandant le détachement des troupes de ligne. Une autre lettre du même jour annonce que l'absence de Fédières, nécessitée par la mort subite de Mme Valentin, le force à retarder sa démission; il aurait pu ajouter qu'il la reprenait sur les vives instances du président de la commission intermédiaire.

L'assemblée administrative requiert l'éloignement de la corvette. — Aussitôt ce même président de la commission intermédiaire court chez le président de l'assemblée administrative et lui remet un arrêté suspendant, jusqu'à

Octobre 1792.

nouvel ordre, la délibération qu'il a si vivement louée la veille. En dépit de cet arrêté, l'assemblée administrative requiert la municipalité de notifier à la *Minerve* l'ordre d'arborer le drapeau rouge, signal de maladies contagieuses, et de quitter aussitôt la rade. Cette réquisition est transmise au gouverneur, qui ne s'empresse pas d'y faire droit; elle est réitérée sans plus de succès.

La commission intermédiaire rappelle l'assemblée coloniale. — Le même jour, 5 octobre, la commission intermédiaire :

« Considérant que l'assemblée coloniale, convoquée extraordinairement d'après les considérations les plus pressantes, n'a pu encore se compléter;

« Considérant que, si l'on peut trouver des inexactitudes dans la manière dont la quarantaine a été exécutée par la *Minerve*, elles peuvent provenir de ce que les règlements n'ont pas été bien entendus par les officiers de cette corvette;

« Considérant néanmoins que l'humanité exige qu'on ait quelques égards pour les personnes qui sont à bord et qu'on ne peut les rendre victimes d'une erreur;

« Considérant qu'on pourrait faire une distinction entre les passagers ayant eu la petite vérole et les effets qui se trouvent sur le bâtiment;

« Considérant que, si l'assemblée coloniale avait été complète, elle aurait pu, en interprétant son règlement, y apporter cette modification;

« Arrête :

« ARTICLE PREMIER. — Les membres de l'assemblée coloniale sont sommés, au nom de la colonie en péril, en vertu du serment qu'ils ont fait de remplir leur mission, de se joindre sur-le-champ à leurs collègues présents, sous peine d'être responsables des événements.

Octobre 1792.

« Art. 2. — M. le commissaire civil sera prié d'appuyer cette convocation par une proclamation.

« Art. 3. — Jusqu'à la tenue de l'assemblée coloniale, la délibération de l'assemblée administrative sera suspendue et la *Minerve* restera, sans communiquer avec la terre, soit en rade, soit en courant des bordées. »

Cet arrêté ayant été soumis à la sanction, Chermont l'approuva, mais voici en quels termes : « Nous, commandant de l'île Bourbon, en vertu des pouvoirs qui nous sont confiés par la nation et par le roi, avons approuvé l'arrêté ci-dessus dans l'objet d'obtenir une détermination sur la corvette de l'État la *Minerve*, mais sans nous départir de l'opinion que nous avons manifestée que ce vaisseau s'est conformé au règlement du 10 mars et à ses articles additionnels. »

Que faut-il penser de ces diverses résolutions ? — Il me semble que le beau rôle appartient à Chermont dans cette délibération des pouvoirs de la colonie. Chermont paraît convaincu, il n'hésite pas ; son attitude ne permet pas de se demander si la déférence que le colonel doit au général est pour quelque chose dans sa résolution. Le conseil de santé, très net aussi dans son opinion, se préoccupe peut-être des jugements de la ville lorsqu'il ajoute trois semaines d'observation aux quarante-quatre jours d'une quarantaine régulièrement exécutée. L'assemblée administrative est absurde lorsqu'elle ne reconnaît de quarantaine effective que celle qui est faite à terre, qu'elle ne veut pas tenir compte du temps qui a été passé sous voiles, de telle sorte que les quarante-quatre jours du conseil de santé se réduisent pour elle à dix-huit ; elle abuse du texte d'un règlement, lorsqu'elle chicane sur l'irrégularité d'un procès-verbal signé par l'état-major seul, au lieu de l'être par tout le navire. Le second de ses considérants n'est appuyé d'aucune preuve, pas même d'une seule réflexion ; il est brutal. Il en est de

Octobre 1792.

même du troisième. Que signifie cet ordre d'aller achever la quarantaine dans un lieu non suspect, quand on ne veut pas de la pleine mer, le moins suspect de tous les lieux ? Je comprends le coup de colère de Chermont.

Le comité intermédiaire, lui, a été léger en approuvant l'avis de l'assemblée administrative. Il s'en est bien aperçu, quand il s'est vu réduit à supplier Chermont de rester à son poste, c'est-à-dire de ne pas infliger à sa légèreté la honte de la présenter à tous les regards ; quand son président a couru de sa personne à l'assemblée administrative pour tâcher d'en obtenir le silence dont il avait besoin et qu'il n'obtint pas. Il fait pitié, lorsqu'il s'évertue à sortir de la fausse position où il s'est placé. Traduisons ses actes. Premier considérant : Nous sommes au-dessous de notre tâche ; pour trancher une question qui doit être tranchée à l'instant même, il nous faut l'assemblée coloniale que nous n'aurons que dans deux ou trois jours. Deuxième considérant : *Peut, peuvent*, incertitudes dans l'expression, qui trahissent l'incertitude de la pensée ; notre tête se perd, sous la pression des événements et de nos inquiétudes. Troisième considérant : *On ne peut rendre les personnes du bord victimes d'une erreur.* Ah ! si une erreur a été commise, c'est-à-dire si la quarantaine n'a pas été faite convenablement, vous permettrez le débarquement, vous sacrifierez la colonie pour ne pas sacrifier les personnes du bord ! La colonie nous féliciterait de cette logique. Quatrième considérant : *On pourrait faire une distinction entre les passagers et les effets.* C'est juste ; mais il fallait la faire plus tôt cette distinction, dès hier, mais non pas maintenant que vous y êtes contraints par la réponse indignée de Chermont. Enfin, article premier du dispositif : *L'assemblée est infidèle à son serment.* C'est vrai encore ; mais ce qui vous irrite contre elle, c'est le poids d'une responsabilité que vous ne savez dignement porter. La violence accompagne souvent la faiblesse.

La proclamation de Tirol est faible ; la situation ne l'a pas inspiré. J'aime mieux Magon et Chermont.

Octobre 1792.
Lettre de Magon, commandant de la « Minerve ».

En rade de Saint-Denis, à bord de la corvette la *Minerve*, le 7 octobre 1792.

« Messieurs,

« Au nom de l'humanité, de cette voix qui se fait entendre dans tous les cœurs des vrais citoyens, je viens réclamer de la colonie de Bourbon les secours que l'île de France a le droit d'en attendre. Pourriez-vous les refuser, lorsqu'il n'existe, pour votre colonie, aucun danger de les procurer ?

« J'ai rempli la quarantaine avec toute la rigueur que j'ai pu y mettre, et j'ose dire que j'ai réussi. Pour garant de ce que j'avance, j'offre ma vie. Je consens à suivre les passagers pour Bourbon à la quarantaine de revision. Si le moindre événement survient, disposez de ma personne ; mais, Messieurs, en me retenant, faites partir le vaisseau de l'État chargé de vivres pour l'île de France, qui est maintenant ou qui sera sous peu dans la disette.

« Signé : MAGON. »

Discours de Chermont. — Le 8 octobre, Chermont prononça le discours suivant dans le sein de l'assemblée coloniale :

« Messieurs,

« Une contagion affreuse accable l'île de France. Votre prévoyance en préservera sûrement cette île ; mais n'est-il aucun moyen de la rendre efficace sans exagérer une sévérité qui ajoute aux malheurs de l'une et prépare à l'autre une foule d'embarras.

« Déjà vous connaissez la manque absolu de fonds dans la caisse de l'État ; vous connaissez l'infructueux emprunt que nous avons proposé ; vous n'ignorez pas l'impossibilité de se procurer les effets et les denrées dont les magasins sont absolument dépourvus. Combien tant d'affliction ne serait-elle pas aggravée par le déboire affreux de ne pouvoir arriver

Octobre 1792.

au secours de cette île malheureuse, portion, comme vous, de la patrie? La misère la plus affreuse est près de se joindre à la contagion ; la rareté des denrées élève les prix à des sommes incroyables ; incessamment on y périra de misère, si ce n'est du fléau qui l'accable.

« Je suis loin de vouloir vous porter à vous relâcher de vos sages précautions. Mais pourquoi la terreur se répand-elle au point de parler d'interdire la communication à un vaisseau de l'État qui a suivi vos lois à la lettre? Comment élever un doute sur des passagers incapables de risquer des instances compromettantes pour une colonie qui leur est chère.

« Je ne puis m'empêcher de vous témoigner mon étonnement sur ce qu'on a prétendu que les quarante jours devaient être passés à terre. Les quarantaines se font sur terre ou à la mer, et votre loi ne l'exprime pas positivement.

« Le bureau de santé était seul compétent pour prononcer sur la libre communication; cependant son jugement n'a point eu d'effet. De là ces alarmes et ces faux bruits qui égarent la justice et l'humanité des habitants de cette colonie. Rappelez-vous ce que vous devez de fermeté contre l'erreur et les craintes exagérées. L'état de ce vaisseau auquel une nouvelle navigation est impossible, des fonctionnaires publics arrivant avec l'heureuse mission de coopérer avec vous au bonheur de cette colonie, vos compatriotes vous tendant les bras, tourmentés du désir de se réunir à ce qu'ils ont de plus cher au monde, tout me persuade des efforts dont vous êtes capables pour dissiper une terreur qui peut leur nuire autant qu'à la colonie.

« Ce vaisseau, après avoir mis à leur place des fonctionnaires publics, et dans le sein de leurs familles des compatriotes chéris, fournit à votre bienfaisance le moyen de procurer à vos malheureux frères de l'île de France les secours les plus urgents. Vous pouvez, avec de sages précautions, le charger des produits de votre sol. Vous ne laisserez pas échapper l'occasion de faire tant de bien. »

Octobre 1792.

L'assemblée autorise le débarquement à la Ravine-à-Jacques. — L'assemblée coloniale, pressée par Chermont, pressée par la raison qui reprend enfin son empire, mais ne sachant pas aborder franchement la difficulté, s'avise d'un moyen irrégulier, d'une disposition rétroactive, qui lui est suggérée par je sais peut-être quel esprit faux, nourri des subtilités de la procédure. Elle dit :

« Considérant que la *Minerve* n'a pas exécuté strictement le règlement du 18 juillet, et n'a fait que dix-huit jours de quarantaine à l'île Praslin; que néanmoins on peut faire une distinction entre les effets et les personnes qui ont eu la petite vérole; que tous les passagers ont eu la petite vérole, et ont cessé, le 21 août, toute communication avec les personnes qui en étaient attaquées;

« Arrête, comme article additionnel à son règlement du 8 septembre dernier : « Dans le cas où un vaisseau parti en quarantaine extérieure avant l'arrivée à l'île de France de l'arrêté du 5 septembre, n'aurait pas séjourné exactement à terre, dans le lieu de sa quarantaine, les quarante jours prescrits, et qu'il aurait achevé ladite quarantaine en mer, les personnes dudit vaisseau qui auraient eu précédemment la petite vérole pourront être admises au lieu de quarantaine de vérification pour le temps et avec les précautions qui seront prescrites par le bureau de santé. »

Le bureau de santé donna l'avis suivant :

« Considérant que les procès-verbaux de la corvette la *Minerve*, dont nous avons pleine et entière connaissance, font foi de quarante-neuf jours de quarantaine, à dater de celui de la non communication jusqu'à ce jour avec les personnes ou les lieux infectés de la petite vérole; que le temps employé à purger les effets est suffisant; que la terreur règne dans la colonie, proportionnée au nombre des victimes qu'a faites la petite vérole; que rien n'est plus propre à rassurer les esprits que de mettre sous les yeux des colons les délibérations des hommes de l'art :

Octobre 1792.

« Le conseil de santé pense qu'il n'y a aucun risque à permettre le débarquement des effets des passagers en se conformant aux règlements concernant la purge des hardes, effets et marchandises ; pense aussi, vu les alarmes qui existent dans la colonie, qu'il serait bon de soumettre les passagers à se dépouiller, sur le rivage, de tous vêtements quelconques, de leur frotter tout le corps de vinaigre, après laquelle opération ils prendront des vêtements envoyés de Saint-Denis. »

Le conseil de santé est plus ferme encore que la première fois ; il a été piqué du peu de cas que l'on a fait alors de son avis ; il revendique ses droits ; il affirme de nouveau et plus catégoriquement ce qu'il affirmait le 4 ; il s'occupe bien de l'opinion publique, mais pour la diriger, non plus pour s'y soumettre.

Le 10 octobre, l'assemblée coloniale :

« Vu l'avis du conseil de santé,

« Arrête que les personnes admises au lieu de quarantaine de vérification, conformément à l'arrêté du 9 présent mois, ne pourront y faire débarquer avec elles que les linges, hardes, papiers et vêtements à leur usage, sans aucunes marchandises quelconques, lesquels effets subiront les opérations prescrites par les règlements. »

Enfin !

Débarquement à la Ravine-à-Jacques. — Une lettre de Desfosses, capitaine de port, datée du 10 de la Ravine-à-Jacques, porte : « MM. Tirol et Du Plessis sont débarqués hier à cinq heures du soir (Du Plessis dit trois heures) ; ils ont vu avec plaisir les logements que vous leur avez fait préparer, et n'ont voulu en connaître l'intérieur qu'après être débarqués entièrement nus et frottés de vinaigre. Cette cérémonie faite, leurs effets bien fumigés ont été portés dans leurs appartements, où un souper fort frugal a été servi ; c'était une patate à chacun. Les six matelas n'ont pas

Octobre 1792.

suffi, puisqu'il y a défense expresse d'en débarquer, ce qui a fait passer une très mauvaise nuit à la plupart des passagers. Il fait un froid excessif, surtout le matin. Il y a douze hommes de troupes, et il faut des rechanges à chacun, puisqu'ils débarquent nus. »

Du Plessis écrit le 11 à Duvergé : « Je commence par vous remercier de la malle de linge que vous avez bien voulu m'envoyer, et dont je me sers, n'ayant pas voulu ouvrir celle de M. de Chermont ; la disproportion de taille aurait fait souffrir mon amour-propre. M. Tirol et moi nous sommes descendus seuls à trois heures après midi hier, accompagnés de M. Desfosses, que j'ai désiré qui fût témoin de notre soumission aux lois de la colonie. Nous nous sommes mis nus comme la main avant de mettre pied à terre, et avons requis du chirurgien et du commandant de la garde nationale de nous faire toutes les préparations de vinaigre et de fumigations qui leur ont été ordonnées. Nous avons obéi à la loi pour en donner le premier exemple, lequel a été suivi par nos passagers. Je vous prie de donner ordre qu'on nous fasse parvenir la viande et le pain nécessaires à quarante personnes que nous sommes. Nous manquons de marmites, de casseroles, de tout, car le vaisseau ne peut rien nous fournir. »

Le 12, Du Plessis à Duvergé : « Nous n'avons rien reçu, quoiqu'il soit onze heures, et, sans les provisions qu'on envoie de toutes parts à nos passagers, nous n'aurions rien mangé, ni bu, depuis que nous sommes à terre. » Est-ce négligence, ou impossibilité résultant de cette détresse dont parle Duvergé dans sa lettre du 4 ? C'est à n'y rien comprendre.

Du Plessis quitta la Ravine-à-Jacques le 19, à trois heures de l'après-midi, quatre mois pleins après avoir annoncé son arrivée, cent onze jours après son départ de l'île de France.

Janvier 1793.

Rétablissement des communications entre les deux îles. — L'assemblée coloniale de l'île de France à l'assemblée coloniale de l'île Bourbon :

Ile de France, le 3 janvier 1793.

« L'épidémie n'existe plus depuis deux mois en ville ; elle ne se trouve plus que dans des quartiers éloignés, elle y est même très atténuée. La disette nous menace. La petite vérole a nui aux plantations de blé. Nous abandonnez-vous ? Des précautions peuvent concilier votre sécurité avec la satisfaction de nos besoins. »

10 janvier 1793.

« La commission intermédiaire :

« Considérant que la colonie de l'île de France, après avoir été dévastée par le fléau de la petite vérole, qui lui a enlevé une grande partie des bras qu'elle employait à la culture, se trouve en ce moment menacée de la famine, qui en était la suite nécessaire ;

« Que cette colonie ne doit attendre qu'avec la plus grande incertitude les secours qu'elle a demandés au cap de Bonne-Espérance, par la crainte que l'on aura probablement de communiquer avec elle ; que conséquemment l'état où elle se trouve exige les secours les plus prompts et les plus certains ; qu'elle ne peut attendre que de ses frères de l'île Bourbon ;

« Arrête :

« Tous les bâtiments français actuellement dans les rades de l'île Bourbon seront tenus, dans le plus court délai, d'aller prendre à la Rivière-d'Abord, dans les magasins de MM. Dejean Hilaire et Rougemont, leur cargaison de blé, pour le fret duquel il leur sera payé un prix égal à celui de toute autre cargaison qu'ils auraient pu prendre, et qui leur sera payé à l'île de France, ainsi que l'assemblée coloniale de cette île s'y est engagée par son arrêté du 3 de ce mois. »

Avril 1793.

« Le 9 avril 1793, l'assemblée coloniale :

« Considérant qu'elle avait, par un arrêté du 22 février 1793, consulté ses commettants sur la question de savoir si la communication entre les deux îles serait rétablie au moyen de précautions convenables, que le silence du peuple à cet égard devait être pris pour un consentement ;

« Statue que les vaisseaux partis de l'île de France pour Bourbon seront considérés comme venant d'un lieu suspect et ne pourront être admis à la libre communication qu'après avoir subi une quarantaine de vérification. »

Le 7 mai, l'assemblée coloniale ayant su que trois frégates seraient successivement envoyées de l'île de France à Bourbon pour s'y ravitailler, arrêta qu'elles se tiendraient sous voiles, sans pouvoir mouiller, sans communiquer en aucune manière. La libre communication ne fut enfin rétablie que par un arrêté du 5 juillet. Elle a donc duré un an cette épidémie dont on parlait avec tant de légèreté.

Du Plessis à Saint-Denis. — Du Plessis étant arrivé à Saint-Denis, Chermont le présenta le même jour aux troupes, à l'assemblée coloniale et au conseil supérieur. Il avait passé neuf jours à la Ravine-à-Jacques.

Regrets laissés par Chermont. — Chermont laissa des regrets. Le 9 novembre, la commission intermédiaire écrivit au député Bertrand : « L'assemblée coloniale, dans sa séance du 12 juin, a arrêté qu'il nous serait écrit de désavouer les lettres particulières qui pourraient inculper l'administration de M. de Chermont ; d'assurer que la tranquillité qui a existé pendant tout le temps qu'il a été gouverneur, prouvant la douceur et la sagesse des moyens qu'il a employés, ne laisse à la colonie que le regret de ne pas le conserver dans cette place. Il est de toute vérité que personne n'a mieux rempli que lui les fonctions de gouverneur, qu'il a ici autant d'amis qu'il y a d'habitants. »

Une adresse à l'assemblée coloniale mérite d'être citée :

Novembre 1792.

« Les habitants de Bourbon, paroisse Saint-Benoît, soussignés, ont l'honneur d'exposer aux représentants de cette colonie qu'ils ont appris avec la plus vive douleur que le roi avait nommé au gouvernement de cette île, et que M. de Chermont devenait commandant en second de l'île de France. La reconnaissance que nous devons à la sage administration de M. de Chermont, nous pénètre des plus justes regrets. Nous n'oublierons jamais que c'est à la droiture de ses intentions, à la prudence de sa conduite que nous devons la paix dont nous jouissons. Divisés d'opinions au moment d'une révolution qui donnait un libre cours à toutes les passions, nous gémirions peut-être sur des désastres dont nous aurions été les témoins ou les victimes, si nous n'avions eu un chef qui joint au civisme le plus pur une franchise, une loyauté qui, l'éloignant de tout esprit de parti, l'ont porté à proclamer avec fermeté le respect dû à la loi et la nécessité de s'y soumettre, etc. »

(*Suivent de nombreuses signatures.*)

Difficulté de fournir des grains à l'île de France. — La grande préoccupation du moment était d'approvisionner l'île de France, malgré la rareté des grains à Bourbon, malgré le vide du trésor et des magasins. La tentative d'un emprunt avait échoué. L'assemblée invitait les habitants à se prêter aux circonstances, à fournir leurs grains aux magasins de préférence, à prendre en paiement, à défaut de billets tournois et de piastres, soit des rescriptions sur l'île de France, soit des lettres de change sur le trésor national, soit des bons de caisse. Tirol appuyait ces efforts d'une proclamation; mais la concurrence, qui heureusement n'achetait que pour l'île de France, couvrait les prix offerts par les administrateurs et payait comptant. On ne voulait ni des rescriptions, ni des lettres de change, qui ne donnaient pas une réalisation immédiate et les bons de caisse perdaient jusqu'à 15 0/0. On les prenait cependant; aussi

Octobre 1792.

Duvergé en demandait-t-il à cor et à cri, quoique la quantité dût augmenter la dépréciation. En attendant, on tira des magasins d'abord 26,350 livres de maïs, puis 50 milliers de blé, 200 milliers de maïs, autant de haricots, sans certitude de pouvoir les remplacer. La spéculation fit le reste; un peu plus cher, et la récolte donna ses produits en novembre.

Membres blâmés de l'assemblée coloniale. — Le 12 octobre 1792, l'assemblée coloniale :

« Considérant que, le 6 septembre dernier, elle a déclaré qu'elle dénoncerait à l'opinion publique ceux de ses membres qui no se rendraient pas dans son sein le 1er octobre sans raisons valables; que, malgré la convocation extraordinaire faite par la commission intermédiaire le 19 septembre, et celle du 5 octobre, à laquelle était jointe une proclamation du commissaire civil, elle ne peut délibérer; que notamment M. Isidore Dromane, de Sainte-Marie, n'est pas venu depuis quatre mois et n'a répondu à aucune notification; que M. Chambrun Maillot, de Saint-André, n'est jamais venu; que M. Dufour, de Saint-André, n'est venu qu'une fois; que M. Camus, de Saint-André, s'étant présenté n'a pu être admis faute de procès-verbal d'élection; que MM. Petit et Cochart sont venus deux jours et sont partis sans congé; que M. Chérimont Le Breton, de Saint-Paul, est venu une fois; que M. Bertrand, de Saint-Pierre, n'a paru que quelques jours;

« Arrête :

« Tous les membres ci-dessus et tous autres absents seront sommés de se rendre au plus tard le 19, ou de faire part de leurs raisons, sous peine de destitution. Si quelques membres se démettent, les municipalités feront avertir les suppléants.

L'assemblée se proroge. — Le 24 octobre 1792, l'assemblée coloniale,

Octobre 1792.

« Considérant que, pour le travail de la constitution, elle avait cru devoir appeler, par son arrêté du 21 juin dernier, de nouveaux collaborateurs, et qu'elle renonce à cette mesure ; qu'il est nécessaire de charger un comité de continuer ce travail ; que, pour donner à ce comité le temps dont il aura besoin, elle doit interrompre ses séances ;

« Arrête :

« L'arrêté du 21 juin sur la formation d'une assemblée de revision, ceux des 12, 16 et 20 août y relatifs sont rapportés. Il sera formé, sous le nom de comité de constitution et d'organisation, un comité de douze membres, qui remplacera le comité de revision. Ce comité exercera les fonctions de commission intermédiaire. Il surveillera l'exécution des arrêtés de l'assemblée coloniale, et prononcera, dans les cas urgents, sur les objets de la compétence de l'assemblée coloniale. »

CHAPITRE XII

LE COMMISSAIRE CIVIL TIROL ET LA CONSTITUTION DE LA COLONIE

Tirol. — Les commissaires civils étaient principalement chargés d'organiser les colonies, de leur donner des institutions qui les rapprochassent, autant que possible, du régime que la métropole venait d'inaugurer pour elle-même ; aussi Tirol s'empressa-t-il, à son arrivée, de publier ce qu'il appelait ses *Principes constitutionnels*.

Tirol n'était pas à la hauteur de sa tâche ; ce qui lui manquait surtout, c'était l'esprit pratique. Animé d'abord d'excellentes intentions, mais songe-creux, plein d'illusions, hardi comme qui ne connaît pas le danger, il trouva tout de suite des contradictions qui l'étonnèrent plus qu'il ne les comprit, essaya de les vaincre par l'étalage de pouvoirs impuissants dans ses mains, fut vaincu lui-même, et obligé de quitter la colonie transformée sous ses yeux sans rien devoir à une mission bruyante, plus gênante qu'utile. Prodigue par inexpérience, par faiblesse pour des calculs sans précision et par vanité, il mania les finances du pays avec l'imprudence qui l'avait endetté en Europe, et les aurait gaspillées, s'il n'avait eu pour contrepoids l'ordonnateur Duvergé, l'homme le plus propre à réfréner ses élans. Cette opposition l'aigrit, et il n'eut pas le cœur assez haut pour s'abstenir d'une vengeance personnelle, de procédés mesquins qu'il désavouait par des mensonges. De même, l'indépendance de l'assemblée coloniale déconcerta ses prétentions. Il croyait la trouver docile à son autorité, pleine de déférence pour les lumières qu'il lui apportait; il la vit plus contrariée qu'heureuse de son intervention, plus jalouse de faire par elle-même que d'accepter les plans qu'on daignait lui offrir, discutant, rejetant, blâmant, lorsqu'elle aurait dû s'incliner avec respect, admirer avec reconnaissance. A quelles manœuvres se laissa-t-il conduire par le dépit de l'amour-propre humilié? Un jour vint où une députation de l'assemblée lui déclara que les représentants du pays le considéraient comme responsable des troubles qu'il fomentait à Saint-André; elle n'en obtint qu'une réponse étrangement embarrassée.

Principes constitutionnels.

Il faudra deux ans de domicile dans la colonie pour être citoyen actif; et, pour être admis aux assemblées primaires d'un quartier, il faudra au moins une année de résidence dans ce quartier.

Toute personne qui ne pourra point donner d'elle une garantie sûre de bonne vie et meurs, ne sera point reçue au nombre des citoyens actifs.

Tout citoyen actif jusqu'à l'âge de cinquante ans, sera obligé d'être garde national; s'il ne l'était point, il perdrait sa qualité de citoyen actif.

Il faudra quatre années de domicile et être citoyen actif pour être éligible aux fonctions publiques.

La colonie sera divisée en deux districts, l'un du Vent, l'autre de Sous-le-Vent.

Chaque district sera divisé en quartiers, tels qu'ils se trouvent maintenant.

Il y aura par chaque district un corps électoral.

Le corps électoral du Vent sera composé de..... membres et le corps électoral de Sous-le-Vent de..... membres.

Pour être électeur, il faudra être choisi parmi tous les citoyens éligibles, et avoir de plus..... de propriété.

Les électeurs ne pourront avoir en même temps d'autres fonctions publiques. Si les circonstances le commandaient impérieusement, au moins ce ne serait que provisoirement et la loi fixerait pour combien de temps.

Les électeurs nommeront les députés à l'assemblée coloniale, l'accusateur public, le procureur général syndic, les juges des tribunaux, etc. Les électeurs nommeront aussi le député à l'Assemblée nationale, et le membre du tribunal de cassation, si la colonie veut faire usage du droit qu'elle a à ces deux places.

Les deux corps électoraux se réuniront en un seul et même corps, lorsqu'il s'agira de la nomination des fonctionnaires publics pour toute la colonie en général, tels que l'accusateur public, le procureur général syndic, etc.

Les assemblées primaires nommeront les syndics municipaux, les juges de paix, etc.

L'assemblée coloniale sera composée de vingt-deux membres, qui ne s'assembleront qu'une seule fois dans l'année, et dans les temps que les cultures peuvent le permettre le plus.

L'assemblée coloniale ne pourra jamais être séante chaque année plus de six semaines; elle pourra l'être moins de temps, si elle le juge convenable.

L'assemblée coloniale sera remplacée par une commission formée de quatre membres; trois suffiront pour délibérer.

La commission intermédiaire surveillera l'exécution des lois, les interprétera, fera des arrêtés provisoires, et préparera toutes les affaires qui devront être présentées à l'assemblée coloniale.

Si, pendant l'absence de l'assemblée coloniale, il arrivait des événements qui exigeassent sa présence, la commission intermédiaire serait autorisée par la loi à la convoquer; elle serait obligée de s'assembler sans délai, et, dans ces cas imprévus, elle ne pourrait tenir ses séances plus de quinze jours.

Lorsque l'assemblée coloniale croira de nouvelles lois nécessaires, elle les proposera à toute la colonie dans sa séance de l'année, pour ne les promulguer que dans sa séance de l'année suivante, afin d'avoir le temps de connaître le vœu général à leur égard, pour se conformer à ce vœu.

Lorsque les circonstances exigeront de l'assemblée coloniale une exécution prompte de nouvelles lois, elles ne seront arrêtées par elle que provisoirement, et ne le seront définitivement qu'après l'espace d'un an, afin de connaître le vœu général à leur égard et de s'y conformer.

L'assemblée coloniale ne pourra adresser de pétition à l'Assemblée nationale au nom de la colonie, sans y avoir été autorisée par le vœu général.

Il n'y aura point de corps administratif, et il n'y aura qu'un seul procureur général syndic, qui sera chargé de faire exécuter toutes les lois sous la surveillance de l'assemblée coloniale ou de la commission intermédiaire.

Il n'y aura plus de corps d'officiers municipaux; mais il y aura, dans chaque quartier, un seul syndic municipal, qui sera chargé de l'administration.

Chaque syndic municipal formera, avec un certain nombre de notables, le conseil de la commune, pour délibérer sur ses intérêts, toutes les fois qu'il sera nécessaire.

Il y aura, dans chaque quartier, un juge de paix, qui sera chargé en même temps de tous les objets de police.

A chaque juge de paix il sera affecté le nombre nécessaire de prud'hommes pour former le tribunal de paix.

Chaque quartier aura un tribunal d'arbitres, afin que tout justiciable puisse trouver près de lui justice, et pour accoutumer les citoyens à terminer les affaires par voie de conciliation.

Un tribunal de famille sera institué, pour que la famille maintienne dans son sein tout ce qu'elle se doit à elle-même.

Il y aura à Saint-Denis un tribunal de commerce, pour donner aux affaires de ce genre toute l'activité qu'elles doivent avoir.

Si d'autres quartiers que celui de Saint-Denis, tels que Saint-Paul, la Rivière-d'Abord, etc., sont également susceptibles d'un tribunal de commerce, il sera formé.

Le tribunal d'amirauté sera supprimé ; toutes les affaires qui sont de sa compétence seront réparties entre le tribunal de paix et le tribunal de commerce.

Le tribunal terrier sera conservé et composé d'un seul juge, auquel il sera réuni des assesseurs, lorsqu'il y aura des jugements à prononcer.

Il y aura un accusateur public.

Il y aura deux tribunaux, l'un à Saint-Denis, l'autre à Saint-Paul. Ils rendront la justice gratis. Il y aura parfaite égalité entre eux, et chacun sera composé du moindre nombre de membres qu'il sera possible.

Des tribunaux de paix, des tribunaux de commerce et du tribunal terrier l'on pourra appeler à l'un des deux tribunaux de justice.

En même temps que l'érection des nouveaux tribunaux aura lieu, on supprimera toutes les formes qui ne seront point nécessaires pour que la justice soit rendue, et, à cet effet, on verra s'il ne conviendra point de plaider par requête, ainsi qu'il a été fait précédemment.

Il y aura un curateur aux successions vacantes. Les successions vacantes parviendront à qui de droit sans retardement, et leurs revenus ne dépériront point.

Les successions vacantes qui ne seront point réclamées au bout d'un certain temps fixé par la loi, passeront au bénéfice des pauvres.

Il y aura un bureau d'hypothèques pour la sûreté des acheteurs et des prêteurs.

Il y aura un bureau de contrôle pour la sûreté des actes.

La colonie aura un ingénieur à elle, qui sera à sa nomination, et qui sera chargé de la conduite des eaux, des grands chemins et généralement de tous les établissements publics.

Les noirs de commune seront conservés pour faire les chemins et les entretenir.

Les noirs de commune feront partie des tarifs de commune.

La colonie aura son trésorier, qui sera à sa nomination, et qui sera chargé de toutes les recettes et dépenses. Il donnera la caution que la loi prescrira. Il rendra ses comptes à la fin de chaque année, et, après qu'ils auront été vérifiés par des commissaires pris du corps législatif et nommés par lui, ils seront rendus publics par la voie de l'impression.

Il y aura, dans chaque quartier ou paroisse, un receveur de la commune pour percevoir les impositions appliquées aux frais de commune.

Le receveur de la commune sera choisi par elle, donnera caution et aura tant pour cent de ses recettes pour ses frais, peines et soins.

Toutes les caisses particulières de commune ne feront qu'une seule et même caisse.

Il y aura un lazaret à la Ravine-à-Jacques et un autre à Saint-Paul.

Ces deux établissements seront disposés de manière que les personnes en quarantaine auront tous les secours nécessaires; que la colonie sera entièrement préservée de tout danger de contagion, et qu'il n'y aura point d'interruption de commerce.

Il y aura, à chaque lazaret, trois personnes qui, par la réunion de leurs fonctions, contribueront à ce que tous les règlements soient suivis le plus rigoureusement. Ces trois personnes seront le préposé pour l'administration, le commandant de la garde et le chirurgien. Les procès-verbaux seront signés par elles trois.

Le préposé pour l'administration et le chirurgien seront à la nomination de la colonie ; le commandant de la garde sera à la nomination du gouverneur, qui ne pourra le prendre que dans trois sujets qui lui seront présentés à la colonie.

La consigne de tout ce qui devra être observé par chaque lazaret, sera donnée par le gouverneur, mais ne pourra être qu'entièrement conforme à ce qui sera prescrit par l'assemblée coloniale, dans les arrêtés pris à ce sujet.

Il y aura à chaque lazaret un receveur pour y percevoir les droits imposés sur les marchandises. Il sera nommé par la colonie et donnera caution. Outre le traitement qui sera fixé, il lui sera accordé tant pour cent sur les recettes.

Le receveur à chaque lazaret sera sous les ordres du préposé pour l'administration, qui vérifiera ses comptes et les arrêtera.

Il y aura, à chaque lazaret, un garde-magasin, qui sera à la nomination de la colonie, et qui sera chargé de tous les effets.

Le garde-magasin de chaque lazaret donnera caution, sera sous les ordres du préposé pour l'administration, qui vérifiera et arrêtera ses comptes.

Le bureau de santé pour chaque lazaret ne sera composé que de trois personnes, qui seront un notable, un médecin et un chirurgien, ou un notable et deux chirurgiens. On pourra délibérer à deux lorsque le notable se trouvera de ce nombre.

Les trois personnes qui composeront chaque bureau de santé seront à la nomination de la colonie.

Aussitôt l'arrivée d'un bâtiment, l'un des chirurgiens du bureau de santé ira, dans la pirogue du pilote, en avant de ce bâtiment pour faire raisonner sur l'état de santé et de maladie, et prendre des informations si précises qu'il ne pourra être délibéré au bureau de santé qu'en pleine connaissance de cause.

Le capitaine du bâtiment, après la visite du chirurgien, ne différera point de se rendre au lieu du lazaret, où il apprendra la quarantaine qu'il doit faire, et où, en attendant, il fera tous ses débarquements conformément à la loi.

Il y aura une communication journalière par terre et par mer avec chaque lazaret, pour y donner tous les secours nécessaires, et pour être informé, avec la plus grande exactitude, de l'état de santé et de maladie.

La poste fera partie de l'administration de la colonie.

Une communication non interrompue avec l'île de France étant très nécessaire, la colonie examinera s'il ne convient pas que le point de départ et d'arrivée des bâtiments servant de paquebots soit au Quai-la-Rose.

Il y aura un collège où tous les enfants de la colonie recevront une éducation nationale, et où il y aura les meilleurs maîtres et professeurs, pour que les pères puissent procurer à leurs enfants l'instruction la plus désirable en tout.

L'instruction sera gratis pour les externes, et il n'en coûtera, pour les pensionnaires que ce qui sera indispensable.

L'éducation étant la partie la plus précieuse de l'administration, un magistrat en sera chargé.

Le magistrat préposé à l'éducation sera nommé par la colonie.

A cause de ses fonctions si importantes et si honorables, le magistrat chargé de l'éducation ne sera que sous la surveillance de l'assemblée coloniale, et, en son absence, sous celle de la commission intermédiaire.

Il y aura, dans chaque quartier ou paroisse, un maître d'école, qui donnera aux enfants des citoyens pauvres l'instruction indispensable, et qui préparera les autres enfants à l'éducation du collège.

Il y aura un établissement pour procurer à la colonie toutes les sages-femmes qui lui seront nécessaires.

Il y aura des hospices où seront reçus les enfants méconnus de leurs pères, les malades et les estropiés sans ressources, les vieillards sans familles ou qui ne peuvent trouver auprès d'elles les secours qui sont dus à leur grand âge.

Il sera établi, dans les hospices, des travaux pour rendre utiles, autant qu'elles pourront l'être, toutes les personnes qui y seront, et pour donner plus de moyens de prospérité à ces établissements.

Les enfants méconnus qui seront entrés aux hospices, en

sortiront avec l'état de noirs libres. Ceux de ces enfants qui auront été reconnus par leurs pères et mères, en sortiront avec l'état desdits pères et mères.

Les pauvres qui se trouveront dans chaque quartier, y recevront, aux frais de la commune, tous les secours qui leur seront dus.

Il y aura, dans chaque quartier, un bureau de charité pour avoir soin de ses pauvres.

Le bureau de charité sera composé de trois personnes, le curé et deux notables. Il pourra délibérer à deux, pourvu que le curé soit de ce nombre.

Chaque bureau de charité fera travailler ses pauvres, pour les rendre moins malheureux en bannissant l'oisiveté, et pour leur procurer plus de secours.

Chaque fabrique de paroisse sera composée de trois personnes, le curé et deux notables. On pourra délibérer à deux, pourvu que le curé soit de ce nombre.

Le bureau de charité pourrait aussi être chargé de la fabrique.

Chaque quartier devant nourrir ses pauvres et non ceux d'un autre, ils s'enverront réciproquement ceux qui ne leur appartiendront pas.

Il sera fait des règlements en faveur des mineurs, pour faire prospérer leurs biens, comme s'ils étaient majeurs.

La moitié des membres de l'assemblée coloniale sera renouvelée tous les deux ans.

On ne pourra être réélu à l'assemblée coloniale qu'après un intervalle de quatre années.

La moitié des membres de la commission intermédiaire sera renouvelée tous les deux ans.

Le procureur général syndic sera élu pour deux ans. Il pourra être réélu de suite, mais pour quatre ans. Il pourra être réélu de suite une troisième fois, mais pour six années, s'il n'y avait point d'interruption dans son élection; s'il y en avait, ce serait à recommencer pour deux ans.

Le syndic municipal sera élu comme il vient d'être dit pour le procureur général syndic.

L'accusateur public sera élu pour six ans, et pourra être réélu de suite sans interruption.

Chaque membre des deux tribunaux de justice sera élu pour six ans, et pourra être réélu de suite sans interruption.

Chaque juge de paix sera élu pour six ans, et pourra être réélu sans interruption.

Toutes les autres élections, excepté celles à vie, comme l'ingénieur de la colonie, son trésorier, etc., se feront dans les mêmes principes.

Les élections pour l'organisation de la colonie auront lieu indistinctement parmi tous les citoyens actifs susceptibles d'éligibilité, tant ceux qui se trouveront, lors des élections, fonctionnaires publics, que ceux qui ne le seront point.

Tous les fonctionnaires publics quelconques auront leurs substituts ou suppléants, pour qu'il n'y ait jamais d'interruption dans le service public.

Tous les fonctionnaires publics seront payés convenablement.

Tout capitaine de navire sera obligé de conduire devant le magistrat les étrangers qu'il aura à son bord. Ils lui déclareront ce qu'ils sont. S'ils ne donnent point d'eux toutes les garanties qui seront prescrites par la loi, pour pouvoir rester dans la colonie, ils seront mis dans une maison d'arrêt, en attendant leur renvoi par le premier vaisseau.

Tout soldat congédié ou licencié sera dans le cas de l'étranger.

L'assemblée coloniale proposera les lois qu'elle jugera les plus convenables pour les concessions.

Les réserves nationales seront surveillées par les délégués de la nation.

Les pas géométriques continueront d'avoir lieu pour la défense de la colonie. Ils seront déterminés d'après les décrets de l'Assemblée nationale pour l'attaque et la défense des places.

Il ne pourra être accordé sur les pas géométriques que

des concessions provisoires qui se trouveront annulées lorsque le gouverneur le requerra pour la défense de la colonie.

Entre les concessions provisoires et le bord de la mer, il restera un espace libre, parce que les bords de la mer et des rivières appartiennent à tous.

L'espace entre les concessions provisoires et le bord de la mer sera déterminé par la loi.

Les concessions provisoires sur les pas géométriques ne pourront être accordées qu'avec l'agrément du gouverneur.

Il y aura, dans chaque quartier, une garde soldée suffisante pour la sûreté de l'endroit, pour prévenir les délits, et pour que, à la réquisition des fonctionnaires publics, les lois aient la plus prompte exécution.

Les officiers de la garde soldée de chaque quartier seront choisis par le gouverneur, chacun sur trois sujets qui seront présentés par les assemblées primaires du quartier.

Les gardes soldées des différents quartiers seront réunies pour ne former qu'un seul et même corps.

Toutes les gardes soldées auront le même uniforme.

Le corps des gardes soldées aura à sa tête un commandant unique, qui sera à la nomination du gouverneur.

Il y aura, pour toute la garde soldée, un adjudant-major, qui sera chargé du détail, et qui sera à la nomination du gouverneur.

L'on verra si la sûreté de la colonie exige que la garde soldée soit partie à pied, partie à cheval, ou simplement à pied.

Le gouverneur fera, chaque année, une revue très exacte de toute la garde soldée.

Il faudra être citoyen actif, ou fils de citoyen actif pour entrer dans la garde soldée, et, pour y être officier, il faudra avoir toutes les qualités d'éligibilité.

Aux qualités d'éligibilité, il faudra joindre de bons services dans les troupes réglées pour être officier de la garde soldée.

Le gouverneur sera chargé de la tenue de la garde soldée.

La garde soldée ne pourra agir qu'à la réquisition des magistrats.

On donnera à la garde soldée le nom que l'on croira devoir le mieux convenir.

Les gardes nationales ne seront assujetties à aucune garde journalière ; elles ne seront rassemblées et ne serviront que dans les dangers imminents.

Pour être garde national, il faudra être citoyen actif, ou fils de citoyen actif.

Pour être officier des gardes nationales, il faudra avoir toutes les qualités d'éligibilité aux places de fonctionnaires publics.

Les gardes nationales auront, du reste, la même formation que celles de la métropole.

Il sera demandé à la métropole six mille fusils, qui seront répartis dans les différents quartiers pour être déposés dans des magasins, où ils seront entretenus dans le meilleur état, de manière que, à chaque événement, la garde nationale trouvera la force qui lui est confiée prête à servir entre ses mains la chose publique.

Pour augmenter cette force, qui ne saurait être trop considérable à cause de son objet, il sera aussi demandé à la métropole quelques pièces de campagne pour être également réparties dans les différents quartiers et être remises aux gardes nationales dans les dangers pressants.

Il sera établi des signaux tellement distribués et tellement placés que, dans le moins de temps possible, on soit informé des dangers que courra quelqu'une des parties de la colonie, ce qui mettra à même d'y porter aussitôt les secours nécessaires.

Toutes les dépenses quelconques qui ont rapport à l'extérieur, ainsi que les traitements de toutes les personnes à la nomination du roi, seront aux frais de l'État.

Toutes les dépenses de l'administration intérieure seront à la charge de la colonie.

Pour subvenir à toutes ses dépenses la colonie a le choix dans deux sortes d'impôts, le direct et l'indirect.

Le direct pourrait consister dans un vingtième, chaque année, du produit net des revenus.

En choisissant l'impôt direct, il ne faudrait point l'appliquer sur ce qui est nécessaire pour la subsistance, mais seulement sur ce qui est au delà.

Si l'on choisit l'impôt indirect, il consiste : 1° en droits du contrôle pour la sûreté des actes; 2° en droits du timbre pour la sûreté des billets à ordre et des lettres de change; 3° en droits d'entrée sur toutes les marchandises venant de l'Inde; 4° en droits d'entrée sur les vins, eau-de-vie, arack et généralement sur toutes les liqueurs fortes, de manière que l'impôt augmenterait en raison du peu d'utilité de la boisson, de ce qu'elle viendrait de l'étranger et de ce qu'elle serait nuisible; 5° en droits de sortie sur le café et le coton.

On conservera l'impôt par tête de noir pour les frais de commune, ou bien l'on verra s'il y a des moyens plus convenables de satisfaire à ces frais.

L'assemblée coloniale ne pourra mettre aucune espèce d'impôt quelconque sans avoir eu l'expression formelle du vœu général.

Il y aura une caisse coloniale pour procurer aux cultivateurs à un bas intérêt les avances d'argent dont ils auraient besoin.

Addition aux Principes constitutionnels proposés par le commissaire civil.

GARDE SOLDÉE.

Si la garde soldée qui fait partie des principes constitutionnels que j'ai présentés, ne convenait point, j'ai l'honneur de proposer :

Que tout citoyen actif qui sera nommé pour monter la garde de son canton, sera payé, s'il n'est pas au-dessus du besoin;

Que la loi détermine comment on pourrait être dans ce cas;

Que, dans chaque canton, la commune propose, par un arrêté, la contribution qu'auront à payer les citoyens actifs qui, étant en état de monter la garde, voudront s'en exempter;

Que tout ce qui vient d'être dit ci-dessus n'ait lieu que dans les temps de tranquillité, et non dans les dangers imminents, tous les citoyens devant alors payer de leurs personnes;

Qu'il y ait, dans chaque canton, un officier pour commander la garde et faire agir la force publique à la réquisition du maire; que cet officier à poste fixe et payé soit nommé par le gouverneur, de trois sujets qui lui seront présentés par le canton;

Que, pour mettre de l'ensemble dans toutes les gardes des cantons, il y ait un commandant unique pris parmi tous les citoyens susceptibles d'éligibilité, nommé par le gouverneur et payé par l'État.

CONSEIL DE COMMUNE.

Après avoir eu l'honneur de proposer que les assemblées primaires nommeraient aux places de syndics municipaux, de juges de paix, d'électeurs, et que ces derniers nommeraient aux places de députés à l'Assemblée nationale, à l'assemblée coloniale, à celles de procureur général syndic, d'accusateurs publics, de juges des tribunaux, etc., j'ai à proposer une autre organisation, afin que, ayant à choisir, MM. les citoyens parviennent plus aisément à ce qui peut le mieux leur convenir.

Il y aurait, dans chaque quartier, un conseil de commune qui serait composé d'autant de membres qu'il y aurait de fois cinquante citoyens actifs.

Le conseil de commune ne pourrait pas être composé de moins de quatre membres, quand même il ne se trouverait pas deux cents citoyens actifs.

Il y aurait de plus, à chaque conseil de commune, le syndic municipal qui en serait le président.

Il y aurait au moins, dans chaque conseil de commune, une moitié de propriétaires d'habitation.

Le conseil de commune délibèrera à la moitié plus un.

Il serait nommé des suppléants, afin que le conseil de commune fût assuré d'avoir toujours le nombre compétent pour ses délibérations.

Le conseil de commune s'assemblerait toutes les fois que le syndic municipal croirait devoir le requérir.

Pour être membre du conseil de commune, il faudrait avoir toutes les qualités d'éligibilité.

Les assemblées primaires nommeraient les membres des conseils de commune.

La moitié des membres de chaque conseil de commune serait remplacée tous les deux ans.

Lorsque les assemblées primaires ne se trouveraient pas composées de la moitié plus un des citoyens actifs, elles ne pourraient nommer les membres du conseil de commune.

Lorsque les assemblées primaires ne se trouveraient pas en nombre compétent pour nommer les membres du conseil de commune, le conseil resterait composé des mêmes membres. De ce que les citoyens ne se seraient pas rassemblés pour en élire de nouveaux, ce serait une preuve qu'ils seraient satisfaits de ceux qu'ils auraient.

Si, dans l'intervalle de la tenue des assemblées primaires, il se trouvait des places vacantes de membres du conseil de commune, le conseil y nommerait.

Le conseil de commune nommerait aux places de syndic municipal, de juge de paix, de députés à l'assemblée coloniale.

Lorsqu'il faudrait procéder à la nomination des députés à l'Assemblée nationale, du procureur général syndic, de l'accusateur public, de juges des tribunaux, etc., chaque conseil de commune nommerait un ou plusieurs de ses membres, pour de tous ces membres réunis former un corps électoral.

Lorsque le conseil de commune aurait des nominations à faire, il pourrait être dit qu'il serait obligé préalablement de convoquer un certain nombre d'adjoints.

Il résulterait des propositions ci-dessus :

1° Que la représentation à l'assemblée coloniale serait plus directe, et que chaque quartier contribuerait, autant qu'il peut être possible, aux autres nominations ;

2° Que les assemblées primaires n'agiraient que lorsqu'il se trouverait assez de citoyens pour former un vœu général, et non un vœu partiel ;

3° Que les intérêts de chaque quartier seraient ménagés, ce qui obligerait de les concilier avec l'intérêt général ;

4° Que, lorsqu'on voudrait consulter le vœu de la colonie, sur de nouvelles lois ou d'autres objets, on pourrait le faire aisément et sans nulle commotion, en s'adressant à chaque conseil de commune ;

5° Il s'ensuivrait enfin la tranquillité de la colonie posée, à ce qu'il me paraît, sur les bases les plus solides.

Au lieu de former un corps électoral pris des membres des conseils de commune pour la nomination des places de procureur général syndic, d'accusateur public, de juges des tribunaux, etc., je crois qu'il serait préférable, pour la nomination à ces places, que chaque conseil de commune donnât son bulletin, et que tous ces bulletins fussent recueillis par le procureur général syndic. Il y aurait une représentation plus directe, point de déplacements et plus de rapidité.

COMPTABILITÉ.

Le procureur général syndic sera chargé de donner au trésorier de la colonie des ordres de paiement pour toutes les dépenses.

Pour que toutes les dépenses ne se fassent jamais que conformément à la loi, et pour assurer le plus grand ordre dans la comptabilité, il y aura un contrôleur, payé par l'État, qui visera toutes les dépenses avant qu'elles soient acquittées par le trésorier, qui ne pourra les payer sans cette vérification.

Le contrôleur serait aussi chargé du recouvrement de toutes les sommes dues à la colonie.

Le contrôleur serait enfin chargé de rendre publics, par la voie de l'impression, à la fin de chaque année, les comptes des recettes et dépenses de la colonie et de faire connaître en vertu de quelles lois les unes et les autres auraient eu lieu.

BUREAU DE CHARITÉ.

Le bureau de charité de chaque paroisse chargera le chirurgien dans lequel il aura le plus de confiance de porter un salutaire et prompt secours à ceux de ses pauvres qui en auront besoin ; il acquittera le mémoire qui lui sera présenté à cet égard, après l'avoir vérifié et arrêté.

Réunion des fonctions de syndic municipal à celles de juge de paix dans les cantons qui pourraient la comporter.

Le magistrat qui réunirait les fonctions de syndic municipal à celles de juge de paix aurait le nom que l'on croirait devoir le mieux lui convenir.

Ce magistrat serait aidé par un certain nombre de prud'hommes pour les affaires du tribunal de paix, et par un certain nombre de notables pour les fonctions de syndic municipal.

Ce magistrat serait élu pour deux ans par l'assemblée primaire ; il pourrait être réélu sans interruption, mais toujours pour deux ans.

Impôt par tête de noir pour subvenir aux frais de commune, proposé par un citoyen habitant de la colonie depuis quarante ans.

Si le citoyen possédant vingt noirs paie 30 sous par tête, on propose :

1° Que celui qui n'est possesseur que de dix à dix-neuf noirs ne paie que 20 sous par tête ;

2° Que celui qui n'est possesseur que de cinq à neuf noirs ne paie que 10 sous par tête ;

3° Que le père de famille qui a moins de cinq noirs soit exempt de l'imposition.

Si le possesseur de vingt noirs payait plus de 30 sous, la diminution pour les autres se ferait graduellement dans la proportion ci-dessus.

NOIRS LIBRES.

Les noirs libres auront entrée aux assemblées primaires après deux générations révolues de père et mère libres.

Les noirs libres seront éligibles après quatre générations.

Il ne sera accordé d'affranchissement qu'au moyen d'une somme fixée par la loi et reconnue suffisante pour l'entretien de l'affranchi et de sa famille.

Nouvelles propositions de Tirol. — Le 9 novembre 1792, le commissaire civil s'exprima ainsi devant la commission intermédiaire :

« J'ai proposé deux tribunaux de justice, l'un à Saint-Denis, l'autre à Saint-Paul ; qu'il me soit permis aujourd'hui de proposer leur suppression, pour les remplacer par des tribunaux d'arbitres, en affectant à chacun d'eux un homme de loi, qui y serait le rapporteur de toutes les affaires.

« Les tribunaux d'arbitres ainsi modifiés, il s'ensuivrait :

« 1° Qu'on jouirait de tous les avantages si précieux de l'arbitrage, sans craindre des jugements qui ne seraient point prononcés sur une connaissance exacte des affaires et qui ne seraient pas une juste application des lois ;

« 2° Que tous les maux qu'a faits et que peut trop faire la chicane, dans toute société, seraient à jamais prévenus ;

« 3° Que les justiciables trouveraient dans tous les cas la justice près d'eux, les citoyens n'ayant point à se déplacer pour l'appel qu'ils croiraient devoir faire des jugements rendus par le tribunal de paix ;

« 4° Que les parties seraient dispensées de toute espèce de frais ;

« 5° Qu'une grande habitude de bonne foi dans les affaires, une grande promptitude dans leur exécution s'ensuivraient également, et jamais l'astuce cachée sous des formes qui empêchent la vérité de se montrer telle qu'elle devrait paraître aux hommes et surtout à ceux qui veulent la liberté et en sont dignes ;

« 6° Que les citoyens n'étant point invités par la loi à mettre des détours dans les discussions journalières, n'en mettraient point dans celles concernant l'intérêt général ;

« 7° Que, ayant moins besoin d'hommes de loi, la colonie ne serait point embarrassée de trouver, dans son sein, tous ceux doués de vertus et de talents qui sont nécessaires à sa nouvelle organisation ;

« 8° Il s'ensuivrait enfin le plus grand bien pour la colonie, une diminution par an de cent mille livres au moins dans ses dépenses, et, pour les justiciables, une économie qu'on ne saurait apprécier.

« Il y aurait, dans la colonie, autant de tribunaux d'arbitres qu'il serait nécessaire.

« Chaque homme de loi, rapporteur au tribunal d'arbitres, serait nommé par les électeurs pour six ans, et pourrait être réélu de suite sans interruption.

« Les tribunaux d'arbitres ne pouvant juger des affaires criminelles, elles seraient de la compétence d'un tribunal formé des juges de paix.

« Pour que chaque famille puisse conserver dans son sein tout ce qui importe à son honneur, et l'honneur de la colonie dépendant de celui de chacun de ses membres, il y aura un tribunal de famille.

« J'ai dit que je croyais que les électeurs pourraient être en même temps fonctionnaires publics. Je désirerais aujourd'hui que ce ne fût qu'une loi provisoire, étant convaincu qu'un fonctionnaire public, qui serait en même temps électeur, donnerait son suffrage à celui qui serait de son parti. »

Le 12 novembre, Tirol dit :

« J'ai proposé, le 9 de ce mois, que, dans chacun des tribunaux d'arbitres, un homme de loi fût chargé de faire le rapport de toutes les affaires. Comme il ne faut pas être homme de loi pour connaître les lois, et que la connaissance de leur esprit vaut mieux que celle des formes, qui empêchent leur application salutaire, je proposerai aujourd'hui qu'il y ait, à chacun des tribunaux d'arbitres, un homme instruit, digne de la confiance de ses commettants, pour y faire le rapport de toutes les affaires. De cette manière, en n'excluant personne, on fera mieux le choix qui convient. »

Le 13 novembre 1792, Tirol dit à la commission intermédiaire :

« Au lieu de troupes pour la défense extérieure et le service de la place, j'ai l'honneur de demander s'il ne conviendrait pas mieux à la colonie d'avoir le corps des volontaires de Bourbon.

« 1° Sa dépense ne serait point à la charge de la colonie.

« 2° Pour être volontaire de Bourbon, il faudrait être citoyen actif, et, pour être officier, il faudrait être éligible aux fonctions publiques.

« 3° Le corps des volontaires serait, en temps de paix, de 200 hommes, dont 100 en activité et 100 qui n'y seraient pas, se relevant tous les six mois. Ceux qui seraient de service auraient la solde et la ration ; les autres n'auraient que la solde.

« 4° En temps de guerre, le corps serait augmenté, afin que, sans discontinuer le service de la colonie, il puisse aller défendre l'État dans l'Inde.

« Au moyen de ses gardes nationales, de sa gendarmerie nationale et des volontaires de Bourbon, la colonie n'aurait que des citoyens actifs pour sa défense, et sa liberté ne serait jamais en danger. »

Banque coloniale proposée par Tirol. — Le 23 novembre 1792, Tirol proposa comme suit l'établissement d'une banque coloniale :

« On aurait à Paris des banquiers qui s'engageraient à avoir en réserve deux millions pour la formation de la caisse, à 6 0/0. Avec ces deux millions on établirait, dans la colonie, une circulation de quatre millions, sur lesquels on ferait des avances à 6 0/0 aux cultivateurs. Les détenteurs des billets qui voudraient les réaliser, auraient droit à des lettres de change sur les banquiers de Paris, qui seraient remboursés par le produit de la vente des denrées coloniales achetées à Bourbon avec le papier pour lequel on aurait donné les lettres de change, et adressées à un correspondant chargé de les réaliser. L'intérêt à 6 0/0 des deux millions en réserve se ferait avec le papier en circulation des quatre millions, que les cultivateurs remettraient pour l'intérêt à 6 0/0 des avances qui leur auraient été faites. Ce papier serait converti en denrées coloniales, qui seraient adressées à un correspondant qui les réaliserait et paierait l'intérêt des deux millions en réserve. La colonie ayant une circulation en billets de quatre millions, dont elle recevrait l'intérêt à 6 0/0, et n'ayant à payer que l'intérêt à 6 0/0 de deux millions, il lui restera chaque année 120,000 livres, outre l'accroissement donné à la culture par les avances. La colonie devenant successivement dans le cas de mettre de plus en plus de billets en circulation, sa fortune s'accroîtra de plus en plus. Le cours forcé des billets ne sera jamais établi. »

Tirol s'était dit : Un capital de deux millions à 6 0/0 permet d'émettre quatre millions en billets à 6 0/0; bénéfice net 120,000 livres. Il lui fallait donc ses deux millions, et il les trouvait tout de suite dans les poches de capitalistes complaisants qui s'empresseraient de remplir sa caisse sans exiger aucune garantie effective, sans se préoccuper de la guerre qui pouvait interrompre les communications, des cyclones qui pouvaient détruire nos récoltes, des fluctuations du commerce qui pouvaient avilir les prix, et déjà il voyait ses billets circulant de plus en plus, la fortune coloniale s'accroissant de plus en plus. Il dut être bien étonné lorsqu'on lui dit qu'il y avait des difficultés insurmontables à l'exécution de ce beau plan.

Observations de Desjardins. — Tirol ayant demandé

que des observations lui fussent envoyées sur les principes constitutionnels qu'il présentait, Desjardins de Saint-Paul lui écrivit le 16 janvier 1793 :

« Pourquoi présenter ces principes non pas à l'assemblée, mais à des habitants épars, difficiles à réunir, qui ne pourraient en prendre connaissance que rapidement, et auxquels on demande de faire des observations en quinze jours sous peine de prendre leur silence pour un acquiescement?

« En nous présentant les choses de cette manière, le commissaire civil semble, avec le caractère dont il est revêtu, avoir voulu influencer les hommes ignares dont se compose la majeure partie de la population, et affaiblir le respect dû aux représentants de la colonie. »

Les électeurs ne pourront avoir en même temps d'autres fonctions publiques, dit le projet de M. le commissaire civil. On ne doit pas gêner la confiance du peuple, et, à Bourbon, les hommes éclairés ne sont pas nombreux. Les fonctions électorales seront de courte durée, et permettront d'en exercer d'autres.

L'assemblée coloniale sera composée de vingt-deux membres. — Diminuée de moitié elle n'en vaudrait que mieux.

L'assemblée coloniale se réunira une fois par an. — C'est trop peu pour les affaires; mais pas plus de deux fois.

Sa session durera six semaines. — Cela doit dépendre des affaires.

Quatre commissaires intermédiaires. — Cinq pour délibérer à trois.

La commission intermédiaire surveillera l'exécution des lois, les interprétera, fera des arrêtés provisoires, etc. —

Surveiller, oui ; interpréter, non ; faire des arrêtés, non.

Il y aura un tribunal d'arbitres. — Ce tribunal s'établit de lui-même, quand les parties ont le désir de la conciliation ; mais, si la loi l'établit, les arbitres n'étant pas du goût des parties, on n'ira pas à lui.

Tribunal de commerce à Saint-Paul et à Saint-Pierre. — Saint-Paul et Saint-Pierre ont des brocanteurs, non des négociants ; mieux vaut pour eux le juge de paix.

Les successions vacantes non réclamées passeront aux pauvres. — Mieux serait de passer à la colonie.

Les externes ne paieront pas de rétribution. — Il faut qu'ils paient ; tous voudraient être externes ; le collège en souffrirait.

Il y aura des hospices pour les enfants abandonnés, les malades, les estropiés, les vieillards sans ressources. — Un seul au chef-lieu, autrement des abus.

Les pauvres de chaque quartier recevront des secours. — Les pauvres sont ici les gens vicieux, ivrognes et paresseux.

On fera travailler les pauvres dans les hospices. — Moyen sûr de tenir vides les ateliers de charité.

On ne pourra être réélu député à l'assemblée coloniale qu'après quatre années. — Pourquoi gêner la liberté du peuple ?

Les étrangers suspects seront mis, dès leur arrivée dans une maison d'arrêt pour être expédiés par le premier vaisseau. — C'est au capitaine qui nous a fait le mauvais cadeau d'en supporter les frais.

L'assemblée coloniale ne pourra établir aucun impôt sans avoir consulté la colonie. — C'est annuler l'assemblée coloniale et mettre le désordre dans la colonie.

Caisse coloniale; secours aux agriculteurs. — Laissez-les à leur industrie. La faculté de trouver de l'argent serait favorable à quelques-uns, perfide pour beaucoup d'autres, qui dissiperaient dans la paresse ou perdraient dans des entreprises ambitieuses.

Second mode d'organisation présenté par M. le commissaire civil, afin, dit-il, que les citoyens puissent choisir. — Plus vous leur en présenterez, plus vous les embrouillerez. C'est à l'assemblée de choisir. L'insouciance est grande chez les colons ; on ne peut connaître le vœu général. Il n'y en aura pas vingt qui liront les propositions du commissaire civil.

Nombre des membres des conseils municipaux. — Moins il y en aura, mieux cela vaudra.

Lorsque les assemblées primaires ne seront pas composées de la moitié plus un des citoyens actifs, elles ne feront pas d'élections. — Dans ce cas, il n'y aurait jamais d'élections. On connaît le peu d'empressement des citoyens à venir aux assemblées.

Le conseil resterait alors composé des mêmes membres. — Si cette loi passait, le premier conseil nommé durerait jusqu'à la fin des siècles.

Le conseil de commune pourvoirait à ses vacances. — Ce serait la perte de la liberté pour le peuple.

Le conseil de commune nommerait le syndic municipal, le juge de paix, les députés à l'assemblée coloniale. — Concentrer la volonté du peuple dans quatre ou cinq personnes qui s'entendraient, et les charger de toutes les élections, ce serait amener le despotisme, ou l'insouciance du peuple à s'assembler.

Chaque conseil de commune donnerait un bulletin pour la nomination du procureur général syndic, etc. — Proposition aussi dangereuse que la précédente.

Lorsqu'un conseil de commune aurait des nominations à faire, il convoquerait un certain nombre d'adjoints. — Un conseil composé comme ci-dessus convoquerait des adjoints aussi aristocrates que lui.

Il résulterait des propositions ci-dessus, etc. — Il en résulterait le despotisme d'un petit nombre d'aristocrates qui s'entendraient facilement. Ces idées ne sont pas sorties de l'âme vertueuse du commissaire civil; mais elles lui ont été données par les aristocrates et les malveillants dont il a le malheur d'être entouré.

Les affranchissements n'ont pas besoin d'argent; ils ne doivent être donnés que pour de grands services rendus aux maîtres, mais non à des catins et à des bâtards.

Observations de Dioré.

Quartier français, le 18 mars 1793.

« C'est trop d'un tribunal par paroisse, dans un pays où manquent les sujets instruits des lois. Sans lois un juge n'est qu'un cadé. Le bon sens ne peut suppléer aux lois, et le bon sens est d'ailleurs aussi rare que l'absence de passions.

« Je voudrais une assemblée coloniale composée de deux députés par paroisse, soit vingt-deux membres, plus un suppléant par canton, total vingt-huit membres; un corps électoral, pour chaque district, de deux électeurs par paroisse, ce qui en ferait douze pour le Vent et dix pour

Sous-le-Vent, à la nomination des assemblées primaires ; un directoire pour chaque district, composé d'un procureur général syndic avec un substitut, et de deux membres avec deux suppléants.

« Deux paroisses formeront un canton. Sous-le-Vent-Saint-Paul formera un canton à lui seul. Chaque paroisse aura un conseil de commune de six notables avec syndic municipal et procureur de la commune.

« Il y aura deux tribunaux criminels, composés d'un président avec les trois juges de canton ou des procureurs civils et un accusateur public.

« Les impôts indirects seuls conviennent à la colonie.

« Point de corps de gendarmerie (1), qui coûterait énormément ; il faut des gardes coloniaux. Un peuple libre doit être armé pour sa propre défense ; nos habitants l'ont toujours été sous le despotisme même. Quand on voit des pères de famille, de jeunes garçons abandonner la sûreté publique à un ramas de stipendiés, on doit avoir une triste idée de leurs vertus. Ayez une gendarmerie, et vous ferez le plus grand plaisir aux paresseux, aux ivrognes, aux vagabonds, qui, n'ayant rien, ne paieront rien ; ce sera l'homme laborieux, le bon père de famille qui supporteront les dépenses, pour laisser croupir dans leurs vices les gens à charge à la colonie. Il faut cependant, au corps de garde de chaque section, des gens soldés pour la garde des prisons et des blocs, et, dans chaque canton, quelques archers salariés attachés au tribunal ; mais c'est aux citoyens de faire les patrouilles nocturnes.

« Il faut, dans chaque canton, un bureau de conciliation non salarié, composé de quatre membres. C'est ce bureau qui se servira de son bon sens sans se préoccuper des lois pour arranger les parties d'après l'équité naturelle.

« Nous nous abuserions étrangement, si nous pensions que

---

(1) La commission intermédiaire avait ordonné, le 7 novembre 1792 l'ouverture, dans chaque municipalité, de registres où viendraient se faire inscrire ceux qui voudraient être gendarmes nationaux.

l'État fera pour nous telle ou telle dépense. Dans le modèle de constitution pour Saint-Domingue, on lit : « La gen^{te} darmerie nationale, le gouverneur, le directeur général d'administration, les troupes de ligne, etc., seront payés par l'État ; pour subvenir à cette dépense, on mettra des impôts sur la colonie. » Il serait extravagant d'exiger que les citoyens de France payassent pour nous.

« J'ai le cœur dilacéré quand je vois qu'il est permis d'introduire de l'arack dans la colonie, une production pour laquelle nous portons notre numéraire chez l'étranger (1), perfide liqueur dont le prix inférieur fait tomber l'eau-de-vie, production nationale. Là, toutes les considérations sont en faveur du commerce. Les rapports extérieurs sont-ils donc si sacrés qu'il faille leur sacrifier l'intérêt de la nation et de la colonie, et même la vie des hommes? Faut-il admettre des poisons parce que le commerce y trouve de gros bénéfices? Mais enfin tout le monde n'en vend pas. Votre impôt de 40 sous par velte pèse non sur l'arack, mais sur la vie des hommes. La guildive de l'île de France est encore plus pernicieuse que l'arack.

« On voudrait réintégrer les volontaires de Bourbon à deux cents hommes ; je doute fort que l'on puisse arriver à ce nombre. Pour la guerre, on ne peut faire trop de cas de la valeur de nos créoles ; mais, grâce à l'ivrognerie et à la crapule qui en est la suite, ils dégénèrent dans l'oisiveté. Où sont les jeunes gens que j'ai connus, toujours un fusil à la main, toujours tirant, s'exerçant à jeter des cocos en bas à balles ramées, à casser des bouteilles? On ne les voit plus battant les bois, escaladant les remparts, gravissant les montagnes, à la recherche des marrons ou des cabris ; on les voit étendus sur un grabat et fumant la pipe ; dans les cantines dont l'île est couverte, buvant à longs traits des liqueurs qui les abrutissent ; dans les chemins, portant une gaulette d'où pend une ligne de pêche, sceptre ou symbole

---

(1) L'arack venait de Goa et de l'île de France.

de la patience stupide et de la paresse, munis d'instruments fatals aux habitants des eaux, allant dévaster les étangs et les rivières.

« Si l'on veut absolument conserver l'usage des liqueurs fortes, je dirai que je ne trouve pas l'eau-de-vie assez imposée, encore moins l'arack et la guildive ; que le vin doit l'être très modérément ; que les droits sur le coton et le café sont trop élevés ; que tous les objets de luxe et à l'usage des riches doivent être plus fortement chargés que ceux de qualité inférieure ; que ceux à l'usage des indigents et des noirs ne doivent pas l'être du tout, ainsi que les drogues de la médecine.

« Il faut permettre aux vaisseaux étrangers d'aborder librement ici, comme à l'île de France, puisque de longtemps la métropole ne pourra s'occuper de nous.

« Les anciens petits billets et les billons sont accaparés ; on est embarrassé pour vendre et acheter. Ne pourrait-on mettre de petits bons de caisse en circulation ?

« Si nous payons tout, sera-t-il bien nécessaire d'avoir à grands frais, payés en piastres, un ordonnateur, un grand nombre de commis, un gouverneur qui n'aura rien à faire ? Car le commandement d'ici est déjà un vrai canonicat. Nous pourrions choisir dans la colonie, sauf confirmation suprême, un ancien militaire qui se contenterait d'une vingtaine de mille livres, monnaie du pays. Dorénavant tout honnête homme pourra commander à Bourbon ; la défense de la colonie avec ses propres forces n'exigera pas de talents militaires ; il faudra modestement subir la loi de la puissance ennemie qui nous attaquera en force.

« Depuis longtemps on a vu que deux prêtres dans nos paroisses ne pouvaient s'accorder et qu'ils se sont toujours séparés ; les curés qui voudraient des vicaires les paieraient de leurs deniers, excepté celui de Saint-Denis.

« M. le gouverneur ayant offert le gouvernement pour y mettre tous les corps constitués, il n'y a pas à hésiter : les petites considérations individuelles doivent se taire.

« Vous n'avez porté la consommation des liqueurs fortes qu'à 120,000 veltes de 6 pintes, sans doute dans l'espoir que vos règlements obvieront aux abus envers les noirs esclaves. Ignorez-vous qu'il y a partout des noirs libres, des blancs assez dégradés pour être leurs commissionnaires chez les débitants? Mais supposons que les esclaves n'en boivent plus; les 120,000 veltes ou 720,000 pintes seront donc consommées par les noirs libres et les blancs. Je mets 120,000 pintes pour les pansements, le coup d'appétit, etc., restent 600,000 pintes pour 500 ivrognes, ou 1,200 pintes par an, ou 3 pintes 2/3 par jour, et, comme ils ne boiront pas tous les jours également, je laisse à penser ce que ce sera les jours de libation. Voici mon dilemme : S'il y a moins d'ivrognes, chacun boira plus; s'il y en a plus, il faudra arrêter la propagation du mal. C'est un grand malheur pour cette colonie que l'introduction des liqueurs fortes.

« Signé : Jean-Marie Dioré. »

Nota. — L'ancien commandant de l'île était Claude-Élie Dioré.

Observations de l'assemblée des citoyens de Sainte-Marie.

3 février 1793.

Deux ans de domicile dans la colonie pour être citoyen actif. — Les conditions ne peuvent être les mêmes pour les propriétaires et les non propriétaires. Disons deux ans de domicile, dont un dans la paroisse, et une contribution de trois noirs ou équivalente, pour le propriétaire; trois ans de domicile, dont deux dans la paroisse et la même contribution pour le non propriétaire. Le droit se transportera d'un quartier à l'autre, trois mois après la déclaration du nouveau domicile faite à la municipalité.

La population de la colonie ne comporte pas deux districts; les prétentions qui pourraient les nécessiter seraient aisément détruites en faisant alterner le tribunal de Saint-Denis à Saint-Paul et de Saint-Paul à Saint-Denis tous les six ans.

L'assemblée désire un seul corps électoral de un membre par cent citoyens actifs.

Pour être électeur il faudra être élu, avoir une année de domicile dans le canton, payer une contribution de trente-quatre noirs et avoir une propriété foncière de 33,000 livres.

Les députés à l'assemblée coloniale, juges nés de la validité des élections, le procureur général syndic et son substitut, ni les membres du tribunal ne peuvent être en même temps électeurs. Les autres fonctionnaires pourraient être électeurs pendant les six premières années seulement. Il serait à désirer que les membres du corps électoral ne pussent jamais s'élire entre eux à aucune place.

L'assemblée désire que, sans y renoncer, la colonie n'envoie pas quant à présent de député à l'Assemblée nationale, ni de membre au tribunal de cassation.

L'assemblée désire que les membres de la commission intermédiaire soient renouvelés à chaque session. Les mêmes membres pourraient être réélus. Il lui paraît dangereux que la commission puisse interpréter les lois, et faire des arrêtés même provisoires.

Il est proposé que les nouvelles lois ne soient définitives qu'après l'espace d'une année au moins. L'assemblée de Sainte-Marie le désirerait; mais une expérience constante apprend que l'on trouve toujours urgence et nécessité à faire exécuter de nouvelles lois.

Il y aurait des dangers à réunir les fonctions de juge de paix à celles de syndic municipal.

Un tribunal d'arbitres serait très avantageux si on pouvait lever les difficultés qui résulteraient des liaisons de parenté, lesquelles mettraient tous les jours les arbitres dans le cas de se récuser.

Le tribunal terrier est inutile; les affaires de sa compétence seraient portées devant le juge de paix.

La colonie aura son trésorier, etc. — Il serait à désirer que le choix de la colonie tombât sur le trésorier de l'État;

il y aurait économie et plus de sûreté. Les deux caisses seraient distinctes.

Il semble à l'assemblée que les caisses particulières des communes doivent rester particulières, chaque commune ne s'imposant que pour ses besoins ; mais on pourrait faire un fonds de 10,000 livres pour des besoins communs.

La commission intermédiaire, le procureur général syndic et le préfet apostolique sont les magistrats nés du collège ; l'inspection leur en appartient.

École des sages-femmes. — Vue bienfaisante, mais de difficile exécution.

Hospice pour les enfants méconnus, les malades, les estropiés, etc. — Vue bienfaisante, mais de difficile exécution.

L'assemblée pense qu'il serait dangereux et même impraticable d'accorder l'état de noirs libres aux enfants méconnus.

Il est proposé qu'on ne puisse être réélu à l'assemblée coloniale qu'après un intervalle de quatre années. — Il suffirait d'un an.

L'assemblée pense qu'il serait convenable que le procureur général syndic fût élu tous les deux ans, et qu'il ne pût être réélu qu'après deux ans.

Les juges de paix et les syndics municipaux n'ont pas besoin de substituts, ni de suppléants ; ils se trouvent naturellement remplacés par les prud'hommes et les notables.

L'assemblée pense que l'impôt indirect est le seul convenable pour le moment.

L'impôt par tête de noir est le seul qui convienne pour les frais de commune.

L'assemblée désire une caisse coloniale pour procurer des avances à bas intérêt aux cultivateurs ; elle pense néanmoins que cet établissement n'est guère praticable.

Observations de la commission intermédiaire.

Garantie de bonne vie et mœurs pour être citoyen actif.
— La commission intermédiaire désire que les motifs d'exclusion soient énumérés et énoncés, pour éviter les inquisitions dangereuses.

Le corps électoral du Vent sera composé de... membres, et Sous-le-Vent de... membres. La commission désire que le nombre des électeurs soit fixé à 1 pour 50 citoyens actifs, ce qui donne 24 électeurs au Vent et 19 pour Sous-le-Vent.

Pour être électeur, il faut être élu ou propriétaire. — La commission désire que l'on détermine la valeur de la propriété.

Les assemblées primaires nommeront les curés. — Comment choisir les curés?

L'assemblée coloniale n'aura qu'une session par an. — Ne serait-il pas mieux qu'il y en eût deux d'un mois?

Il y aura à Saint-Denis un tribunal de commerce. — Ne suffirait-il pas de charger le juge de paix de ces sortes d'affaires en lui adjoignant deux négociants?

L'assemblée coloniale sera remplacée par une commission intermédiaire. — Ne serait-il pas bon de donner des suppléants aux quatre membres de la commission?

Il y aura un curateur aux successions vacantes. — La commission en demande un pour chaque tribunal.

Pétition de G. Desjardins, juge conciliateur à Saint-Paul, à l'assemblée coloniale.

30 janvier 1793.

La colonie, pour être libre, doit se suffire à elle-même; pour se suffire à elle-même, elle doit établir son cadastre.

L'île a plus de 40,000 noirs. Tous ceux qui ont été vendus avant 1792, enfants, jeunes et vieux, ont obtenu le prix moyen de 1,650 à 1,700 livres; les prix se sont élevés depuis cette époque. En admettant seulement 1,500 livres, les 40,000 noirs représenteront.............. 60.000.000
Les terres, maisons, etc., valent......... 140.000.000
Total sur lequel je n'ai aucun doute. 200.000.000

En demandant sur ce capital 1/4 pour 100, la colonie aurait un revenu fixe de 500,000 livres.

Les commissaires du cadastre estimeront les terres d'après trois catégories, bonnes, médiocres et mauvaises, sans avoir jamais égard aux revenus, parce que rien n'est plus incertain dans ce pays. Quant à l'exécution, il ne faut que trois mois.

De loin c'est quelque chose, et de près ce n'est rien.

On vient de payer à Saint-Paul, pour 1792, 5 livres par tête de noir. Un habitant qui a 400 noirs et pour plus d'un million de terre, et qui a fait pour 150,000 livres de revenu cette année, n'a payé que 2,000 livres. Quatre-vingts habitants ayant de 10 à 20 noirs ont payé de 50 à 100 livres, et non seulement n'ont fait aucun revenu en raison du peu de terre qu'ils possèdent et de leurs nombreuses familles, mais même ont eu à peine assez de maïs pour la subsistance de leurs noirs et de leurs familles.

Y a-t-il de la justice à conserver ce genre d'imposition où les gens riches ne paient que peu de chose de leur superflu, tandis que les pauvres sont obligés de prendre sur leur nécessaire pour payer leurs taxes?

Par le moyen du cadastre, le pauvre qui ne possède qu'une mauvaise maison et un noir, estimés ensemble 2,000 livres, ne paiera que 5 livres, et celui qui a 2 millions paiera 5,000 livres, au lieu de 2,000 qu'il payait auparavant. Il verra avec satisfaction que les brocanteurs, qui sont autant de sangsues, qui ont des maisons à eux avec un seul esclave ou deux, sans aucune terre, paieront enfin quelque chose.

Le premier de tous les biens que produirait le cadastre, serait de rendre la colonie à elle-même, sans la faire dépendre des administrateurs de l'État.

A tous les diables les projets d'impôts indirects. Je leur demande, aux têtes extravagantes qui font ces projets, quel serait le revenu de la colonie avec ces impôts, si une épidémie venait encore à frapper l'île de France, si la France était en guerre avec les puissances maritimes, si les Anglais mettaient un embargo sur les ports de l'Inde, si Tippoo sultan ravageait le Coromandel et empêchait les manufacturiers de travailler. Où prendrait-on alors les objets sur lesquels l'impôt indirect doit porter? Nous sommes forts de notre propre force; suffisons-nous à nous-mêmes.

Que tout soit libre pour entrer ou pour sortir. La liberté donne de l'âme aux cultures, au commerce, aux relations du dehors et du dedans.

CHAPITRE XIII

BASES DE LA CONSTITUTION ET DE L'ORGANISATION PROVISOIRES DE LA COLONIE

Le 29 janvier 1793, Tirol écrivit à l'assemblée coloniale qu'il venait de recevoir une loi de l'Assemblée nationale du 17 août 1792, confirmant ses pouvoirs. Il demandait à l'assemblée de lui permettre de venir le lendemain donner lecture de cette loi. C'était bien ; malheureusement il ajouta : « Désormais plus d'obstacle pour rétablir la liberté, l'ordre, la paix, enfin pour faire toutes sortes de bien. » Comme si tout dépendait de lui seul et de ses pouvoirs, comme si l'assemblée, groupée autour de lui, docile à ses inspirations, ne pouvait prétendre à aucune influence directe sur les destinées du pays. Cette phrase irréfléchie, digne de sa vanité, qui, dans sa pensée, signifiait simplement qu'il lui serait désormais plus facile de travailler au bien, lui sera un jour vivement reprochée par ses adversaires. La loi du 17 août enjoignait aux autorités constituées, corps civils et militaires, d'obéir aux commissaires civils, déclarant traître à la patrie quiconque leur refuserait obéissance, formule banale usitée dans toutes les commissions délivrées aux agents du pouvoir exécutif, et que Tirol était heureux et fier de montrer appliquée à sa personne.

Le 18 février 1793, l'assemblée coloniale arrêta les *bases de la constitution et de l'organisation provisoires* de la colonie. Ce document, dont la reproduction n'exigerait pas moins de soixante pages, sans offrir partout le même intérêt, ne peut être donné ici qu'en abrégé.

Bases générales. — La colonie de Bourbon fait partie de l'empire français et concourt à la délégation des pouvoirs nationaux; néanmoins elle sera gouvernée intérieurement par des institutions particulières.

Division du territoire. — La colonie est divisée en deux districts, et chaque district en cantons.

Assemblées primaires et électorales. — Elles continueront à être organisées suivant le mode prescrit par le règlement du 17 décembre 1790. Les électeurs seront élus pour quatre ans et pourront être élus une seconde fois, puis une troisième, mais après une intervalle de quatre ans. Toutes les élections se feront à haute voix, par appel nominal.

Administration intérieure. — Le règlement du 17 décembre 1790 est maintenu sauf quelques exceptions, pour ce qui concerne l'assemblée coloniale les membres actuels finiront leur activité le 12 août prochain. Ceux qui leur succéderont seront nommés par les électeurs. Une commission intermédiaire de cinq membres entrera en exercice à chaque ajournement de l'assemblée coloniale, ou quand celle-ci ne sera pas en nombre pour délibérer.

Il y aura, pour toute l'île, un seul directoire de trois membres, élus pour quatre ans, non compris le procureur général syndic et son substitut; il sera nommé deux suppléants aux membres.

Le règlement du 17 décembre 1790 est maintenu pour ce qui concerne les municipalités. Les municipalités de Saint-Denis et de Saint-Paul sont réduites à trois membres, comme les autres, non compris le procureur de la commune. Leurs fonctions sont bornées à l'administration et à la police municipales ; la police contentieuse, correctionnelle et de sûreté appartient aux juges de paix. Le receveur de la commune est nommé par le conseil général; il lui est alloué tant pour cent sur ses recettes. Le conseil de commune nomme le secrétaire-greffier, qui est appointé en raison de la population. Le maire, officiers municipaux, etc., peuvent être pris parmi tous les éligibles, quelques places qu'ils aient ci-devant remplies. Ils sont élus pour quatre ans, rééligibles pour quatre ans. Les commissaires intermédiaires, les membres du directoire, le procureur général syndic et son substitut, les maires, les procureurs de la commune et les secrétaires-greffiers sont payés par la colonie.

Pouvoir exécutif. — Il est maintenu conformément à la loi du 25 août 1792.

Ordre judiciaire; arbitres. — Les jugements par arbitres seront établis conformément au décret de l'Assemblée nationale du 16 août 1790, sauf quelques changements de rédaction.

Tribunaux de famille, à établir conformément au même décret, avec quelques changements.

Bureaux de conciliation. — Chaque bureau sera composé de cinq membres choisis, pour chaque district, par l'assemblée électorale instituée par le règlement du 17 décembre 1790. L'assemblée coloniale reconnaîtra les bons soins des membres des bureaux.

Tribunaux de justice civile. — La justice sera rendue gratuitement par les juges de paix. Chaque canton aura un juge de paix, assisté de deux prud'hommes, tous trois élus pour quatre ans, sauf réélection. Chaque tribunal de paix aura un greffier.

Au civil, les juges de paix connaîtront seuls, en première instance, sans appel, de toutes les affaires jusqu'à concurrence de 500 livres, et en appel jusqu'à concurrence de 3,000 livres. Passé cette somme, ils jugeront avec leurs prud'hommes, sans appel, jusqu'à 6,000 livres; au-dessus, à la charge d'appel, jusqu'à quelque somme que ce soit.

En cas d'absence ou d'empêchement, le juge de paix sera remplacé par le premier des prud'hommes; les prud'hommes seront remplacés par des notables, et, à défaut de notables, par des citoyens actifs appelés par le juge de paix.

Les juges de paix seront chargés de l'apposition et de la levée des scellés, des inventaires, concurremment avec les notaires, des procès-verbaux de dommages. Ils recevront les délibérations de famille, pour la nomination des tuteurs, etc., curateurs aux absents.

Les procureurs de commune rempliront auprès du juge de paix les fonctions du ministère public dans les affaires intéressant les mineurs, les interdits, etc.

De l'appel. — En toutes matières dont la somme sera au-dessus de la compétence sans appel du juge ou tribunal de paix, les parties déclareront si elles consentent à être jugées sans appel.

Les juges ou tribunaux de paix seront juges d'appel les uns à l'égard des autres, les parties pouvant convenir d'un juge ou tribunal de paix entre tous ceux de la colonie. Si les parties ne peuvent s'accorder, le tribunal d'appel sera pris parmi les plus prochains, l'appelant et l'intimé pouvant exclure des tribunaux, sans donner aucun motif.

Tout jugement contiendra quatre parties, énonçant : 1° les noms et qualités des parties; 2° les questions de fait et de droit; 3° le résultat des faits reconnus et les motifs qui déterminent le juge; 4° le dispositif du jugement.

Chaque district aura un bureau des hypothèques.

Chaque district aura un curateur aux successions vacantes, nommé par les électeurs, et fournissant un cautionnement.

Tribunaux d'amirauté et de commerce. — Les affaires de cette nature seront portées au juge de paix assisté, au lieu de ses prud'hommes, de deux marins ou de deux négociants.

Tribunal terrier. — Les affaires qui étaient de la compétence du tribunal terrier seront portées aux municipalités et au directoire, quant à ce qui touche à l'administration, et aux juges de paix à l'égard des servitudes et autres objets contentieux.

Officiers de police de sûreté. — Le juge de paix sera chargé de la police de sûreté; en conséquence, il recevra les plaintes, décernera les mandats, interrogera les prévenus, les enverra, s'il y a lieu, au tribunal criminel du district, etc.

Police correctionnelle. — Le juge de paix, assisté de ses deux prud'hommes, sera chargé de la police correctionnelle.

De la justice criminelle et des jurés. — Le décret de l'Assemblée nationale du 16 septembre 1791 est adopté en ce qui concerne la justice criminelle et les jurés.

Chaque district aura un tribunal criminel, composé d'un président et de trois juges de paix ou prud'hommes, pris chacun, le président excepté, tous les trois mois et par tour parmi les juges de paix et prud'hommes du district.

Un accusateur public fera en même temps les fonctions de ministère public, sauf à distinguer plus tard ces fonctions.

Le président et l'accusateur public seront élus pour six ans, ainsi que le greffier, et pourront être réélus, le greffier à vie, dans ce cas.

Le tribunal criminel du district où se sera commis le délit décidera s'il y a lieu ou non à accusation. Le tribunal criminel de l'autre district prononcera la décharge ou la peine d'après la déclaration d'un jury de jugement.

Il n'y aura point d'appel de la déclaration des jurés; mais, si le tribunal criminel est unanimement convaincu que les jurés se sont trompés, il ordonnera que trois jurés seront adjoints aux premiers pour donner une déclaration aux quatre cinquièmes des voix.

L'accusé et l'accusateur public pourront se pourvoir en

cassation; dans ce cas, l'assemblée coloniale décidera si la demande doit être accueillie.

Les présidents des tribunaux criminels et les greffiers seront élus par les électeurs.

L'accusateur public dont la nomination appartient au peuple, exerçant en même temps les fonctions de commissaire du pouvoir exécutif, dont la nomination appartient au gouverneur, les électeurs de chaque district présenteront chacun trois sujets et le gouverneur choisira l'un des trois pour chaque tribunal.

Le code pénal, décrété par l'Assemblée nationale le 25 septembre 1791, sera adopté avec des modifications.

Paiement des fonctionnaires de l'ordre judiciaire et suppression des anciens tribunaux. — Les juges de paix, les prud'hommes, les greffiers, les présidents, accusateurs publics seront payés par la colonie.

Aussitôt que les nouveaux tribunaux entreront en exercice, le conseil supérieur, le tribunal terrier et la juridiction seront supprimés.

Gardes nationales et patrouilles. — Les gardes nationales seront organisées conformément à celles de la métropole et ne sortiront pas de la colonie.

En attendant la formation des volontaires de Bourbon, chaque canton organisera ses patrouilles.

Volontaires de Bourbon. — Le corps des volontaires sera remis sur pied au nombre de deux cents et sera payé par l'État, comme faisant partie des troupes de ligne. Ils seront répartis dans les paroisses, maintiendront le bon ordre et n'agiront que d'après une réquisition des officiers de police et de justice.

Gardes soldés. — Il y aura dans les cantons, auprès des

tribunaux et des municipalités, des gardes soldés pour la police, payés par la colonie.

Traitement des curés. — Le commissaire civil a proposé que les biens nationaux, dont les biens du clergé font partie, soient vendus, les esclaves à deux ans de terme, les immeubles à quatre ans.

Sur les deux millions que donnera cette vente, un million, offert à la colonie, servira à la dépense du culte, évaluée à 89,000 livres.

Chaque curé conservera son presbytère avec un enclos de cinq à six cents gaulettes, et aura de plus quatre esclaves, avec un esclave en sus pour chaque vicaire.

Le million affecté au culte sera placé sur des biens francs d'hypothèques. L'autre million sera appliqué aux établissements utiles, collège, lazarets, barachois, aux salaires des fonctionnaires, jusqu'à la rentrée des contributions.

Des fabriques. — Il sera fait cession à la colonie de tous les revenus des fabriques, qui seront répartis entre les paroisses.

Du collège. — L'établissement de M. Bellon sera pris pour l'érection d'un collège.

Un jardin de plants et dépôt d'histoire naturelle sera établi au jardin de l'Intendance.

L'État se mettra à la place de M. Bellon pour l'acquisition de son terrain et ses dépenses arriérées ; il paiera l'excédant sur la recette du collège. Il complétera cet établissement pour y loger cent cinquante pensionnaires. L'éducation sera publique et gratuite à l'égard des parties indispensables à tous les hommes.

Le collège sera sous l'inspection du corps administratif, et l'éducation sera surveillée par un principal assisté de maîtres et nommé par les corps électoraux. Il y aura un régisseur du pensionnat, nommé par les mêmes électeurs, et chargé de la comptabilité.

Il y aura, dans chaque canton, un maître de lecture et d'écriture salarié par la colonie.

Une femme blanche sera affectée au collège avec quelques négresses, pour les soins à donner aux enfants en bas âge, au linge et aux malades.

Des lazarets. — Un lazaret à la rivière des Galets recevra les traites; un autre à la Ravine-à-Jacques recevra les effets et les passagers venant de lieux suspects.

Chaque lazaret aura un commissaire préposé à la police, à l'administration, à l'exécution des décisions du médecin. Ce commissaire sera élu pour quatre ans par les électeurs des districts. Il correspondra avec sa municipalité.

Chaque lazaret aura un garde-magasin chargé des effets appartenant à la colonie et de ceux qui seront déposés, et percevra les impôts fixés pour frais de quarantaine. Ce garde-magasin sera nommé par sa municipalité et fournira une caution.

Garde du lazaret. — Chaque lazaret aura une garde soldée sous un chef de poste nommé par le gouverneur sur trois sujets présentés par la municipalité.

Les dépenses des lazarets seront acquittées sur le montant des impôts qui y seront perçus.

Bureau de santé. — Le bureau de santé sera présidé par le maire, et composé de deux notables et de deux médecins ou chirurgiens.

Un chirurgien entretenu sur les impôts perçus aux lazarets sera chargé de remplir à l'égard des vaisseaux venant au mouillage les formalités prescrites et en rendra compte au bureau de santé.

De la poste. — La poste faisant partie de l'administration de l'intérieur, la colonie s'en charge, moyennant des secours de l'État.

Concessions, réserves, pas géométriques. — Il ne sera fait aucune concession sans publication préalable. Le contrat définitif de propriété ne sera accordé qu'après la mise en culture d'une partie déterminée du terrain et l'exécution des autres conditions.

Le permis d'établir et le contrat définitif sont donnés par le corps administratif avec approbation du gouverneur. Aucune concession n'excédera 5,000 gaulettes. Les familles pauvres et nombreuses auront toujours la préférence.

Les concessions faites antérieurement sans réserve des pas géométriques seront maintenues. A l'avenir il ne sera donné aucune permission d'établir sur les pas géométriques, qui seront conservés pour les pâturages.

DÉPENSES FIXES A LA CHARGE DE LA COLONIE

ASSEMBLÉE COLONIALE

Cinq commissaires intermédiaires..................	30.000 livres.
Deux secrétaires, gardes et frais de bureau........	12.000 —
Un archiviste....................................	4.000 —

DIRECTOIRE

Procureur général syndic.........................	8.000 livres.
Substitut du procureur général syndic............	4.000 —
Trois membres...................................	15.000 —
Secrétaire, gardes et frais de bureau.............	8.000 —

MUNICIPALITÉS

Onze maires à 3,000 livres, sauf proportion à établir suivant la population............................	33.000 livres.
Onze procureurs de commune à 3,000 livres, sauf proportion à établir.................................	33.000 —
Onze secrétaires-greffiers à 1,500 livres, sauf proportion à établir.................................	16.500 —
Frais de bureau.................................	8.800 —

TRIBUNAUX DE PAIX

Onze juges de paix recevant 80,000 livres réparties comme suit :	
Saint-Denis et Saint-Paul, 8,000 livres.............	16.000 livres.
Saint-Benoît et Saint-Pierre, 7,500 livres..........	15.000 —
Les sept autres paroisses, à 7,000 livres...........	49.000 —
Vingt-deux prud'hommes, au tiers des juges de paix.	53.333 —
Frais de bureau, à 400 livres.....................	4.400 —
A reporter............	310.033 livres.

Report................	310.033 livres.
TRIBUNAUX CRIMINELS	
Deux présidents, à 8,000 livres................	16.000 livres.
Deux accusateurs publics, à 8,000 livres........	16.000 —
Deux greffiers, à 3,000 livres.................	6.000 —
Frais de bureau, à 1,400 livres................	2.800 —
Frais de justice...............................	15.000 —
Paiement des noirs justiciés...................	6.000 —
GARDES SOLDÉS	
Trente-quatre gardes, à 1,500 livres, sauf augmentation pour les chefs........................	51.000 livres.
COLLÈGE	
Principal et maîtres...........................	36.000 livres.
Total................	458.833 livres.

APERÇU POUR LES IMPOTS

120,000 veltes d'eau-de-vie ou d'arack, à 40 sous par velte, sans distinction......................	240.000 livres.
1,200 barriques de vin, à 30 livres la barrique......	36.000 —
30,000 bouteilles de vin de caisse, liqueurs et autres, à 3 francs la bouteille........................	4.500 —
40,000 balles de café, à 8 livres la balle............	320.000 —
3,000 quintaux de coton, à 24 livres le quintal......	72.000 —
Total................	672.500 livres.

Les marchandises et les noirs ne paieront que les frais de lazaret.

A défalquer sur les...........................		672.500 livres.
5 0/0 pour les receveurs particuliers d'impositions...............................	32.800	
2 0/0 pour le receveur général...............	13.120	
Total..............		45.920 —
Reste net...........		626.580 livres.

BALANCE

Recette..	626.580 livres.
Dépense.......................................	458.833 —
Reste en plus...............	167.747 livres.

pour satisfaire aux non-valeurs et frais de perception.

Approuvé par le gouverneur, le 21 février 1793.

Du Plessis.

L'assemblée coloniale explique comme suit le mot *provisoire* qui se trouve dans le titre : *Bases de la constitution et organisation provisoires de la colonie :*

« L'assemblée, considérant que les circonstances où se trouve la mère patrie font prévoir des changements dans les bases fondamentales de la constitution de l'empire, auxquelles la colonie de Bourbon sera tenue de se conformer, au moins en ce qui touche aux rapports extérieurs, et que, en conséquence, il est nécessaire qu'elle les attende pour faire sa constitution définitive ; qu'il est néanmoins de son devoir d'achever promptement l'organisation de la colonie et surtout d'établir un ordre judiciaire simple qui rapproche la justice des justiciables, la leur assure impartiale et prompte.

« Arrête que le gouverneur sera invité à sanctionner, etc. »

Observations de Sainte-Marie sur les bases de la constitution, adressées à l'assemblée coloniale.

Nous avons pris connaissance du projet d'organisation intérieure que vous avez fait publier dans les cantons de la colonie ; nous sommes loin d'y avoir aperçu l'espérance du bonheur que vous nous promettez. Restriction aux principes de la liberté et de l'égalité ; élections à haute voix dans les assemblées primaires, destructives de toute liberté et sévèrement proscrites par la Convention nationale ; fonctionnaires publics multipliés ; ordre judiciaire compliqué, dangereux même (l'adoption bienfaisante du jury exceptée) ; salaires excessifs ; dépenses énormes et multipliées ; impôts ruineux et principalement établis sur des denrées dont le revenu est tellement précaire qu'on en voit trop souvent la quantité et le prix varier de moitié d'une année à l'autre : tel nous a paru l'ensemble de l'organisation que vous nous avez offerte.

De quel étonnement n'avons-nous pas été frappés, lorsque nous vous avons vus n'invoquer l'adhésion du peuple à votre ouvrage que sous la forme de pétitions et observations. Vous n'avez pas de droits ; nous ne vous avons imposé que des devoirs. Jamais nous ne reconnaîtrons une organisation intérieure qui n'aura pas été acceptée par les assemblées primaires. Nous vous invitons à suspendre toute exécution d'établissement provisoire et à attendre les bases invariables qui doivent nous être envoyées par la Convention nationale.

Observations du gouverneur.

Les procureurs de la commune rempliront difficilement les fonctions du ministère public dans les affaires intéressant les mineurs, les interdits et tout ce qui a des rapports extérieurs avec la métropole. Ces procureurs sont d'honnêtes habitants, mais peu instruits des lois.

La justice assignée à chaque canton de l'île la rapproche, il est vrai, des justiciables; mais elle peut devenir très onéreuse à la colonie et la pénurie de sujets peut embarrasser et même être nuisible aux intérêts publics, puisque les juges de paix jugeront à quelque somme que ce soit. N'eût-il pas été plus avantageux et en même temps plus économique de joindre deux cantons ensemble?

La constitution française prescrit les fonctions des commissaires du pouvoir exécutif et déclare qu'ils ne seront point accusateurs publics; elle a donc décidé que ces deux fonctions sont incompatibles.

L'Assemblée nationale, par la loi du 10 juillet 1791, vous permet d'établir des accusateurs publics suivant le mode convenable à votre localité, mais elle dit impérativement « qu'il sera établi, auprès de chaque tribunal, un commissaire du pouvoir exécutif, ainsi qu'un substitut ». Ces deux places sont à la nomination du gouverneur et à vie; vous la réunissez chez l'accusateur public, qui n'est élu que pour six ans.

Observations de Sainte-Rose.

L'île Bourbon se trouve entre la médiocrité et l'opulence; mais les variations que divers fléaux apportent dans ses revenus et l'inhabitude de contribuer lui rendront longtemps onéreux l'impôt le plus léger. Purement agricole, elle n'est peuplée que de laboureurs peu propres à l'administration de la chose publique. Il faut donc lui donner le nombre de fonctionnaires absolument indispensable. En conséquence, les habitants de Sainte-Rose demandent :

Que les corps électoraux soient élus huit jours seulement avant l'exercice de leurs fonctions ;

Que, dans les assemblées primaires, les élections se fassent au scrutin, et, dans les assemblées électorales, à haute voix et par appel nominal ;

Que l'assemblée coloniale soit composée de vingt-deux membres, plus onze suppléants ;

Que la commission intermédiaire soit composée de cinq membres et délibère au moins à trois, remplacés tous les trois mois ;

Que le directoire délibère à trois membres au moins ;

Que, dans chaque commune, un syndic municipal soit chargé à la fois de la surveillance de la perception des contributions, de la direction des biens communaux et de la police municipale ; qu'il tienne seul lieu de municipalité, de greffier, de procureur et de conseil de commune ;

Que chaque canton ait un juge conciliateur non salarié, habile néanmoins à exercer toute autre fonction salariée, excepté celle de juge de paix ;

Que les billets à ordre, bons, lettres de change et tout titre paré ne soient pas soumis à la conciliation ;

Que chaque canton ait un juge de paix investi de la police contentieuse, correctionnelle et de sûreté, de la connaissance sans appel de toutes les affaires dont l'objet n'excédera pas 500 livres ; que les tribunaux ne puissent avoir sur eux aucune juridiction ;

Que le juge de paix soit assisté seulement d'un greffier, sans prud'hommes, ni assesseurs ;

Que le syndic municipal, le juge de paix, son greffier, un receveur de la commune et le juge conciliateur soient les seuls fonctionnaires de la commune, et qu'ils soient tous nommés directement par les assemblées primaires pour quatre ans;

Que toutes les affaires dont l'objet excédera 500 livres soient portées à l'un des deux tribunaux qui seront établis à Saint-Denis et à Saint-Paul;

Que l'appel respectif de l'un de ces tribunaux à l'autre soit rendu praticable par l'adjonction de deux notables ou prud'hommes en cas d'appel;

Que chacun de ces tribunaux ait cinq titulaires, deux suppléants, un commissaire national et un greffier;

Que ces cinq titulaires alternent dans les fonctions de président, pour garantir le tribunal de l'influence du chef;

Que tous ces officiers soient élus par les corps électoraux, même le greffier;

Qu'ils soient élus pour six ans, mais rééligibles, et le greffier à vie;

Que les notaires actuels soient supprimés, qu'on les soumette à l'élection par les corps électoraux, et qu'ils fournissent caution;

Que les affaires d'amirauté et de commerce soient portées aux tribunaux proposés, assistés soit de deux marins, soit de deux négociants;

Que ces deux tribunaux exercent la justice criminelle;

Que l'institution du jury ait lieu dans la plus grande intégrité;

Que l'assemblée coloniale ne soit jamais constituée en grand jury, les fonctions législatives et les fonctions judiciaires étant incompatibles; que, dans le cas de pourvoi en cassation, le pourvoi soit porté devant un tribunal composé des cinq juges de paix les plus voisins du lieu du délit, assistés chacun de deux notables, tous avec voix délibérative;

Que les fonctions d'accusateur public et celles de commissaire national soient distinctes;

Que l'accusateur public soit nommé par les corps électoraux;

Que l'organisation et la répartition des volontaires aient lieu comme il est proposé, autant de temps seulement qu'ils seront salariés par la République;

Que, après prélèvement et remboursement des avances faites à la colonie par la République, le surplus du prix des biens curiaux soit placé pour être appliqué aux besoins d'utilité publique;

Que les curés et les vicaires soient payés directement par la caisse de la colonie;

Que l'exécution du plan d'un collège colonial soit remis à un temps plus propice, lorsque la colonie, faite au joug nouveau pour elle de l'imposition, manifestera, pour l'établissement du collège, une volonté précise, attendu qu'il n'est pas concevable que l'assemblée coloniale ou le commissaire civil se soient cru le droit d'engager l'État pour cette dépense, qui portera tout entière sur la colonie, déjà effrayée de ses autres dépenses, attendu encore que le pays manque absolument d'instituteurs convenables;

Que le collège actuel continuera son activité aux frais de son fondateur particulier, sous l'inspection de deux commissaires nommés par le corps électoral;

Que les dépenses des lazarets soient acquittées par la caisse générale de la colonie, étant inadmissible que des municipalités établissent des impôts, que celles de Saint-Denis et de Saint-Paul imposent toute la colonie;

Que les pas géométriques et les communes soient réservés pour pacages communs;

Que l'impôt atteigne tous les objets d'importation; qu'il porte, mais d'une manière moins sensible, sur les objets d'exportation;

Que l'on avise promptement aux moyens de faire jouir la colonie d'une caisse de fonds d'emprunt;

Que la constitution soit la moins dispendieuse et la moins compliquée, étant bien certain que la colonie jugera de sa constitution d'après le poids qui en résultera pour elle.

Observations de la Société populaire de Saint-Paul.

30 avril 1794.

Citoyens représentants,

La Société populaire établie à Saint-Paul, composée de 130 membres, demande que l'assemblée coloniale soit renouvelée, que les assemblées primaires soient convoquées, afin de nommer des représentants spécialement chargés de proposer à la colonie une constitution dans les principes républicains.

D'après le nouvel acte constitutionnel, tout fonctionnaire ne doit rester en place qu'un an au plus.

Lors de votre entrée à l'assemblée, vous déclarâtes que vous ne changeriez rien à la constitution qu'avaient faite vos devanciers, quoique l'opinion publique fût bien prononcée contre cette organisation. Vous ajoutâtes, à la vérité, que vous n'y toucheriez qu'après le vœu bien manifesté des paroisses; mais vous ne donnâtes aucun moyen de manifester ce vœu. Les pétitions particulières qui vous ont été adressées ont été mises en oubli; vous vous êtes fréquemment ajournés; vous n'avez presque jamais été au complet, de manière que la révolution, loin d'avancer, a failli nous échapper, et ses ennemis avaient acquis un tel degré d'audace que la contre-révolution, dans la colonie, eût été effectuée sans les heureuses nouvelles que nous avons reçues.

Il est de principe que tous les Français âgés de vingt et un ans doivent émettre leur vœu pour la nomination des représentants; que la représentation doit être déterminée d'après la population de la colonie; que tout Français exerçant le droit de citoyen est éligible dans toute l'étendue de la colonie; vous ne pouvez donc plus vous considérer comme nos mandataires.

La Société pense qu'il y a beaucoup trop de fonctionnaires publics.

Examinant l'organisation de la garde nationale, elle y a

vu que les corps constitués n'avaient en main aucun moyen de contraindre à l'exécution des lois.

Dans l'ordre judiciaire elle n'a pas vu sans effroi qu'il y existait des juges de paix armés de tous les foudres du despotisme : juges de paix, de police, au contentieux, de commerce, d'amirauté, enfin juges criminels. Elle y a vu le même homme tenant à sa disposition la fortune, l'honneur de ses concitoyens, appelant à sa volonté des citoyens pour remplacer ses prud'hommes absents ou récusés, ayant ainsi le terrible droit de donner au peuple des juges qui ne sont point de son choix, et plus encore ce même juge de paix disposant de la force armée dans le cas de rassemblement extraordinaire.

Dans ce même ordre judiciaire, un homme à double personnage est tantôt procureur de la commune, tantôt commissaire national. Cette forme est inadmissible dans un régime où chaque individu ne peut occuper qu'une place et encore fort peu de temps.

Elle voit que les juges de paix, prud'hommes et greffiers touchent des honoraires, ainsi que les anciens juges de la juridiction, de sorte que, au lieu de la justice gratuite promise dans l'organisation, on a donné à la colonie une dizaine de juridictions. Ce tribunal avait été désigné, dans tous les cahiers, comme un fléau, et, au lieu d'un, nous en avons dix d'autant plus à charge à la colonie qu'ils sont plus rapprochés de nous, et que les plus petites affaires, autrefois terminées par les municipalités, deviennent des procès. La constitution française soumet toutes les affaires à des arbitres; nos frères de l'île de France ont adopté ce moyen salutaire; pourquoi gémirions-nous sous l'empire de la robinocratie?

La Société trouve vicieux le mode d'imposition, dont le premier vice est de ne pas donner l'argent nécessaire. Ensuite nous n'avons pas le droit d'établir des impositions indirectes, parce qu'elles touchent à l'extérieur. Ces impositions sont destructives de la culture, du commerce et de l'industrie, et pour preuve nous avons la mère patrie qui, pendant que nous gênons l'exportation de nos denrées, vient de déclarer qu'elles ne paieraient aucun droit d'entrée en France. Ces impositions nécessitent une quantité de douaniers et de gens en sous-ordre, qui sont une nouvelle charge pour la colonie.

La Société voit un droit de sanction accordé à un gouverneur dans le temps où il y avait un pouvoir exécutif dont il était le représentant ; mais dans ce moment où il ne représente rien, il ne peut plus avoir ce droit de sanction ; il ne doit plus être chargé que de la défense de la colonie, de la direction des forces de la République, de l'exécution des décrets de la Convention et des arrêtés de l'assemblée ; ce droit de sanction, il ne pourrait l'exercer que dans le cas où l'assemblée, forcée par des circonstances impérieuses, prendrait des arrêtés ayant rapport à l'extérieur.

La Société pense que les membres de l'assemblée coloniale doivent être salariés. La gratuité met la représentation coloniale à la disposition des riches, et fait un gouvernement aristocratique, outre qu'il est injuste que des fonctionnaires qui se déplacent ne reçoivent aucune indemnité, quand on salarie tous les autres qui restent chez eux.

RÉSUMÉ DU PREMIER VOLUME

Trois ans se sont écoulés depuis le jour où cette histoire commence. Notre île, si calme au début, s'agite aujourd'hui des passions qui remuent la France. Purement agricole autrefois et docilement soumise au régime absolu qui disposait de sa fortune, elle n'avait alors qu'une seule ambition, de produire des récoltes, une seule préoccupation, de contenir l'esclavage attaché à ses cultures; mais quelque éloignée que fût la métropole, l'écho des idées nouvelles devait se faire entendre jusqu'ici, le pouvoir lui-même se chargeant d'éveiller les esprits.

Le roi écrivit, le 9 mars 1789, que, conformément à ce qui avait été fait pour les Antilles, si tel était le vœu des colons, il autoriserait l'envoi en France d'un député commun aux deux îles de France et de Bourbon, et il demanda leur avis. Dès cette première impulsion, Bourbon appartint au mouvement révolutionnaire.

L'administration locale interroge les paroisses, en prenant soin de préciser l'objet de leurs délibérations; il ne s'agit que d'une réponse à la question du roi, et cette réponse devra être portée à Saint-Denis par un député, dont l'unique mission sera d'affirmer le vœu de son quartier. Toutes les paroisses se conforment à ce programme; mais celle de Saint-Denis déclare que le vœu de la colonie ne peut être reconnu qu'après avoir été discuté dans une assemblée générale de ses mandataires. Elle fait plus; elle se perpétue par la nomination d'un comité de cinq membres chargés de la représenter en son absence; elle étend son action par l'ouverture d'une correspondance avec les diverses paroisses de l'île. La population s'émeut; quelque dangereux qu'il soit d'affaiblir l'autorité qui le protège, de jeter dans l'air le mot de liberté, elle prend un vif intérêt aux perspectives que révèle cette désobéissance.

Déjà, en effet, les Cinq et leurs adhérents entrevoient autre chose qu'une simple agence d'affaires à Paris ; ils ambitionnent un siège aux états généraux. Le sentiment public incline de plus en plus dans ce sens, et les administrateurs se préoccupent ; car ce que l'on désire, sans l'énoncer ouvertement, le roi seul peut l'accorder ; leurs instructions ne vont pas jusqu'à introduire des députés dans le sein de la représentation nationale. Comprenant néanmoins que tôt ou tard il faudra faire pour les colonies ce qui a été fait pour toute la France, que mieux vaut s'exécuter de bonne grâce que d'avoir la main forcée, ils autorisent la réunion de l'assemblée générale. Bien qu'accueillie avec transport, cette concession ne leur vaut qu'une demi-reconnaissance ; elle n'a pas été spontanée ; elle n'est venue qu'après une certaine pression. Ici donc, comme dans la métropole, le gouvernement est à la remorque de l'opinion et des événements.

Les assemblées primaires sont invitées à élire 5 députés pour 100 citoyens actifs, au total 137, délibérant au nombre de 91 ou des deux tiers. On ne tarda pas à reconnaître qu'on avait donné ainsi une grande majorité à l'inexpérience, qu'on avait paralysé les délibérations par l'absence inévitable de cultivateurs préoccupés de leurs familles, de leurs travaux, de la surveillance de leurs ateliers.

A l'île de France, des hommes étrangers à la population excitèrent un tumulte, où des menaces violentes furent proférées contre le gouverneur général. Ce désordre, que l'on ne sut pas réprimer, se calma heureusement de lui-même ; il n'en eut pas moins son retentissement à Bourbon, où les élections de Saint-Denis n'eurent lieu que dans la confusion d'assemblées orageuses.

Les cahiers accordèrent aux députés des pouvoirs sans limites ; ils réclamaient tous des réformes dans les différentes parties du régime de la colonie. L'ouverture de l'assemblée générale fut fixée au 25 mai 1790, après des divergences entre les quartiers, qui voulaient les uns une date, les autres une autre.

Tous ces mouvements ne pouvaient échapper aux noirs. Ils regardaient, ils écoutaient, sans trop comprendre ; car que pouvaient-ils savoir des préludes d'un gouvernement représentatif ? Rapportant à eux-mêmes, ce qui était naturel, la cause de cette agitation, ils disaient que le roi voulait leur liberté, et que les habitants se concertaient pour s'y opposer. Il en courut des bruits de révolte, qui firent prendre quelques précautions ; mais il n'y avait au fond aucun projet alarmant.

Le 25 mai, l'assemblée générale s'ouvrit à Saint-Denis ; 134 titulaires et 55 suppléants répondirent à l'appel. On y remarquait quatre officiers du conseil supérieur et six membres du clergé, entre autres le vice-préfet apostolique. Ce zèle du premier jour ne pouvait se soutenir.

Cossigny, en ouvrant l'assemblée, essaya de la renfermer dans les limites qu'on prétendait lui imposer ; il eut soin de rappeler que ses délibérations ne devaient porter que sur deux seuls objets, la nomination d'un député à l'assemblée nationale et la rédaction d'un cahier. Mais, dès le 27, à l'exemple de l'assemblée générale de l'île de France, la nôtre se déclara permanente, inviolable, et ne pouvant être dissoute que par un décret de l'Assemblée nationale sanctionné par le roi. Ainsi, comme en France, une révolution déplaçait brusquement l'autorité. En France, la lutte fut terrible entre des intérêts opposés. Ici le pouvoir local, sans intérêt personnel en jeu, admit aisément des innovations calquées du reste sur celles de la métropole. Ici point de peuple contre une aristocratie ; car, en présence d'esclaves noirs, tout blanc, propriétaire ou non d'esclaves, fait partie d'une aristocratie intimement unie, malgré certaines nuances, contre un ennemi commun. Il n'y eut d'aigreur que dans les relations de l'assemblée et du conseil supérieur, dont l'orgueil se révoltait à la pensée d'une déchéance prochaine, exigée par les cahiers, unanimement hostiles à une magistrature oppressive et impopulaire.

A la lecture de l'arrêté si radical du 27 mai, les administrateurs de Bourbon se demandent quelle responsabilité leur incombera, s'ils laissent établir auprès d'eux un pouvoir qui échappe à leur action, et se constitue, de sa propre autorité, en dehors des lois qu'ils ont charge de maintenir. Représentants d'un roi dont la puissance s'écroulait de jour en jour, pouvaient-ils résister au courant qui emportait toutes les règles de la subordination? Ils crurent n'avoir rien de mieux à faire que de temporiser d'abord, puis de rejeter sur leurs chefs de l'île de France les embarras d'une situation qu'ils n'osaient braver ouvertement. Après avoir différé leur sanction, pressés par des demandes réitérées, ils l'accordèrent *sauf le bon plaisir des administrateurs en chef, et sous la condition expresse qu'il ne serait porté aucune atteinte aux lois qui régissaient la colonie.* Le subterfuge ne leur réussit pas; car l'assemblée décida que son arrêté, déjà publié et affiché, le serait une seconde fois en vertu de la sanction. Le conseil supérieur, plus résolu, refusa l'enregistrement et se mit en vacances. L'assemblée, par représailles, annonça l'intention de supprimer les épices attribuées à la juridiction, ce qui était toucher à l'ordre judiciaire.

Bientôt l'esprit d'empiètement s'accentue. Le 3 juillet, l'assemblée envoie aux administrateurs un arrêté qui supprime le règlement de la commune générale et le remplace par un autre. C'est donc le pouvoir législatif qu'elle s'attribue; de la menace formulée le 27 mai, elle passe à l'exécution. Il s'agit de la retenir dans cette voie; on lui propose une transaction. Nous prendrons votre règlement, lui écrit-on; mais laissez-nous l'intituler de nos noms et mettre au bas nos signatures. Et deux copies identiques au fond sont retournées avec prière de choisir, l'une sanctionnée telle qu'on l'a reçue, l'autre sous la forme usitée jusqu'alors, le tout accompagné d'une lettre qui supplie l'assemblée de ne pas compromettre les administrateurs par le choix qu'elle fera. En dépit de cette humble démarche, l'assemblée choisit son propre arrêté, et, sur une plainte désespérée transmise à l'île de France par les administrateurs, le conseil leur arrive de se résigner aux exigences du temps. Désormais le gouvernement colonial est à l'entière discrétion de l'assemblée. Le conseil supérieur enregistre l'arrêté du 27 mai avec la sanction conditionnelle; sur celui du 3 juillet il déclare qu'il n'y a lieu à délibérer.

Un arrêté du 3 septembre 1790 réglementa une émission de papier-monnaie. Des six millions fixés par l'édit de juin 1788, il donna trois millions à Bourbon, dont un pour les dépenses afférentes à la nation, les deux autres devant rester en caisse jusqu'à nouvel ordre. Ce papier, mis en circulation le 12 octobre, fut reçu avec les marques de la plus vive confiance. Il avait rendu la vie à l'île de France, écrivait Dupuy.

Le 14 juillet 1790, jour mémorable, l'assemblée semblait disposée à ne pas prolonger la lutte commencée avec le conseil supérieur; elle avait accepté le règlement municipal des administrateurs intitulé de leurs noms. Un navire arrive portant : 1° un décret de l'Assemblée nationale du 8 mars qui invite la colonie de Saint-Domingue à se donner une assemblée coloniale et des municipalités; 2° des instructions du 28 mars pour l'exécution de ce décret; 3° un décret du même jour appliquant à toutes les colonies le décret du 8 et les instructions du 28. Aussitôt l'assemblée arrête qu'elle se saisit de tous les pouvoirs municipaux; que des municipalités seront établies dans tous les quartiers; qu'il sera fait invitation aux officiers du conseil supérieur et de la juridiction de venir au sein de l'assemblée prêter serment à la nation, à la loi et au roi. La sanction de cet arrêté ayant été demandée, les administrateurs l'accordent avec une restriction mentale qui s'en réfère à la sanction de l'arrêté du 27 mai, *sauf le bon plaisir des administrateurs en chef*, formule qui, d'après eux, en invalidant la constitution de l'assemblée, invalide également tous les actes émanés d'elle.

Néanmoins les assemblées primaires sont convoquées pour l'élection des municipalités ; elles y procèdent les 3, 4, 5 et 6 août. Le 15, à la procession du vœu de Louis XIII, la municipalité de Saint-Denis, s'autorisant d'un décret du 30 septembre 1789, prend le pas sur le conseil supérieur stupéfait.

Le même jour, 15 août, Cossigny part pour l'île de France, où il va remplacer le général Conway ; il envoie le colonel Chermont comme gouverneur de Bourbon.

Le 15 septembre, l'assemblée générale, considérant qu'elle a reçu un mandat spécial, celui de nommer un député à l'Assemblée nationale, que les instructions du 28 mars prescrivent de nouvelles conditions à la formation des assemblées coloniales, nomme Villentroy comme député à Paris, Bertrand et Le Marchand comme suppléants et décide qu'elle fera place à une assemblée coloniale.

Dès le mois de juillet 1790, le quartier de Saint-André laisse voir qu'il n'entend pas se soumettre aux institutions préparées pour la colonie ; il pose ses conditions ; il n'acceptera rien de l'assemblée générale qu'il n'ait appris la suppression de la juridiction. Le 1er août, appelé à délibérer sur le règlement municipal, il déclare que les citoyens auront le droit de convoquer eux-mêmes le conseil général de la commune, droit attribué au corps municipal ; que les comptes municipaux seront vérifiés et arrêtés, non par les assemblées administratives, mais par les assemblées primaires. L'assemblée générale tente de vains efforts pour ramener Saint-André ; Chermont se rend sur les lieux et ne réussit pas. Bien plus, la scission se prononce par une protestation contre tout ce qui a été fait ou pourra être fait par l'assemblée. Deux partis, dont l'un a pour chef Mathurin Robert, divisent la paroisse ; des violences troublent chaque assemblée primaire ; on s'injurie, on se menace, on se provoque, on vient avec des armes, en ayant soin de ne pas s'en servir ; ce sont des scènes d'enfants bien résolus à faire du bruit, mais aussi à ne pas se toucher.

Le 28 octobre 1790, la première assemblée coloniale ouvre sa session à Saint-Denis ; elle décide, le 9 novembre, qu'ollo siégera à Saint-Paul, et s'y transporte le 23.

Le 26 novembre, un arrêté confirme le règlement municipal daté du 23 juillet, règle la formation et le fonctionnement des assemblées de paroisse, des municipalités, de l'assemblée coloniale et des assemblées administratives. Le 8 décembre, on apprend à Saint-Paul que le conseil supérieur, délibérant sur cet arrêté du 26, s'est permis d'y faire des réflexions injurieuses. L'assemblée coloniale blâme le conseil supérieur et lui enjoint de transcrire ce blâme sur ses registres. Le gouverneur objecte que le conseil est en vacances ; l'assemblée ordonne que le conseil reprendra ses séances. Le gouverneur la prie de retirer son arrêté ; elle le maintient. Le gouverneur décide que désormais les arrêtés seront transcrits purement et simplement. Le 10 janvier 1791, le conseil supérieur se soumet à retirer ses observations ; mais il n'en a pas fini avec l'assemblée, deux questions restaient pendantes.

L'invitation faite au conseil supérieur, le 15 juillet 1790, de venir prêter le serment civique n'avait pas reçu de réponse ; le 24, elle fut renouvelée sans plus de succès. Le 18 septembre, une députation se présente au palais de justice avec une adresse ; c'est un huissier qui vient prendre l'adresse à une porte fermée. Le 28, un arrêt déclare qu'il n'y a pas lieu de renouveler un serment déjà prêté ; l'assemblée persiste à l'exiger, malgré le gouverneur ; le 22 septembre, le conseil se résigne à le prêter devant la municipalité de Saint-Denis.

L'assemblée travaillait à l'organisation de la justice dans la colonie ; touchant à la magistrature, elle devait trouver de l'opposition chez le gouverneur que le conseil supérieur inspirait ; aussi, le travail étant terminé, la sanction fut-elle refusée sous le prétexte que la justice, créée par des ordonnances royales et payée par l'État, échappait aux attributions tout intérieures de l'assemblée coloniale. Les intérêts de la métropole et de la colonie se trouvant mêlés, la question ne devait être tranchée qu'après entente entre les deux parties; mais la colonie étant la principale intéressée et souffrant d'un régime judiciaire intolérable, n'avait-elle pas le droit de présenter un projet d'organisation et d'en désirer au moins l'exécution provisoire? Le gouverneur céda. Le nouveau règlement supprima les épices dans les procès par écrit, établit un nouveau tarif pour les juges, les procureurs du roi et les greffiers, établit, dans chaque paroisse, des juges conciliateurs électifs, des notaires, des commis greffiers avec pouvoir d'apposer les scellés, mais ne pouvant les lever qu'avec l'autorisation du juge.

En janvier 1791, Saint-Louis est troublé par des querelles sans importance; Saint-Leu intervient, et le calme renaît. Les troubles recommencent quelques mois plus tard et disparaissent sans laisser aucune trace. De même, à Sainte-Marie, une partie de la population est en lutte avec son maire.

Le 16 août 1791, la seconde assemblée coloniale s'ouvre à Saint-Paul; elle vient se fixer à Saint-Denis le 1er novembre.

Le 7 janvier 1792, un rapport présenté à l'Assemblée nationale rappelle un décret qui envoie deux commissaires civils aux colonies de la mer des Indes; le 15 janvier, un décret décide qu'il en sera nommé quatre, et, le 1er février, les quatre nominations sont faites par le roi.

Le 22 août 1792, une loi donne à Bourbon deux députés à l'Assemblée nationale.

En juin 1792, l'abbé Bellon est autorisé à ouvrir un collège à Saint-Denis.

Dans le même mois, la variole se déclare à l'île de France. Le 2 juillet, le général Du Plessis, nommé gouverneur de Bourbon, se présente, venant de Port-Louis, sur la rade de Saint-Denis avec le commissaire civil Tirol. Défense est faite au navire qui les porte de communiquer avec la terre. Ils reviennent le 4 octobre, après une longue quarantaine en mer et aux Seychelles et sont reçus.

Tirol, chargé spécialement d'organiser la colonie, propose, sous le titre de *Principes constitutionnels*, les bases de cette organisation. Ces principes, discutés par l'assemblée coloniale, soumis à la critique des assemblées paroissiales et des particuliers, modifiés par Tirol lui-même, reçoivent une dernière rédaction dans un arrêté du 18 février 1793, sous le titre de : *Bases de la constitution et de l'organisation provisoire de la colonie.*

TABLE DES MATIÈRES

DU PREMIER VOLUME

	Pages.
Préface	A
Sources auxquelles cette histoire a été puisée	E

AVANT-PROPOS.

L'ILE BOURBON AVANT 1789.

Administration supérieure	1
Justice	7
Forces militaires	17
Clergé, églises	19
Écoles	24
Hôpitaux	27
Plans de Saint-Denis	29
Jardins publics	35
Constructions diverses	36
Cultures	43
Repas	47
Population	49
Routes	49
La commune et les quartiers	52
Ateliers communaux	55
Finances	57
Personnel	59
Signes monétaires	64
Terrains domaniaux	67
Poste aux lettres	68

CHAPITRE PREMIER.

DUVERGÉ ET LE CONSEIL SUPÉRIEUR.

1789.

Juillet.	Calme des débuts de Duvergé	71
Septembre.	Ce calme est troublé par des craintes de variole	71

		Pages.
1789.		
Octobre.	Duvergé consulte le conseil supérieur sur les mesures à prendre..................	72
Novembre.	Prétentions du conseil supérieur...........	72
	Le conseil supérieur refuse d'enregistrer un édit du roi et deux arrêts du conseil d'État.	73

CHAPITRE II.

PRÉLUDE D'UNE REPRÉSENTATION COLONIALE.

1789.		
Novembre.	Le roi autorise la réunion d'une assemblée coloniale et l'envoi d'un député à Paris...	75
4 décemb.	Convocation des assemblées primaires......	75
	Limites imposées aux délibérations des assemblées primaires...................	76
27 décemb.	L'assemblée de Saint-Denis refuse de se renfermer dans ces limites................	76
1790.		
4 janvier.	Un comité de cinq membres, chargé des pouvoirs de l'assemblée de Saint-Denis, demande aux administrateurs une audience, qui lui est refusée.....................	79
	Les habitants de Saint-Denis demandent une seconde assemblée pour nommer un député qui n'a pas été nommé par la première....	79
24 janvier.	La seconde assemblée nomme le député en maintenant les résolutions de la première.	81
25 janvier.	Les vœux des paroisses sont portés aux administrateurs........................	81
Février.	Pensée secrète des Cinq qui rêvent un député aux états généraux............	82
19 mars.	Les administrateurs en chef répondent à cette pensée...........................	82
10 mars.	Une assemblée générale pour la nomination d'un député aux états généraux est accordée...............................	86
24 mars.	Convocation des assemblées primaires......	86
	Nouvelle d'un mouvement populaire à l'île de France............................	87
	Faiblesse des administrateurs de l'île de France................................	88

1789.

		Pages.
24 mars.	Semblable faiblesse à Bourbon............	88
11 avril.	Assemblée tumultueuse à Saint-Denis......	89
	Orgie électorale........................	92
	Les paroisses ne sont pas d'accord sur le jour où l'assemblée générale devra se réunir..	93
14 mai.	Les administrateurs indiquent le 25 juin....	93
	Protestation de Saint-Paul...............	94
	Pétition de Saint-Denis..................	95
	Pétition de l'abbé Lafosse pour Saint-Louis.	95
17 mai.	La réunion est fixée au 25 mai............	95
21 mai.	Bruits de révolte des noirs...............	96

CHAPITRE III.

ASSEMBLÉE GÉNÉRALE. — ÉTABLISSEMENT DES MUNICIPALITÉS.

1790.

25 mai.	Ouverture de l'assemblée générale.........	98
	Liste des membres de l'assemblée.........	99
27 mai.	L'assemblée générale se déclare permanente et inviolable.............................	102
	Duvergé est déconcerté..................	102
7 juin.	Il imagine une ruse......................	103
14 juin.	Le conseil supérieur refuse d'enregistrer l'arrêté du 27 mai......................	103
17 juin.	L'assemblée annonce l'intention de supprimer les épices de la juridiction........	104
26 juin.	L'assemblée s'empare du pouvoir législatif..	104
3 juillet.	Règlement qui supprime la commune générale et établit des communes particulières.	105
	Nouvelle ruse des administrateurs.........	106
	La ruse est déjouée ; les administrateurs demandent qu'on attende une réponse de l'île de France.......................	109
12 juillet.	L'assemblée reprend la question des épices..	110
	Enregistrement conditionnel de l'arrêté du 27 mai; refus d'enregistrer le règlement de commune................................	110

CHAPITRE IV.

INSTRUCTIONS ET DÉCRET DE L'ASSEMBLÉE NATIONALE CONSTITUANTE DU 28 MARS 1790 ET ARRÊTÉS DE L'ASSEMBLÉE GÉNÉRALE DE L'ÎLE BOURBON.

1790.		Pages.
	Instructions du 28 mars 1790.............	112
	Décret du même jour...................	113
19 juillet.	Arrêté sur les gardiens.................	114
23 juillet.	Règlement municipal...................	114
27 juillet.	Règlement sur la garde nationale.........	118
	Police des cantines.....................	119
28 juillet.	Règlement sur la police.................	121
1er septemb.	Jurisprudence criminelle................	122
3 septemb.	Papier-monnaie........................	124

CHAPITRE V.

INSTALLATION DES MUNICIPALITÉS.

1790.		
	L'assemblée générale, en lutte avec le conseil supérieur, est disposée à une concession.................................	128
14 juillet.	Deux décrets et des instructions arrivent de France; les esprits s'exaltent............	128
15 juillet.	L'assemblée se saisit des pouvoirs municipaux et invite les tribunaux à venir prêter le serment civique.....................	129
	Mouvement populaire...................	129
	Te Deum..............................	130
	Duplicité des administrateurs............	131
	La juridiction renonce aux épices.........	131
22 juillet.	Convocation des assemblées primaires pour les élections municipales; l'assemblée se proroge...............................	133
	Reproches adressés à l'assemblée générale..	133
3 août.	Élections municipales...................	135
7 août.	La municipalité de Saint-Denis se réunit...	135
9 août.	Elle se déclare constituée................	136

1790.		
12 août.	Elle demande l'hôtel du gouvernement et accepte les Étuves............	136
15 août.	Elle prend le pas sur le conseil supérieur...	136
	Cossigny va remplacer Conway; il est remplacé par Chermont............	139
23 août.	L'assemblée n'est pas en nombre........	139
9 septemb.	Traitement des députés à Paris...........	139
10 septemb.	Résultat des élections municipales........	140
15 septemb.	L'assemblée générale décide qu'elle fera place à une assemblée coloniale........	141
1er octobre.	Dissidences dans l'assemblée.............	142
	Élection de Villentroy comme député à Paris.	143
4 octobre.	Bertrand et Le Marchand, suppléants.....	143
5 octobre.	L'assemblée générale se retire............	143

CHAPITRE VI.

SAINT-ANDRÉ.

1790.		
1er août.	Saint-André proteste contre le règlement municipal.....................	145
	Vaines tentatives pour ramener les opposants............................	146
11 septemb.	Commissaires nommés pour accompagner Chermont à Saint-André............	147
	Préparatifs de résistance à Saint-André...	147
18 septemb.	Chermont échoue...................	147
20 septemb.	Compte rendu des commissaires.........	148
	Mathurin Robert.....................	148
	Saint-Benoît imite Saint-André..........	149
Août et sept.	L'opposition à Saint-Denis.............	151
12 octobre.	Revenons à Saint-André...............	151
	Dissidences à Saint-Benoît.............	153
	Partis Bruna et Welment à Saint-André...	153
24 décemb.	On vient en armes à l'assemblée primaire.	154
	Provocations........................	154
1791.		
6 janvier.	Apparences de soumission de Saint-André.	155
23 janvier.	Assemblée tumultueuse; scène risible.....	156
	Vains efforts de l'assemblée coloniale pour ramener Saint-André................	157

1790.

		Pages.
17 juillet.	Chevalier, premier officier municipal.....	158
10 août.	Pignolet, maire......................	158
26 août.	Chevalier refuse de rendre les papiers de la municipalité......................	159
22 août.	Bâtons ferrés........................	159
8 septemb.	L'assemblée coloniale dénonce Saint-André au pouvoir exécutif................	160
	Mathurin Robert arme les siens..........	160
	Mesures de défense prises par Pignolet....	161
	Les gens de Mathurin Robert disparaissent.	162
10 novemb.	L'assemblée coloniale enjoint à Chevalier de rendre les papiers; il les garde.......	162

CHAPITRE VII.

LÉGISLATION.

1790.

26 novemb.	Règlement pour la formation des assemblées paroissiales, l'organisation des municipalités, de l'assemblée coloniale et des assemblées administratives........	163
5 décemb.	Règlement provisoire concernant l'administration de la justice...............	174

CHAPITRE VIII.

PREMIÈRE ASSEMBLÉE COLONIALE. — LE CONSEIL SUPÉRIEUR.

1790.

28 octobre.	Ouverture de la première assemblée coloniale................................	180
9 novemb.	L'assemblée coloniale siégera à Saint-Paul.	181
18 novemb.	Transport à Saint-Paul des papiers de l'assemblée générale.....................	182
23 novemb.	L'assemblée coloniale à Saint-Paul.......	182
26 novemb.	L'assemblée ratifie l'établissement des municipalités...........................	184
	Question du serment des tribunaux.......	185
11 décemb.	L'assemblée prorogée reprend brusquement ses séances......................	186

1790.		Pages.
11 décemb.	Elle demande une expédition d'une délibération du conseil supérieur sur son arrêté du 26 novembre....................	186
15 décemb.	Elle blâme le conseil supérieur..........	187
16 décemb.	Elle demande au gouverneur la sanction et la transcription de son arrêté de blâme.	188
20 décemb.	Le gouverneur répond que le conseil est en vacances............................	190
	L'assemblée décrète que le conseil tiendra une audience extraordinaire..........	190
	Elle invite le gouverneur à assister à la transcription de l'arrêté de blâme.......	191
21 décemb.	Le gouverneur prie l'assemblée de retirer son arrêté..........................	192
22 décemb.	Il ordonne que, à l'avenir, les décrets de l'assemblée coloniale seront transcrits purement et simplement...............	192
	Factum du procureur général essayant de justifier le conseil supérieur..........	192
1791.		
10 janvier.	Le conseil retire ses observations sur le décret du 26 novembre..................	195
	Note pour le gouverneur sur le serment...	196
15 février.	L'assemblée persiste à exiger le serment...	198
	Protestations diverses contre les décrets d'organisation; réponse de l'assemblée.	200
14 mars.	Suite de la question du serment et question de l'organisation judiciaire; l'assemblée soutient qu'elle ne sort pas de ses droits.	201
22 mars.	Objections du gouverneur...............	203
26 mars.	Réponse de l'assemblée.................	204
2 avril.	Le gouverneur cède....................	205
22 septemb.	Les tribunaux prêtent le serment civique..	205

CHAPITRE IX.

DISCORDE A SAINT-LOUIS ET A SAINTE-MARIE. — SUJETS DIVERS.

1791.		
Janvier.	Saint-Louis s'agite.................	207
Mars.	Saint-Leu intervient et ramène le calme...	212

1791.		Pages.
Juillet.	Les troubles renaissent à Saint-Leu.......	213
Janvier.	La discipline militaire laisse à désirer....	215
3 février.	Places d'honneur supprimées dans les églises................................	216
12 février.	Joseph Hubert affranchit Jean-Louis......	216
16 février.	École des Requiem.....................	216
	École de l'abbé Bellon..................	216
Février.	Des citoyens de Saint-Denis refusent de payer leurs contributions..............	216
14 juillet.	Installation du pavillon national à Saint-Paul.................................	217
Juillet.	Discorde à Sainte-Marie................	218

CHAPITRE X.

DEUXIÈME ASSEMBLÉE COLONIALE. — COLLÈGE DE L'ABBÉ BELLON.
SUJETS DIVERS.

1791.		
16 août.	Ouverture de la deuxième assemblée coloniale...............................	220
	L'assemblée coloniale à Joseph Hubert....	220
Novembre.	L'assemblée coloniale et la municipalité de Saint-Denis sont logées aux Étuves.....	222
	Prorogations.........................	222
1792.		
Juin.	Bruits de révolte.....................	222
20 juin.	L'assemblée s'adjoint vingt-deux membres	223
1791.		
20 décemb.	Malartic, gouverneur général des deux îles, et Du Plessis, gouverneur particulier de l'île Bourbon.......................	223
1792.		
1er février.	Commissaires civils....................	223
1791.		
22 août.	Loi qui donne deux députés à Bourbon...	224
	Disette de subsistances................	224
1792.		
Janvier.	De quelle manière se faisait la police sanitaire...............................	228
Mars.	Saint-Joseph sans fonctionnaires.........	229
	Beurnouville.........................	229
	Bannière de la fédération..............	230
12 juin.	L'assemblée coloniale demande le jardin de	

	1792.		Pages.
		l'Intendance pour le collège Bellon; Duvergé refuse.........................	231
	12 juin.	Bellon achète une maison et demande quelques noirs; Duvergé refuse............	231
		Le prêtre et le renard.................	232
	Novembre.	L'abbé Bellon ne peut payer sa maison....	234
	21 octobre.	L'abbé Delsuc demande à être adjoint à Bellon...............................	235
	Novembre.	La colonie se charge des dettes de l'abbé Bellon...............................	235
	1795.		
	Mai.	Delsuc, principal du collège.............	237

CHAPITRE XI.

MALARTIC, DU PLESSIS ET TIROL.

1792.		
17 juin.	Arrivée de Malartic à l'île de France......	238
19 juin.	Du Plessis annonce sa prochaine arrivée à Bourbon et l'introduction de la variole à l'île de France........................	238
	L'assemblée lui écrit de ne pas venir.......	238
28 juin.	L'assemblée s'ajourne en laissant des pouvoirs à un comité......................	241
29 juin.	Du Plessis annonce qu'il vient............	241
	Le comité écrit à Du Plessis de ne pas venir.	241
2 juillet.	Du Plessis et Tirol sont sur la rade de Saint-Denis à bord de la *Minerve;* le comité requiert l'éloignement de la corvette.....	241
8 juillet.	Malartic et Dupuy s'étonnent du renvoi de la corvette...........................	242
10 juillet.	Le comité rappelle l'assemblée...........	244
18 juillet.	L'assemblée décrète des mesures sanitaires rigoureuses...........................	245
	L'assemblée s'ajourne au 30 juillet.........	246
28 juillet.	Lettres des commissaires civils demandant que l'assemblée se sépare au mois d'août..	246
30 juillet.	L'assemblée n'est pas en nombre..........	248
	L'administration cherche un lieu d'isolement.	248
	On se décide pour la Ravine-à-Jacques.....	249

1792.

	Pages.
8 septemb. L'assemblée s'ajourne au 1er octobre........	250
14 août. La variole à l'hôpital de Saint-Denis.......	251
4 octobre. Retour de la *Minerve*....................	252
Avis du conseil de santé favorable à la communication.........................	252
Avis contraire de l'assemblée administrative.	253
La commission intermédiaire approuve l'avis de l'assemblée administrative..........	254
5 octobre. Chermont donne sa démission, puis la retire.	254
L'assemblée administrative requiert l'éloignement de la corvette................	254
Chermont résiste......................	255
La commission intermédiaire rappelle l'assemblée coloniale.....................	255
Que faut-il penser de ces diverses résolutions?...........................	256
7 octobre. Lettre de Magon, commandant de la corvette.	258
8 octobre. Discours de Chermont à l'assemblée........	258
10 octobre. L'assemblée autorise le débarquement à la Ravine-à-Jacques...................	260
Débarquement à la Ravine-à-Jacques.......	261

1793.

5 juillet. Rétablissement des communications entre les deux îles.......................	263
19 octobre. Du Plessis à Saint-Denis.................	264
Regrets laissés par Chermont.............	264
Difficulté de fournir des grains à l'île de France	265
12 octobre. Membres blâmés de l'assemblée coloniale...	266
24 octobre. L'assemblée se proroge...................	266

CHAPITRE XII.

LE COMMISSAIRE CIVIL TIROL ET LA CONSTITUTION DE LA COLONIE.

Tirol.............	268
Principes constitutionnels.................	269
Addition aux Principes constitutionnels....	280
Banque de Tirol.......................	287

	Pages.
Observations de Desjardins................	288
Observations de Dioré...................	292
Observations de l'assemblée de Sainte-Marie.	296
Observations de la commission intermédiaire.	298
Pétition de Desjardins....................	299

CHAPITRE XIII.

BASES DE LA CONSTITUTION ET DE L'ORGANISATION PROVISOIRES DE LA COLONIE.

1793.
18 février. Bases de la constitution et de l'organisation provisoires de la colonie................ 302
Observations de Sainte-Marie............. 312
Observations du gouverneur............. 313
Observations de Sainte-Rose............. 313
Observations de la Société populaire de Saint-Paul.................................... 317

www.ingramcontent.com/pod-product-compliance
Lightning Source LLC
Chambersburg PA
CBHW050748170426
43202CB00013B/2345